国家社科基金项目"人口集中、城市群经济的增长及不平衡效应与区域协调发展研究"（20BJL110）

河南省高等学校哲学社会科学基础研究重大项目"经济社会结构转型与中国经济增长动力研究"（2020-JCZD-02）

李恒 著

城市群与区域经济
协调发展

RESEARCH ON
COORDINATED DEVELOPMENT OF
URBAN AGGLOMERATION AND REGIONAL ECONOMY

社会科学文献出版社
SOCIAL SCIENCES ACADEMIC PRESS (CHINA)

# 摘　要

　　区域经济发展不平衡在世界范围内长期存在，人们从多层面寻找区域经济发展不平衡的原因和促进区域经济平衡发展的政策，但效果总是不尽如人意。随着经济社会的现代化进程不断加快，城镇化水平进一步提高，并在区域发展中发挥越来越重要的作用。一般认为，城市的发展是与经济增长具有内在关联的经济过程，城市有效地聚集了人口和其他要素，并成为现代产业的聚集平台。城市在集中人口和产业的同时，也成为推动经济增长的核心。实际上，一种倾向性的观点认为，非均衡增长是发展的必经阶段，而城镇化战略易于在短时间内动员有限的资源，这导致多数国家城镇化战略的偏向，也决定了城市在区域经济发展中具有长期的决定性影响，可见，从城市出发来探求解决区域经济发展不平衡问题的原因并提出消除区域不平衡的政策是有益的。

　　胡焕庸线基本上界定了中国人口东密西疏的格局。从我国的地理条件来看，自然地理环境的差异性导致了这一格局的形成，其长期稳定既包含自然环境的决定作用，也体现了经济发展长期的累积结果。但近20年来，人口和产业更倾向于向城镇化成熟的地区集中。国家"十三五"规划强调的19个城市群吸引了大量的人口，并在"十三五"期间呈现快速流入的态势，这进一步体现了城市群经济的增长极效应和城市群在区域经济发展中的作用。本书从城市群经济研究出发，研究人口向城市群集中的增长效应，以及由此带来的区域经济协调发展问题，主要涉及如下内容。

　　一是城市群经济联系的网络结构及其绿色经济效率。以长三角城市群26个城市为研究对象，基于修正引力模型测算了城市间经济联系矩阵，并运用社会网络分析法分析城市群内部经济联系网络的空间结构特征，结果发现，长三角城市群内部经济联系紧密，区域内所有城市逐渐融入网络体系，网络连接数增加，整体网络密度也在逐年增加。但城市群在其内部经济联系网络逐步完善的同时，经济联系不均衡现象也始终存在。进一步地，利用 Tobit 模型考察城市群内部经济联系强度、空间网络结构特征对绿色经济效率的影响，发现城市间经济联系对绿色经济效率的影响显著为正，但城市群内部经济联系的程度对不同区域的绿色经济效率的促进作用是不同的，发展水平相近的城市之间的经济联系对绿色经济效率的影响更大。

二是人力资本和区域创新在城市群协调发展中的作用。以长江经济带长三角城市群、长江中游城市群和成渝城市群三个城市群 70 个城市为对象，研究人力资本和区域创新在城市群区域协调发展中的作用机制和效应。研究发现，大中型城市流动人口的集中呈加剧趋势，人们总是倾向于迁移至城市基础设施好、交通便利的省会城市、直辖市以及副省级城市等。人力资本和创新对城市群的推动具有区域差异性，东部地区的城市群效果显著，而中西部地区城市群的作用则渐次减弱。

三是金融一体化对城市群经济协调发展的影响。以我国十大城市群为研究对象，以 2009~2019 年的数据实证研究城市群金融一体化对区域协调发展的效应，结果表明，金融一体化水平的提高，有力地促进了地区产业发展和要素流动，使资源快速流向欠发达地区，从而促进了城市群经济的协调发展。在这一过程中，固定资产投资对城市群一体化发展具有促进作用，有效地提升了城市群的生产能力，对产业发展的优化有益。而要增强上述效应，应减少政府对经济的干预。

四是人口迁移下市场潜能与城市群经济协调发展。按照城市经济学的理论，城市规模越大，其促进区域经济增长的效率也越高，但我国西部地区城市规模相对不足，导致集聚效应不明显。在新经济地理学理论框架下，基于四川省城市数据，综合考虑其省内、省外和国外三种市场效应，研究市场潜能对四川省城市规模的影响。结果发现，市场潜能通过三个渠道显著促进城市规模扩大，通过本地市场效应提升产业集聚程度，在提高要素经济效率的同时促进城市规模扩大；通过促进区域内劳动力需求增加，影响城市工资水平以促进城市规模扩大；通过提高市场通达性抑制市场分割，促进市场一体化的形成以促进城市规模扩大。

五是人口集中、城市群发展与经济增长。新型城镇化以人为核心，人口增长和经济增长都是解释城市发展的重要因素。与传统城镇化相比，新型城镇化更强调人的就业，单个城市在吸引人口实现就业转变方面与城市群相比应该有不同的机制。通过用城镇化速度和工业化速度之比来度量人口向城市集中的性质发现，地级城市的工业化速度大于城镇化速度，而省会城市的城镇化速度大于工业化速度。为进一步研究这种性质，本书以中国九大城市群为对象进行了实证研究，结果表明，城市群经济联系对城市经济增长的作用较为显著，而城镇化与工业化发展越协调，对城市经济增长的正向作用越显著；二者越不协调，对城市经济增长的作用越不显著。这进一步证明了产业发展和就业增长才是城市经济增长的动力。

# 目　录

# 第一章 导论

## 第一节 城市群经济与区域协调发展

区域发展不平衡不但在世界范围内长期存在，而且发展差距趋于扩大、发展模式多样化已成为世界经济发展的常态。过去，人们通常认为发展差距会自动缩小（Barro and Sala-i-Martin，1991），但20世纪80年代，这种缩小出现停滞，90年代以来更是发生逆转，这在我国的表现尤为突出（UNDP，2005）。在经济快速增长的宏观背景下，我国各地区之间在各个方面所存在的系统性差距引人注目，吸引人们开始对区域发展战略进行理论反思。一种观点认为，城镇化偏向的发展战略导致了资源要素的非对称流动并最终导致了不平衡（沈凌、田国强，2009），特别是在产业同构的背景下，要素的自由流动决定了地区间整体资源和生产力配置效率，产业向优势地区的转移与集中也倾向于扩大地区差距（范剑勇、邵挺，2011）。另一种观点则认为，城镇化在总体上推进了经济增长和现代化进程，区域不平衡缘于城镇化的结构不合理（万广华，2013）。城镇化水平越高、城市规模越大的地区对周边地区经济发展的带动作用越强。当具有完善的城市体系时，地区差距会缩小（陈良文、杨开忠，2008；刘修岩等，2017b）。而传统行政主导的以人口集中为目的的城镇化推进模式导致了城市体系在空间演化中在中小城市发展过多而在大型城市集聚相对不足，这才是需要解决的经济增长与不平衡并存问题的根源（李强等，2012）。

但到目前为止，我们仍无法真实地刻画城镇化与经济增长之间的关系。一些研究表明了二者之间呈现较为明显的对数关系（周一星，1995；许学强、黄丹娜，1989；成德宁，2004）。但另外的研究却不赞同这一观点，如 Fay 和 Opal（2000）的研究发现，世界上一些地区的城镇化根本不能用制造业的增长来解释；Ades 和 Glaeser（1995）、Awan 等（2011）甚至认为发展中国家的城镇化只是一种为消除农村的贫穷与饥饿的城市偏爱政策，与增长无关。一些观察到的现象也提供了与上述结论完全相异的佐证，如印度在 1981～1991 年、1991～2001 年和 2001～2008 年三个时段国内生产总值的增长速度分别为 5.2%、6.1% 和 7.7%，但其城市人口增长分别高达 146%、140% 和 158%（Bhattacharya，2011）。而日本在 1956～1973 年实际年均增长率为 9.8%，国内生产总值增长了 4.2 倍，与此同时，日本的城镇化也在这一时期有了快速的增长，1950 年，日本的城镇化水平为 37.3%，到 1955 年猛增到 56.1%，到 1973 年则增长到 75.9%（李通屏，2002）。显然，简单地讨论经济增长与城市人口增长之间的关系是没有意义的，人口向城市的集中在不同国家可能存在内在的复杂机制，从而导致了迥异的增长结果。

城市群经济研究的理论来源涉及多个方面。从城市的发展来看，市场潜能是城市人口增长的重要因素，较大的市场潜能能够提高城市人口的增长速度，并对周边地区的经济产生带动效应，进而扩大城市的总体规模（梁婧等，2015）。不论是新经济地理学（Krugman，1991）还是区位竞争理论（Fujita et al.，1999）都与中心地理论（Christaller，1933）一脉相承，从理论上严密论证了城市群的空间分布规律和等级规模体系。特别是在位序—规模法则分布模型提出（Auerbach，1913）和公式化后（Zipf，1949），市场潜能成为判断城市体系发展的核心工具。由于市场潜能对要素收入的重要影响，在以后的研究中，人们转向利用工资水平建立市场潜能与中心城市体系的关系（Harris，1954）。大量的跨国实证结果表明，市场潜能对地区人均收入具有显著的正向作用，从而体现了城市群的地区带动优势（Mion and Naticchioni，2005；Redding and Venables，2004；方创琳，2019）。由于厂商总是能够从共享的劳动力市场中获得收益，处于中心的城市就能够提供足够的就业（Krugman，1991），并进一步推动了城市群经济的发展，促进了市场整合，提升了城市群的经济绩效（张学良等，2017）。

外部性的思想则来源于 Marshall（1890），他指出地理邻近的企业间存在技术外溢，这种经济活动的集聚能够有效地促进技术进步和劳动生产率的提高。由于企业是经济活动的主体，有关外部性的研究主要沿着企业区位选择展开，这在区位论、国际贸易、产业转移和国际投资等领域均有应用和拓展，进而形成企业区位选择理论的复杂体系。从其发展脉络来看，早期的学者主要强调市场机制的作用，包括 Weber（1909）的工业区位论及其后 Christaller（1933）、Losch（1954）和 Isard（1956）的研究，到新贸易理论（Davis and Weistein，1997）则开始转向产业组织理论和不完全竞争，而国内学者对政府的作用给予了更多关注（白重恩等，2004；郑江淮等，2008）。由于与集聚共生的产业集团的存在（Curzo and Fortis，2002），研究产业空间集聚的同时更应考察地区专业化水平，这符合 Ciccne 和 Hall（1996）所提到的经济集聚区域通过实施专业化来提高劳动生产率的经典论断，并得到了后期多个实证研究的支持（Schmutzler，1999；范剑勇、谢强强，2010）。藤田昌久等（Fujita et al.，1999）通过设定多个工业部门说明了一个有等级规模结构的城市系统是通过自组织机制形成的，进一步完善了外部性对城市群经济作用的理论基础。

而当前的重点则是产业空间分布与城市层级体系的关系研究（梁琦，2005），由于知识溢出在城市空间集聚中的重要意义，作为企业区位选择宏观表达的产业集聚也成为研究城市群经济的重点（张华、贺灿飞，2007），在城市群经济中主要体现为城市群能够通过城市之间的空间和功能协同产生空间邻近的外部性（Van Oort et al.，2010）。由于城市间的合作能够促进区域性的知识溢出，城市群能够优化这种与集聚互补的外部性（Burger and Meijers，2016）。当不考虑由市场潜能导致的工资差异时，运输成本就成了城市发展和层级分布的主要影响因素（李煜伟、倪鹏飞，2013）。古典区位论的核心即为运输成本约束下市场机制作用的结果，但在新经济地理学出现之前，人们无法在建模中将空间集聚过程内生化解，只能在封闭区域和要素不流动假设下讨论城市的集聚过程。得益于 Coase（1937）的洞见，并通过 Williamson（1985）的拓展，交易成本被认为是集聚发生的主导因素，而且在这里，运输成本被认为是交易成本中的一种形式而已，税收、政治、制度、语言及文化均被包含在内。但随着新经济地理学对于"冰山成本"的纳入，人们逐渐建立了包含空间因素和要素流动的区域模型，有效地解决了运输成本问题（Fujita et al.，1999）。更进一步，Puga（1999）发现交易成本和空间集聚的关系并非如克鲁格曼两区域模型认为的那样突然和迅速的发生，而是非单调的缓慢渐进过程。溢出效应开始进入人们的视野（Gersbach and Schmutzler，1999），这一点特别受发展中国家的推崇。显然，经济增长和空间集聚是相互影响的自我增强过程，增长通过创新刺激集聚，经济活动的空间集聚反过来导致创新成本的降低和更快的增长（Martin，2001）。

上述研究基本概括了城市群经济的理论解释，也提供了讨论城市群经济与区域经济协调发展的良好视角，即也许偏离增长来探求集聚的动因是徒劳的，增长本身或许就是集聚的起因，只要有增长，就有唯一的集聚均衡，增长率与经济活动的区位是相互作用的。但也有学者持不同观点，陆铭（2017）认为，城市群经济发展正是导致区域发展不平衡的原因，由于城市与区域间、城市群内部层级体系的非均衡发展，资源要素和产业在向发达地区及城市群集中的同时，不可避免地影响了落后地区的发展。梁琦等（2013）的研究表明，体制因素导致的要素流动阻滞使城市规模分布偏离帕累托最优，不利于区域发展差距的缩小。方创琳等（2005）通过对我国 28 个城市群的全景研究表明，我国城市群普遍发育程度低且空间分化明显，与我国区域发展不平衡具有一致性。但另外的研究却认为，城市群经济虽然改变了区域发展格局，但并不是其本身导致了区域发展的差异，而是取决于产业空间分布的性质和结构。在城市群层面，空间功能分工与地区差距之间存在倒 U 形关系，即随着空间功能分工的深化，地区差距先扩大后缩小，而其转折点的位置与地方政府竞争性干预密切相关（赵勇、魏后凯，2015）。

可见，在自由市场机制作用下，由于不存在劳动力市场的价格扭曲，市场潜能的区域差异会体现为工资差异，进而促进劳动力的跨区域流动，最终形成符合新经济地理学的"中心—外围"结构（刘修岩、殷醒民，2008）。区域的产业份额越大，越倾向于提高区域收入水平，这会吸引要素的进一步集聚，使中心和外围地区的生产率出现差异（安虎森，2007；潘士远等，2018）。特别是在我国，由于存在过度的产业同构，沿海地区传统产业的集聚在进一步加剧，体现出人口集中带来的累积经济后果（陈秀山、徐瑛，2008；江曼琦、席强敏，2015）。

以上研究提供了人们研究城市群经济与区域发展关系的系统理论，但还有一些重要问题没有得到解决。虽然人口集中和产业集聚都是解释城市发展的重要因素，但从理论上而言，大城市的集聚优势和增长效应对高技能劳动力的流入具有锁入效应（踪家峰、周亮，2015），但从现实来看，低技能劳动力在城市扩张中能够获得更多的就业机会（陆铭等，2012）。在城市规模工资升水不显著的情况下（宁光杰、雒蕾，2015），对人口集中与城市群产业集聚的决定机制尚需进一步做出合理解释。自戈特曼（Gottmann，1957）提出"大都市带"概念之后，城市群作为一种特殊形态的城市体系引发了国际学术研究的热潮，并于1983年被引入我国学术界（于洪俊、宁越敏，1983）。进入20世纪90年代以后，随着中国城市体系不断趋于完善，城市群形态开始渐次出现并引发国内学术研究的热潮（姚士谋等，2010）。在国家"十一五"规划纲要将城镇化作为发展战略，并采用城市群的提法之后，中央和地方政府出台了一系列城市群战略规划，但城市群的经济边界及其判定仍然没有取得理论与实践、学术与规划的一致。虽然城市群经济的动力来源于市场机制，但其三大理论来源方向均显著受政府干预影响。一般认为，城市群经济促进了区域一体化程度的加深（Combes et al.，2008），但政府干预导致了区域分割（孙久文、原倩，2014）。即使对我国的实证分析结果不能表明区域分割必然导致区域差距的扩大，但如何界定赋予了宏观调控职能的泛化的区域政策还存在诸多争议。

## 第二节　城市群经济的理论来源

格迪斯（Geddes，1915）最早提出"集合城市"，代表那些在城镇化进程中，城市面积与人口扩增、城市功能完善并超过初期各城市功能总和、城市间联系紧密相互依赖、城市影响范围重叠所形成的城市区域。法国地理学家戈特曼（Gottmann，1957）提出Megalopolis一词，认为大都市带是有质的变化的全新有机整体。它不再是单个都市区的扩张或多个都市区的简单组合，而是都市街区大片地连在一起，消灭了城市与乡村明显景观差别的地区。在广袤的城镇化地域范围内，人口和经济活动等方面联系紧密，形成一个整体，集聚的多个都市区共同作用于整个区域的空间经济。麦吉（T. G. McGee）在研究亚洲城镇化问题后，提出Desakota（McGee，1989）和超级都市区（Megaurban Region，MR）（McGee，1991），用于定义亚洲某些地区出现的与大都市带类似但发展背景完全不同的新型空间结构。

国内学者对"大都市带"问题的研究始于 20 世纪 80 年代中期。地理学家宋家泰（1980）最早提出"城市－区域"，指代那些经济吸引范围溢出城市自身行政隶属范围的城市及其覆盖地区。周一星（1988）提出"都市连绵区"，它是一定规模以上的中心城市及与其保持密切社会经济联系、非农业活动发达的外围地区，是沿综合交通走廊连绵分布而形成的巨型城乡一体化区域，属于国家的经济核心区，这一概念与 Megalopolis 相对应。高汝熹和阮红（1990）提出"圈域经济"一词，城市经济圈是以经济比较发达的城市为中心，通过经济辐射和经济吸引，带动周围城市和农村发展，以形成统一的生产和流通经济网络，它是经济发展的基础，也是城市经济中心作用的场所。姚士谋等（1998）提出"城市群"（Urban Agglomeration）一词，并给出了城市群的概念，在特定的地域范围内具有相当数量的不同性质、类型和等级规模的城市（包括小集镇），依托一定的自然环境条件，人口密度较大，生产高度技术化，土地利用集约化，以一个或两个特大城市和大城市作为地区经济发展的核心，借助现代化的交通工具和综合运输网的通达性以及高度发达的信息网络，城市个体之间存在内外联系，共同构成一个相对完整的城市群体。这一概念得到学术界的广泛认可。

城市群经济的理论来源有多个方向，包括区位论、增长极理论，以及点轴开发理论等，本质而言，城市群经济是一种空间结构，其理论来源可从空间结构的角度去讨论。区域空间结构是由多种力量相互作用而形成和发展的，从经济学角度解释，区域空间结构是指区域经济活动结构在地理上的反映，本书所讨论的就是区域经济的空间结构。通常，区域空间结构有 4 个基本组成要素，即点、线、网络和地域，它们的不同组合构成了极核式空间结构、点轴式空间结构、多核式空间结构和网络式空间结构。

## 一 区位论

区位（Location）指某事物占有的场所，也有位置、布局、分布、位置关系等方面的意义。区位论是研究人类为生存和发展而进行的诸类活动所占用场所的理论。区位论有两层含义：一是活动空间已定选择最佳的活动，二是进行的经济活动已定选择最佳活动空间。区位论分为古典区位论和现代区位论。

古典区位论产生于 19 世纪初，它是在地租学说和比较成本学说的基础上吸收其他学科的理论成果发展而来的。在农业经济时代，为解决农业土地利用问题，杜能 1826 年在《孤立国同农业和国民经济的关系》中提出农业区位论，指出农业生产方式的最优资源配置结果是以城市为中心，由内向外依次建立以不同农作物为主的同心圆结构——杜能圈（杜能，1986）。该理论除了可用于解释农业土地问题，也可用于解释其他土地利用问题。但杜能假设"孤立国"是一个均质的空间，现实情况并不满足"均质"的条件，因此该理论的应用有局限性。针对工业发展问题，韦伯（Weber，1909）提出工业区位论，试图解释人口的移动及城市人口与产业的集聚机制，生产成本决定企业的区位选择，运费、劳动力成本、集聚因子等是影响企业生产成本的重要因素，生产费用最小的区位就是企业的最佳区位。韦伯在三个假定条件基础上逐步建立工业区位论——运费指向论、劳动力成本论（运费指向基础上的）、集聚指向论（运费指向和劳动力成本指向基础上的），该理论对企业区位选择有重要指导意义。此外，其他学者在韦伯工业理论的基础上，发展了新的工业理论。例如，廖什（August Losch）的市场区位论认为最优区位是利润最大化的区位，当区域空间达到均衡时，最佳的空间模型是正六边形（勒施，2010）；胡佛（Hoover，1948）的区位理论改进了韦伯区位理论中运费的计算方法，提出了自己的运费最小区位分析法，他认为运费最小地点在区位三角形的顶点处出现的概率比在三角形内部出现的概率更大。

现代区位论主要是指"中心地理论"。"中心地理论"是由德国地理学家克里斯塔勒（Christaller，1933）提出的。他指出在一个"均质"的平原上，资源、环境、人口等各方面都相同，运费和距离成正比，消费者就近购买商品，消费者购买商品的实际支出为售价与运费之和。零售中心向周围腹地提供商品和服务，依据所提供商品和服务的水平划分中心地的等级，其等级与中心职能相对应，中心地提供的商品和服务的水平越高，则中心地的等级越高，高级的中心地兼备自身的职能和低一级中心地的职能。按照市场原则形成的中心地均衡状态呈一个正六边形空间结构，正六边形接近于圆，因此六边形市场区域比其他形状的市场区域更有效率，可在没有任何重叠的情况下为全体消费者服务。尽管克里斯塔勒的中心地理论为现代地理学的发展奠定了基础，他本人也被后世尊称为"理论地理学之父"，但该理论仍要客观对待。例如，假设条件与现实不符，现实中几乎不存在均质空间，各地区人口、资源环境状况也不一致，消费者并不总是就近购买商品，集聚经济也是该理论忽略的一个重要信息。

## 二 增长极理论

1955 年，法国经济学家弗朗索瓦·佩鲁提出了增长极理论。他认为经济增长是不均衡的，它并不会同时发生，而是分散的，不同程度地出现在具有创新力的行业（或拥有核心产业的地区），核心产业吸引周边地区资源要素的聚集，实现自身规模扩张并带来企业、产业、人才和技术等的集聚，带动了相关产业的发展和新技术的发明，随后逐渐向外围地区扩散，那些优先发展的行业（或区域）集合在某个经济空间点上就形成了增长极。增长极发展过程中通过支配效应、乘数效应、极化与扩散效应对区域经济活动产生影响：增长极影响周围地区的生产要素和商品流通，进而支配周围区域的经济活动；乘数效应是循环积累因果作用的结果，增长极的经济活动不断发展壮大；极化与扩散效应的综合影响为溢出效应，在增长极发展过程中，极化和扩散效应在城市发展过程中始终存在，二者的作用力度因时而异，若极化效应大于扩散效应（溢出效应为正），将有利于促进增长极的发展，若扩散效应大于极化效应（溢出效应为负），将有利于周围地区的发展。通常在经济发展初期，溢出效应为正，当增长极地区的经济发展到一定规模后，受制于当地空间和资源条件，极点的资源要素向周围地区扩散，溢出效应变为负，其他地区的经济得以发展。增长极是区域经济活动的极核，形成的空间结构为极核式空间结构，增长极的形成与发展变化相应会改变区域的产业结构和空间结构。

## 三 点轴开发理论

1984 年，中国经济地理学家陆大道提出点轴开发理论，该理论是在中心地理论、增长极理论和生长轴理论的基础上结合中国实际问题发展而来的。"点"指区域内各级居民点和中心城市，"轴"指由交通、通信干线和能源、水源通道连接起来的"基础设施束"。"点"和"轴"是点轴空间结构的基本构成要素，轴线对附近区域具有集聚作用和扩散作用，区域内资源要素向增长极和轴线聚集，在"基础设施束"上形成产业集聚带（陆大道，2002）。轴线上的点和增长极不断发展扩大，向外扩散形成不同等级的点和轴线，这些点和轴线连接形成点轴空间结构。该理论的核心是经济活动在地理空间上不均衡分布，经济规模和范围由小到大演化，形成点—线—面的发展过程，交通基础设施的完善程度极大地影响经济增速。

### 四　核心—边缘理论

美国经济学家弗里德曼（Friedmann，1966）研究了发展中国家的空间发展规划格局，提出区域的核心—边缘理论来解释区域发展的不平衡和城市体系的发展。他认为区域发展是不平衡的，存在中心区域和外围区域，中心区域处于主导地位，资金、劳动力、信息、技术等向中心城市集聚，使中心区域迅速发展，日益增多的创新活动为中心区域发展提供动力并向外围区域扩散，外围区域的发展依赖中心区域。中心区域凭借资金、劳动力、技术等方面的优势通过支配效应、信息效应、生产效益、联动效应、心理效应和现代化效应六种反馈机制支配边缘广大的外围空间，中心区域的发展在一定程度上阻碍了外围区域的正常发展。弗里德曼将区域经济发展过程分为四个阶段，试图解释一个区域如何由互不关联、孤立发展变为彼此联系，以及如何实现从区域经济不平衡发展转向区域经济平衡发展。

## 第三节　人口集中与城市群发展

人口在地理空间上的集中起源于生态环境对人们生产生活的约束，如农业区位论所讨论的杜能圈的情形就是在单一种植业生态条件下环境对人们活动的影响，人口集中于中心城市，而农业则圈层式分布在城市的周围。中心地理论则是从交通、市场和行政三个层面讨论了人口向城市集中的原因。中心地理论最重要的提示是，人口不会向一个地方集中，也不是在区域空间内均匀分布，而是呈现一种在条件约束下的基于交易活动的分层关系。显然，当经济活动越复杂时，人口集中的机制也就越复杂，人口集中的结果也会在空间上呈现越繁杂的特征。

一般而言，人口地理集中体现了如下经济结果。

第一，促进经济效率的提高。按亚当·斯密的理论，经济效率来源于分工，但斯密在《国富论》中讨论的是企业内的劳动分工。当进行有效的劳动分工后，工人就可以在某一工种上进行熟练操作，再通过协作实现整体的效率提升。分工最初是企业内部的分工，基于产品生产工序的分工适用于工业化初期。随着生产规模的扩大和社会化程度的提升，企业内部的分工会演变为企业之间的分工，这就提供了空间分工的条件。更进一步，当经济发展水平再次提高时，企业之间的分工不再是主流，而是行业分工的承担。分工就形成劳动者的劳动分工、生产的行业分工和空间上的社会分工复杂交织，通过分工形成规模经济，从而有效地促进生产成本的降低，以及对公共设施的集约使用，减少搜寻和交易成本，促进经济效率的提高。

第二，形成规模效应。规模效应有两种形态：一是单个企业规模的扩大，多数企业由于竞争很难达到最佳规模，而企业规模的扩大一般倾向于降低成本，提高企业的生产效率；二是整个行业规模的扩大，这种规模扩大也被称为范围经济，当出现范围经济时，更多的企业能够对上游的原材料形成规模采购，并在产品实现上形成有效需求，从而形成对上下游的产业关联效应。从空间上来看，规模效应会形成产业集聚，当同一产业在某一特定区域内高度集中，会进一步吸引产业资本要素的空间聚集。马歇尔（Marshall，1920）最早发现了这一现象，并对其进行了解释，认为企业在特定空间的集聚能够提供特定的产业技能的劳动力市场，从而形成劳动力共享，其核心仍然是人口集中。

第三，经济增长效应。集中度与经济增长之间的关系在很早就吸引了人们的关注，这首先源于集中度对经济增长率的影响。威廉姆森（Williamson，1965）认为在经济发展的早期阶段，经济的空间集中有利于经济增长，后期戴维斯和亨德森（Davis and Henderson，2003）指出人口集中对经济增长的效应依赖一定的条件，如果前提条件发生了变化，人口集中对经济增长可能是阻碍作用。克鲁格曼（Krugman，1991）也从市场规模、交易成本、生产效率等角度进行了研究，基本证实了集中对增长的影响。如果能够从更长期来考察，集中与增长之间具有倒 U 形的关系，这与一个地区的资源结构和拥挤效应密切相关。

在我国快速推动城镇化的同时，城市与城市之间的关系越来越紧密，不但在长三角和珠三角地区形成了具有明显意义的城市群，在中部和西部地区也形成了一些以中心城市为核心的高度一体化的城市群。2006年，国家"十一五"规划首次提出要"将城市群作为城镇化的主体形态"，这表明城市群已经成为经济发展的重要表现；到2012年，中央城镇化工作会议首次将城市群作为推进新型城镇化的主体；党的十九大报告则明确指出，要以城市群为主体构建大中小城市和小城镇协调发展的城镇格局。《中华人民共和国国民经济和社会发展第十四个五年规划和2035年远景目标纲要》明确提出要发展壮大城市群和都市圈，推动城市群一体化发展，并提出优化提升京津冀、长三角、珠三角、成渝、长江中游等城市群，发展壮大山东半岛、粤闽浙沿海、中原、关中平原、北部湾等城市群，培育发展哈长、辽中南、山西中部、黔中、滇中、呼包鄂榆、兰州—西宁、宁夏沿黄、天山北坡等城市群。这19个城市群已经成为国家经济发展的增长极，在区域经济发展中承担着极其重要的作用。

城市群的形成与人口的空间格局具有密切的联系，城市群强调了多个空间概念，包括具有相当数量的城市，城市之间具有一定的结构和层级，城市之间具有现代化的交通和信息网络，城市与城市之间具有密切的经济和社会联系等，但在这一过程中，人口的空间流动和集中发挥了根本的推动作用。2000年以来，中西部地区的人口向东部沿海地区快速集中，京津冀、长三角和珠三角城市群吸引人口的能力和规模也有了大幅度的提高，根据刘涛等（2015）的研究，2000~2010年，中国的流动人口增长了115.9%，流动人口高度向少数大城市集中。第五次全国人口普查数据显示，前1%的城市吸纳了全国流动人口的45.5%。2010年，人口流动规模超200万的12个城市中有9个位于长三角、珠三角和京津冀城市群，上海、北京、深圳、东莞和广州居于前五位。2010~2019年，人口向城市群集聚的趋势更加明显，人口东密西疏的格局依然稳定，而且人口向东南流动的趋势显著，人口分布集中化速度明显加快，人口密度在400人/公里$^2$以上的地级单元数量由122个增加到128个，承载的人口占全国人口的比重从51.19%提高到57.19%。人口规模在前20位的城市的人口占全国人口的比重由17.51%提高到21.05%（刘涛等，2022）。

观察19个"十三五"期间重点建设的城市群，2000~2019年这些城市群的土地面积占全国的38.5%，其常住人口占比由82.7%提高到85.3%。2016~2019年，长三角、珠三角城市群人口持续净流入，由2011~2015年的年均流入 15 万人、3 万人大幅提升到 62 万人和 66 万人,而西部的成渝城市群也由 2001～2010 年的年均净流出 63 万人转变为 2011～2015 年的年均净流入 19 万人,进而扩大到 2016～2019 年的年均净流入 27 万人。[①] 人口向城市群的流入产生了强劲的增长效应,增加了劳动力供给,为经济增长提供了区域化的人口红利。人口流入也增加了人才供给,为城市群的创新增长奠定了基础。更重要的是,人口集中促进了城市群的生产和消费,推动了长三角、珠三角等地的产业升级和创新发展,推动了这些地区的中心城市成长为世界级的增长级,并带动了区域经济的快速发展和现代化进程。

---

① 《任泽平谈人口大迁移新趋势:中国已经进入都市圈城市群时代》,"新浪财经"百家号,2020 年 12 月 3 日,https://baijiahao.baidu.com/s? id = 1685010923618510256&wfr = spider&for = pc。

# 第二章　城市群内部经济联系与绿色经济效率

## 第一节　研究背景与文献述评

### 一　研究背景

20 世纪 50 年代，法国地理学家戈特曼提出大都市带（Megalopolis）概念和大都市带理论，这拉开了对城市群研究的序幕。目前理论层面的研究主要包括城市群的概念界定、城市群的形成因素及动力机制、城市群的空间结构及演化升级、城市群的内部经济联系、城市群的绿色发展水平等方面；而实践活动上，在过去近半个世纪里，各国先后建立诸多不同层面意义上的城市群，其中公认的发展最领先的当数 6 个世界级城市群，即美国东北部大西洋沿岸城市群、美国五大湖沿岸城市群、欧洲西北部城市群、英格兰城市群、日本东海道太平洋沿岸城市群以及中国长江三角洲城市群。我国在城镇化发展过程中高度重视城市群的发展与规划，城市群的发展能加速我国现代化和新型城镇化的进程。2006 年，"城市群"首次出现在我国中央文件中；2013 年，我国将城市群作为推动国家新型城镇化的主体形态；截至 2019 年 2 月 18 日，国务院已先后批复了 10 个国家级城市群。"十四五"规划纲要指出，"坚持走中国特色新型城镇化道路，深入推进以人为核心的新型城镇化战略，以城市群、都市圈为依托促进大中小城市和小城镇协调联动、特色化发展"，要推动城市群一体化发展，建设现代化都市圈，优化提升超大特大城市中心城区功能，推动以县城为重要载体的城镇化建设；还详细列举了要进一步优化提升五大城市群，发展壮大五个城市群，培育发展九个城市群①。

城市群的形成对区域经济发展有促进作用，但在经济增长过程中，环境问题始终不容忽视。在三次工业革命下，人类社会经历了蒸汽时代—电气时代—科技时代，社会生产能力不断提升，人们物质生活和精神生活不断丰富，然而伴随经济发展的是大气污染、水污染、土地沙漠化、生物多样性破坏、资源枯竭等问题，环境保护与经济发展之间的矛盾日益突出。"绿色发展"和"可持续发展"理念的问世表明了人们对过去教训的吸取和对未来社会发展道路的思考。1987 年，世界环境与发展委员会（WCED）发布《我们共同的未来》，该报告首次提出可持续发展的相关问题并给出相应概念——"既满足当代人的需要，又不对后代人满足其需要的能力构成危害的发展"。"绿色经济"的概念来源于英国环境经济学家皮尔斯（Pearce，1989），他强调建立"可承受的经济"，经济发展必须考虑环境承载力。近年来，针对环境污染问题，各国纷纷开展环境立法工作，如水污染治理法、大气污染治理法、濒危动物保护法等，另外环境税、排污权交易制度、环境信用、绿色信贷等也被广泛应用。近年来，我国在制定政策和发展规划方面，在发展过程中高度重视经济发展与环境保护两者之间的关系，在全球生态环境保护方面我国也积极贡献自己的力量：从可持续发展理念到"创新、协调、绿色、开放、共享"的新发展理念，从把我国建设成"富强民主文明和谐的社会主义现代化国家"到建设成"富强民主文明和谐美丽"的社会主义现代化强国，从"绿水青山就是金山银山"到"构建人与自然生命共同体"。我国不断提高自我要求，对人类可持续发展做出承诺。绿色发展是当前中国可持续发展的重要议题（刘纪远等，2013），绿色发展理念继承和发展了循环经济、绿色经济、可持续发展、低碳经济等热门理念，是可持续发展理念的延伸和升华（杨宜勇等，2017）。

长三角城市群是中国城镇化基础最好的地区之一，在国家现代化建设大局和开放格局中具有举足轻重的战略地位，它的发展对提升我国的城镇化质量、优化城市群空间结构以及促进中小城市的协调发展有重要意义。

---

① 优化提升京津冀、长三角、珠三角、成渝、长江中游等城市群，发展壮大山东半岛、粤闽浙沿海、中原、关中平原、北部湾等城市群，培育发展哈长、辽中南、山西中部、黔中、滇中、呼包鄂榆、兰州—西宁、宁夏沿黄、天山北坡等城市群。

2020 年，长三角城市群 GDP 为 244713.5 亿元，占全国的 24.2%；年末总人口为 23521.4 万人，占全国的 16.7%；土地面积为 35.9 万平方公里，占全国的 3.7%。① 在环境保护方面，2016 年 6 月发布的《长江三角洲城市群发展规划》指出，长三角地区既是经济发达和人口密集地区，也是生态退化和环境污染严重地区，优化提升长三角城市群，必须坚持在保护中发展、在发展中保护，把生态环境建设放在突出重要位置，推动生态共建、环境共治；2018 年，习近平总书记宣布将长江三角洲区域一体化发展上升为国家战略，同 "一带一路" 建设、京津冀协同发展、长江经济带发展、粤港澳大湾区建设相互配合，完善中国改革开放空间布局；2019 年，中共中央、国务院印发了《长江三角洲区域一体化发展规划纲要》，指出要坚持绿色共保，推进生态环境共保联治，形成绿色低碳的生产生活方式，共同打造绿色发展底色，探索经济发展和生态环境保护相辅相成、相得益彰的新路子。"十四五" 规划纲要提出，要推进生态环境共保联治，高水平建设长三角生态绿色一体化发展示范区。因此，长三角城市群在我国社会发展绿色转型的过程中起到先锋作用，研究长三角城市群的内部经济联系强度、空间网络结构对绿色经济效率的影响具有重要的理论和现实意义。

## 二　文献述评

### （一）城市群内部经济联系与空间网络结构的研究

城市群内部经济联系的相关研究与城市网络的概念密切相关，城市网络的形成与发展对城市经济增长产生影响，空间动态外部性带来规模效应和知识效应，并会降低交易成本及带来组织优势，对企业竞争优势也会产生积极影响，这样的外部性导致报酬递增进而影响经济增长。当今世界，随着跨国公司的出现和经济的全球化，任何国家和地区都不再是单独发展，而是处于相互联系的城市网络体系之中。对城市网络最早进行研究的是 Camagni 和 Salone（1993），"空间相互作用论""区域分工理论""区域合作理论" 等的发展为城市网络的形成奠定了理论基础。Friedmann 和 Wolff（1982）考察了全球主要城市体系的发展，特别是从资本国际流动角

---

① 本书数据若无特别说明，均来源于历年《中国统计年鉴》、《中国城市统计年鉴》或各省市统计年鉴，以及国家统计局和相关省市统计局。

度考虑了这一趋势对世界经济体系的影响。Sassen（2001）认为通过形成跨境动力，这些城市开始与越来越多的全球其他城市形成战略性跨国网络。Taylor（2001）认为，世界城市网络是一种特殊的网络形态，具有三个层次的结构。他将网络分析的标准技术首次应用于世界城市，简要讨论了世界城市网络规范与理论和政策实践的相关性。

对城市群内部经济联系的研究从 20 世纪 50 年代便开始了。在理论研究方面，1933 年，德国地理学家克里斯塔勒（Walter Christaller）提出"中心地理论"，该理论被认为是研究城市群和城镇化的基础理论之一。1955 年，法国经济学家弗朗索瓦·佩鲁（Francois Perroux）提出了增长极理论，该理论认为经济增长是不均衡的。1966 年，美国经济学家弗里德曼（John Friedmann）提出区域的核心—边缘理论来解释区域发展的不平衡和城市体系的发展。他将区域经济发展过程分为四个阶段，试图解释一个区域如何由互不关联、孤立发展变为彼此联系，以及如何实现从区域经济不平衡发展转向区域经济平衡发展。1984 年，中国经济地理学家陆大道提出"点轴开发理论"，该理论是在中心地理论、增长极理论和生长轴理论的基础上结合中国实际问题发展而来的。增长极理论和点轴开发理论可以解释和指导区域经济结构和布局。Castells（2000）提出了"流空间理论"，该理论强调了城市节点的研究价值，为城市关系的研究奠定了基础。以上这些理论的形成为研究区域经济联系奠定了理论基础（卡斯特，2006）。在实证研究方面，1942 年齐普夫（G. Zipf）将万有引力定律引入经济学以研究城市体系空间相互作用关系，为城市经济联系的定量分析提供数学模型。此前在 1929 年赖利（W. J. Reilly）曾提出零售引力模型，利用不同商业中心的人口和中心间的距离来衡量商业中心服务范围。Taaffe（1962）通过将美国城市间航线联系划分等级，发现每个城市都至少与一个中心城市相联系。Thomas（1960）研究了芝加哥城镇化地区人口增加与特定因素的区域关联，发现研究区域的中部和西北部之间有较强的经济联系。Shen（2004）使用一般无约束重力模型估计美国城市节点间的吸引力和相互作用强度。随着流空间理论的发展，Matsumoto（2004）使用基本重力模型分析国际航空港城市客运流和货运流强度，进而分析国际航空运输枢纽城市的交通网络特征。另一种方法是流模型，Bagler（2008）从航空运输流角度分析全球主要城市间与印度城市体系网络的拓扑特征和交通动态，考虑网络结构和城市相互作用的强度。

国内学者对城市间经济联系的研究极为丰富，研究层面包括省级层面、城市群层面、产业层面、城市层面等。从研究内容划分，主要包括对城市间经济联系强度、经济联系方向、可达性与隶属度四个方面的测度。从研究对象数量划分，可分为单个城市群内部城市间经济联系测度研究和多个城市群内部经济联系对比研究等。

对城市群内部城市间经济联系问题的研究，刘廷兰（2014）利用引力模型测算了京津冀城市群各城市与北京、天津之间的经济联系强度和经济隶属度，她发现各城市间的联系程度在加强，但城市间的经济联系不均衡。许露元和邹丽萍（2016）运用克鲁格曼指数、引力模型分析了我国北部湾城市群内产业分工及对外经济联系的强度，选取南宁、北海、钦州、防城港等城市为研究对象，结果表明，部分地区城市一体化已初见端倪，各城市之间具有强经济联系。苗洪亮和周慧（2019）、魏丽华（2018）等运用引力模型对京津冀、长三角、珠三角城市群内部经济联系进行测度，发现每个城市群各自的中心城市均具有很强的带动作用，城市群内部都呈现明显的梯度发展结构；而通过对比分析发现，三大城市群中各城市与主要城市的经济联系总量、联系强度、空间梯度结构存在明显差异。

对城市群内部经济联系网络结构特征的分析，大多采用网络分析法，利用图论、数学等方法刻画关系网络，分析网络对节点和整体的影响，网络分析方法使城市间网络具有更直观的形象。Taylor（2001）首次将网络分析的标准技术应用于世界城市网络，探讨世界城市网络规范与理论和政策实践的相关性。

在城市网络中，城市是网络的节点，多个城市在区域空间、自然要素和社会经济等方面，在人流、物流、资金流、信息流等方面的联系构成了网络。国内外学者将"流"分析与网络分析方法相结合，分析某一区域某种"流"网络的结构特征。例如，Friedmann 和 Wolff（1982）、Castells（2000）、Matsumoto（2004）、Bagler（2008）分别从资本流、信息流、客运流及货运流、航空运输流等角度考察地区间经济联系的影响和联系网络特征。此外，对城市间经济联系网络的分析，国内学者多基于引力模型所计算的经济联系矩阵，用社会网络分析（SNA）方法测度网络的整体密度、中心性、凝聚子群等指标。例如，曹炜威等（2016）、鲁金萍等（2015）、李响和严广乐（2012）利用引力模型和社会网络分析方法对所研究的城市群经济联系网络特征进行分析，经济联系度不高和联系不均衡现象普遍存在，城市间的经济联系程度和均衡度均有待加强。赖洁瑜（2021）基于修正的引力模型，采用社会网络分析法，从网络结构、网络密度、中心性、凝聚子群、QAP 分析等角度，研究经济增长空间联系网络。此外，他还认为合理的产业结构、要素集聚与扩散效应、城市技术创新能力、经济全球化水平均增强了城市群网络的经济联系强度。

### （二）绿色经济效率测度及影响因素的研究

绿色经济效率与绿色全要素生产率的本质是一样的，其测量方法和学者们研究的维度与全要素生产率基本一致。学者们将能源消耗和非期望产出纳入全要素生产率的评价体系中，由此得到绿色全要素生产率，并进一步分析不同因素对绿色全要素生产率的影响。同样，绿色经济效率也全面考虑了资源投入和非期望产出，是考虑资源与环境代价后的综合经济效率，该效率值全面考虑了资源投入和非期望产出，是在原有经济效率的基础上综合了资源利用和环境损失值之后获得的绿色经济效率值（钱争鸣、刘晓晨，2013）。

对经济效率测度及影响因素的研究来源于对经济增长问题的研究，始于 1928 年柯布和道格拉斯提出的 C - D 生产函数。阿布拉莫维茨（Abramovitz，1956）最先发现美国经济产出的增长不但依靠生产要素的投入，还包括一些别的因素。索洛（Solow，1956）将不能被生产要素投入解释的经济增长部分定义为索洛剩余，即由技术进步而引起的产出增长。随后国内外学者纷纷证实了各地区的经济增长中索洛剩余的存在。

对经济效率的定量分析和实证分析通常将全要素生产率作为经济效率的代理变量，全要素生产率是总产量与要素投入量之比。从研究尺度划分，学者们通常选择国家层面、城市群层面（苗洪亮、周慧，2018）、省级层面（郑享清等，2014）、城市层面（周慧、周加来，2020）、产业层面（杨汝岱，2015）。从研究方法划分，学者们在测度区域全要素生产率时，大多运用 DEA 模型、随机前沿生产函数模型等方法。选取多个投入要素和多个产出要素测度全要素生产率时，学者们主要选取下列投入指标和产出指标：物质资本投入、土地资本投入、劳动资本投入、人力资本投入、地区生产总值和人均地区生产总值等。在实证研究中，学者们发现影响全要素生产率的因素主要包括技术进步（Nishimizu and Page，1982；师萍等，2011）、产业协同集聚（汤长安等，2021）、外商直接投资（赵广川等，2015）、产业结构升级（高新才、殷颂葵，2018）、城镇化水平（周慧、周加来，2020）、人力资本（岳书敬、刘朝明，2006；Bronzini and Piselli，2009）、金融发展（王国才、吴铭峰，2019）、城市规模（Sveikauskas，1975；金相郁，2006）、城市群空间结构与城市群内部经济联系强度（刘修岩等，2017b；苗洪亮、周慧，2018；罗朋伟等，2021）等。例如，刘建国和张文忠（2014）发现经济的集聚水平、人力资本、经济开放水平、信息化水平、基础设施水平等均会对全要素生产率产生积极作用，而政府干预和产业结构对全要素生产率的影响为负；此外，产业结构的合理性也会影响区域的全要素生产率。于斌斌和郭东（2021）认为，合理有序的空间结构是提升城市群经济效率的重要动力来源，与单中心城市结构相比，多中心城市结构更能有效地提高城市群经济效率。

对绿色全要素生产率的测度及实证研究，胡鞍钢等（2008）探讨环境污染物如废水、工业固体废弃物、$SO_2$ 等的排放量以及与能源消耗相关的 $CO_2$ 排放量对技术效率的影响，运用 DEA 模型对省级生产率绩效度量中的"技术效率"指标进行了测度和重新排名。原毅军和谢荣辉（2015）运用 SBM 方向性距离函数与 Luenberger 生产率指数，在考虑能源投入和非期望产出（以工业三废为例）的情况下，测算了中国 30 个省份的工业绿色全要素生产率（GTFP）及其来源分解，并进一步实证检验了环境规制、FDI 及两者的交互项对绿色全要素生产率的影响。刘华军和李超（2018）运用 DEA 方法，在测度全要素生产率的投入和产出基础上加入能源投入和工业三废等非期望产出，发现经济发展、产业结构合理化、市场化等因素对绿色全要素生产率具有正向影响，而要素禀赋结构、能源结构对绿色全要素生产率存在负向效应。此外，汪锋和解晋（2015）还认为教育投入的增加也能提高绿色全要素生产率，而外商直接投资会对绿色全要素生产率产生负向影响。

对于绿色经济效率的测度及影响因素的研究，在测度绿色经济效率时，主要选取以下几类指标：非资源类投入，如劳动力、资本、科技等；资源类投入，如建成区面积、全社会用电量、供水总量等；期望产出，通常为地区生产总值；非期望产出，如工业三废等。其测度方法比绿色全要素生产率的测度方法更丰富，主要有 DEA 模型、随机前沿模型、Malmquist 指数模型、GMM 模型等。由于地区经济发展和产业结构的差异，其绿色发展水平是不一致的。例如，杨龙和胡晓珍（2010）、钱争鸣和刘晓晨（2013）对国家整体的研究，发现我国整体的绿色经济效率不断上升，但分区域看东中西部地区间的绿色发展水平依次降低。董小君和石涛（2018）、李俊杰和景一佳（2019）利用 DEA 模型测度中原城市群的绿色发展效率，发现中原城市群绿色发展效率偏低，绿色发展水平不高。吴洁等（2020）通过构建 DEA-Malmquist 指数测算长三角城市群的绿色经济效率，发现长三角城市群整体上绿色经济效率呈上升趋势，但城市群内部三省一市的绿色经济效率值差异较大。

**（三）城市群内部经济联系与绿色经济效率的研究**

城市群内部各城市之间紧密的经济联系，有助于多个城市共享集聚经济的正效益，城市之间密切的社会经济联系为微观经济体在分享、匹配和学习方面提供了便利，是对单纯地靠要素集聚形成的优势的补充，在特定情况下，城市的连通性甚至替代了集聚经济（苗洪亮、周慧，2018）。随着城市间经济联系网络的发展，学者对城市群内部经济联系、空间结构特征与经济发展问题间的关系的研究逐渐深入。苗洪亮和曾冰（2021）利用随机前沿模型对呼包鄂榆城市群各县域单元的生产函数进行了估计，并在此基础上引入了联系强度、政府扶持、市场环境和区位虚拟变量对技术无效率项进行了回归分析，发现县域联系强度对区域经济效率具有显著的正向贡献。罗朋伟等（2021）以地级市为基本分析单元，基于城市间经济联系的强度构建城市经济联系网络，采用社会网络分析方法研究 1996～2018 年西北地区城市经济联系网络特征，分析城市经济联系网络对区域经济差距的影响。结果表明，城市经济联系网络的发育对区域经济差距具有显著影响，随着经济联系越来越紧密，区域经济差距呈现收敛态势。种照辉等（2018）分析了长三角城市群的经济网络特征，重点研究了城市群经济网络的增长效应。

通过对文献的梳理，国内外学者对大都市带、城市群的概念与内涵已有清晰界定。对城市群的形成与发展、内部经济联系以及空间结构的研究已有丰富的理论基础。对绿色发展的研究源于可持续发展理念，对绿色经济效率的测度虽已有丰富的研究，但由于研究方法和选用指标的不一致，选用相同的研究对象、研究角度时，学者们得出的结论也不一致，对绿色经济效率评价指标的构建缺乏权威的标准，各项指标的权重依研究者的选择而定；在测度城市群经济联系网络强度、网络密度、网络中心性等结构特征时，指标和测度公式的选取也不统一。此外，基于以上分析，理论上城市群的内部经济联系强度和空间网络结构特征对绿色经济效率会产生正向影响。但以往研究城市群内部经济联系强度、空间网络结构特征与传统经济效率的文献较多，目前尚未有研究关注城市群内部经济联系强度及空间网络结构特征与绿色经济效率的关系。因此，本书在此思路的指引下，将研究城市群内部经济联系、空间网络结构对城市群绿色经济效率的影响，探讨现实情况是否与理论预期一致。

## 第二节　城市群内部经济联系的理论基础

### 一　城市群内部经济联系

经济学层面，城市是经济要素集聚构成的经济集聚体，城市的经济规模依赖经济要素的集聚程度，经济要素越集中，经济集聚程度越高，城市的经济规模就越大，进而产生的经济效益也就越大，在"循环累积作用"下，城市不断发展。城市间经济联系是指城市间在商品、劳务、资金、技术和信息方面的交流，以及在此基础上产生的关联性和参与性经济行为。

#### （一）城市网络论

城市网络最初由 Camagni 和 Salone（1993）提出，Dieleman 和 Faludi（1998）、Capello（2000）进一步界定了城市网络的概念内涵，前者认为城市网络与"多中心—多节点大都市区域"一致，后者提出城市网络应包含三个要素：网络要素、网络外部性要素和合作要素。在城市网络中，城市是节点，城市间的联系是线。城市网络与企业网络、社交网络均不同，城市网络将交通和通信基础设施、资金、劳动力等联系起来，形成一系列不同的网络，每个网络都有自身的特征和运行方式（Pflieger and Rozenblat，2010）。现代城市网络体系的重要特征是城市布局呈放射状和网格状复合型体系，城市网络布局和城镇体系中各种人流、物流、信息流、能源流网络的网格状分布是一致的，均呈放射状分布（张弥，2007）。上述网络重叠的交错点就是城市空间，各种网络特征的属性叠加使城市拥有了自身的独特性，相应地也改变了城市自身职能。因城市的功能和属性各不相同，城市网络可从不同的角度分为多种类型，通常有 Dematteis（1991）提出的等级、非等级和多中心网络，Camagni 和 Salone（1993）的协同与互补网络，Trullén 和 Boix（2001）的知识型城市网络等。在全新的城市网络理论中，围绕全球生产性服务业的发展与组织扩张，形成了商业服务网络理论、结构网络理论、协同网络理论三个主要的网络理论。城市网络的形成与发展会对城市经济增长产生影响，空间动态外部性（网络外部性）会带来规模效应、知识效应，降低交易成本及形成组织优势，对企业竞争优势也会产生积极影响，这样的外部性导致报酬递增进而影响经济增长。

### （二）空间相互作用论

1956 年，乌尔曼（E. L. Ullman）首次提出空间相互作用理论。他指出区域间发生相互作用需要具备三个前提条件：区域之间的互补性、区域之间的可达性、干扰机会（覃成林，1996）。互补性是指两地区间各有所长，能够满足彼此的需求，互补性越强，区域间建立联系的可能性越大，二者呈正相关关系。可达性是指区域之间进行要素流通的可能性，一般受到空间距离、时间距离、要素的可流动性、交通与通信基础设施完善程度等的限制，前两者会降低地区间的可达性程度，降低建立区域联系的可能性，后两者会增强可达性，空间相互作用与可达性呈正相关关系。一个区域可与多个区域同时存在互补性，但只有互补性最强的两个区域才能真正实现联系。可能发生空间作用的两区域之间，受其他区域干扰的程度越低，发生联系的可能性越大。空间相互作用表现为区域间人、物、信息等的流动，空间相互作用能够加强区域间的相互联系，但也可能对某些区域造成损害。

### （三）区域分工理论

区域分工理论的思想借鉴了国际贸易理论中的国际分工理论，国际分工是国际贸易的基础，国际分工产生专业化效应、规模经济效应、竞争效应，推动生产力的发展并促进资源有效配置。国际分工理论可以从四个角度解释。第一个角度是成本学说。1776年，亚当·斯密（Adam Smith）提出绝对成本学说。他认为每个国家都应生产其有绝对有利生产条件的产品以降低生产成本、提高产品生产率，各国按需交换产品，实现利益最大化。根据该理论，在各产品生产上都处于劣势的国家，其不能实现国际贸易和国际分工，这与现实情况不符，而李嘉图的比较成本学说则可以解释这一现象。李嘉图（2013）认为各地区的初始禀赋和经济发展条件不同，不同地区生产同种产品的劳动生产率或生产成本不同，若资源和要素流动受限，各国应生产具有相对优势的产品，选择发展优势产业。比较优势理论论证了国际分工和国际贸易存在的必要性。

第二个角度是要素禀赋学说（赫克歇尔－俄林模型）。该理论认为区域之间生产要素的禀赋差异导致分工和贸易。例如，劳动力丰富的国家，工资率相对于利息率较低，生产并出口劳动密集型产品；资本丰富的国家，利息率水平相对低于工资率水平，更有利于生产并出口资本密集型产品。在全球化和自由贸易背景下，各国应该出口密集使用本国丰富要素所生产的产品，进口那些密集使用本国稀缺要素所生产的产品。

第三个角度是新贸易理论。现实中，要素禀赋相似的发达国家间产业内贸易现象频发，传统的国际贸易理论中的比较成本学说和要素禀赋学说解释乏力，新贸易理论随即摒弃完全竞争市场和无规模经济的假设，将规模经济和不完全竞争引入国际贸易理论中。一方面，内部、外部规模经济均可带来生产成本的降低和生产效率的提高。另一方面，市场上产品的差异化造成了垄断竞争的市场格局，产品的差异化可更好地满足消费者的需求，但规模经济限制了产品差异化的程度。[①] 各国生产者利用规模经济的优势仅生产少数几种差异化产品满足国内大多数人的偏好以降低平均生产成本，其他少数人的偏好通过进口国外差异化产品来满足（张培刚、刘建洲，1995）。因此，在垄断竞争条件下，产品存在差异化为国际贸易提供了可能。比较优势、要素禀赋的差异导致了国家间的产业间贸易，形成产业间分工，而规模经济和不完全竞争市场导致国家间的产业内贸易，形成

---

① 虽然产品差异化能够更好地满足消费者的需求，商品的售价也可更高，但是消费者对每个品种的商品的需求量是有限的，厂商不能利用规模经济来降低平均生产成本。

产业内分工（李小建等，1999）。

第四个角度是竞争优势理论。1990 年，迈克尔·波特（Michael E. Porter）在《国家竞争优势》一书中描述了竞争优势理论。他认为国家的竞争优势与生产要素、国内需求、企业的战略结构竞争、支撑产业和相关产业、机遇以及政府的作用等有关。该理论基于不完全竞争市场的假设，认为国家应该增强国际竞争力以增加本国福利、占据国际分工中的有利地位。

## 二 绿色发展理论

### （一）生态经济理论

工业革命以来，为实现经济发展和物质资料自由，对环境问题的忽视造成经济系统与环境系统矛盾运动的局面，严重危害经济可持续发展和生态平衡，人们开始思考经济发展和生态环境之间的关系。1962 年，美国学者蕾切尔·卡森（Rachel Carson）出版了《寂静的春天》一书，书中描述了肥料、农药等化学产品的过度使用对生态环境的严重危害，呼吁人们保护环境，反思社会生产活动方式存在的问题。美国经济学家肯尼斯·鲍尔丁（Kenneth E. Boulding）先后提出"生态经济学"概念和"宇宙飞船理论"，在一个封闭体系中，人们要想生存下去，需建造一个自给自足、零污染的物质循环体系。1972 年《增长的极限》一书指出，人们必须将无限增长模式转变为可持续发展模式，将增长限制在地球可承受的限度之内。

生态经济学是一门交叉学科，它着重于研究人类经济活动与生态系统的福利以及与人类社会系统的福利日益冲突的领域，生态系统最终支撑人类所有的经济活动，而人类社会系统是经济活动的最终受益者，因此生态经济学涉及 3 个分析层面：生态系统、经济系统和社会系统（张志强等，2003）。发展生态经济的目标是建立生态经济系统，实现生态经济平衡并获取生态经济效益。生态经济系统是经济活动的载体，生态系统平衡既是生态经济系统建立的目标之一，也是生态经济系统演化升级的动力。生态经济强调经济与生态环境协调循环发展，该理论为可持续发展理论的形成和建立奠定了理论基础，可持续发展理论是围绕生态环境协调发展论建立的。

### (二) 可持续发展理论

1987 年，世界环境与发展委员会（WCED）发布《我们共同的未来》，该报告首次提出可持续发展（Sustainable Development）的概念。可持续发展是指既满足当代人的需要，又不对后代人满足其需要的能力构成危害的发展，这一概念得到国际社会的广泛认可。WCED 认为人类需求必须建立在两个基础上：一是"需求"，首先是满足贫困人民的基本需求；二是对需要的"限制"，即对现在以及将来对环境利用程度的限制。可持续发展理论缓和发展与环境保护的对立关系，力图建立一个人与自然友好相处的环境友好型社会（樊越，2022）。1992 年，该理论上升为国际社会共同推行的发展战略。

可持续发展以自然资源为基础同环境承载力相协调，这意味着可持续发展并不否定经济增长，而是要人类承认自然环境的价值，将生活质量和社会进步挂钩，培育新的经济增长点。因此，可持续发展包括经济可持续发展、生态可持续发展、社会可持续发展三个方面，经济持续是可持续发展的核心动力，生态持续是可持续发展的物质基础，社会持续是可持续发展的终极目标（李强，2011）。在可持续发展过程中要坚持公平性，如对资源分配与利用的当代人间的横向公平及代际的纵向公平；坚持持续性，如生态系统的持续性和资源利用的持续性；坚持共同性，如对发展的共同认识和对保护环境的共同责任感原则等，以实现共同发展、协调发展、公平发展、高效发展、多维发展。可持续发展注重社会、经济、人口、资源、环境等方面的协调发展和共同发展，为绿色发展理论的形成奠定了基础。

### (三) 绿色发展理论

绿色发展理论是可持续发展理论的最新成果，它是可持续发展理论的核心内容的继承者。绿色发展思想最早源自美国"宇宙飞船理论"。英国环境经济学家 Pearce（1989）发表《绿色经济蓝图》，提出"绿色经济"的概念，质疑传统的发展模式，主张各国发展"可承受的经济"，在经济发展和环境保护之间建立平衡。国际绿色经济协会对绿色经济的定义为，以实现经济发展、社会进步和保护环境为方向，以产业经济的低碳发展、绿色发展、循环发展为基础，以资源节约、环境友好与经济增长成正比的可持续发展为表现形式，以提高人类福祉、引导人类社会形态由"工业文明"向"生态文明"转型为目标的经济发展模式（郑德凤等，2015）。绿色发展充分考虑生态环境容量和资源承载力，将环境保护作为实现可持续发展的重要支柱。

改革开放以来，中国面临着一系列经济、社会发展和生态环境难题，如经济效益低、生态失衡、发展不平衡等。党的十八大以来，党中央采取了一系列措施引导经济高质量发展和保护生态环境，形成了习近平绿色发展理念，这是对马克思主义生态文明观的重大理论创新，彰显了我国对解决全球生态问题的责任担当（张金伟、吴琼，2017）。习近平绿色发展理念具有丰富的理论内涵，深刻诠释了绿色发展的总体内涵、价值旨归、实现目标、制度基础、践行路径、保障措施以及根本保证等，推动中国形成了绿色低碳循环的发展模式，为全球环境治理提供了中国智慧与中国方案（朱东波，2020）。高质量绿色发展是以效率为导向的发展，在生态系统承载能力范围内提升经济和生态系统的效率，促进经济、社会与环境的协调发展。

## 第三节　长三角城市群内部经济联系及空间网络结构

### 一　长三角城市群发展现状

本节以长三角城市群为研究对象，根据国务院批准的《长江三角洲城市群发展规划》，长三角城市群在上海市、江苏省、浙江省、安徽省范围内，上海为其核心。规划范围包括：上海，江苏省的南京、无锡、常州、苏州、南通、盐城、扬州、镇江、泰州，浙江省的杭州、宁波、嘉兴、湖州、绍兴、金华、舟山、台州，安徽省的合肥、芜湖、马鞍山、铜陵、安庆、滁州、池州、宣城共 26 个城市。

### （一）经济状况

2019 年，长三角城市群各项经济指标在全国总量中的占比均超过10%，其中对外贸易尤为突出，外贸出口总额占全国的 36.19%，当年实际利用外资金额占全国的 51.58%（见图 2 - 1），这得益于长三角城市群的地理区位条件——地处东亚地理中心和西太平洋的东航线要冲，也是"一带一路"与长江经济带的交汇地。该地区经济发展水平高，固定资产投资与财政支出多，消费总量大，产业体系和城镇体系完备，基础设施健全。在国家现代化建设大局和开放格局中，长三角城市群具有举足轻重的战略地位，它的发展对引领全国高质量发展、建设现代化经济体系意义重大。

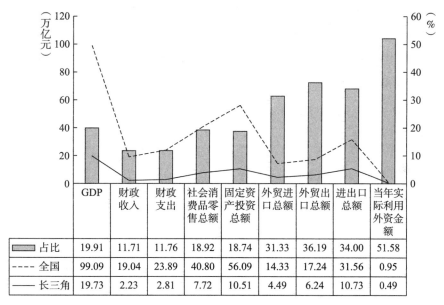

| | GDP | 财政收入 | 财政支出 | 社会消费品零售总额 | 固定资产投资总额 | 外贸进口总额 | 外贸出口总额 | 进出口总额 | 当年实际利用外资金额 |
|---|---|---|---|---|---|---|---|---|---|
| ▨ 占比 | 19.91 | 11.71 | 11.76 | 18.92 | 18.74 | 31.33 | 36.19 | 34.00 | 51.58 |
| ---- 全国 | 99.09 | 19.04 | 23.89 | 40.80 | 56.09 | 14.33 | 17.24 | 31.56 | 0.95 |
| —— 长三角 | 19.73 | 2.23 | 2.81 | 7.72 | 10.51 | 4.49 | 6.24 | 10.73 | 0.49 |

图 2-1　2019 年长三角城市群主要经济指标及其占全国的比重

资料来源：《中国城市统计年鉴 2020》《马鞍山统计年鉴 2020》。

图 2-2（a）显示了长三角城市群 26 个城市 2005～2019 年 GDP 的规模及其占全国的比重。从经济规模的绝对量来看，全国和长三角城市群 2005～2019 年的 GDP 均呈上升趋势。2005 年，长三角城市群 26 个城市总的 GDP 为 38958.64 亿元，2019 年增至 197349.50 亿元，增加了近 4.07 倍。2005～2019 年，全国 GDP 增加了 4.29 倍。从经济规模的相对量来看，长三角城市群 GDP 虽持续增加，但其占全国的比重在 2005～2008 年出现显著下降，2005 年长三角城市群 GDP 占全国的比重最高，为 20.80%，2008 年为 19.56%，随后徘徊在 20% 这条分界线。2018 年长三角城市群 GDP 占全国的比重最低，为 19.43%，2019 年出现小幅增长，达到 19.92%。结合图 2-2（b）可以发现，长三角城市群与全国 GDP 的变动趋势基本一致，2008 年前后和 2018 年前后长三角城市群和全国的 GDP 增速有较大幅度的下降。2008 年国际金融危机爆发冲击了全球经济发展，首先对中国的进出口造成严重影响，其次国内多个行业如房地产、旅

游业以及大宗商品交易遭受冲击。由于外资的出逃，国内短期内资金周转困难，许多中小公司不能进行短期内资金拆借，导致破产。为应对经济危机，我国积极转变经济发展方式，通过调整国民收入分配格局，促进居民消费以扩大内需、拉动经济增长，随后经济逐步恢复。根据马克思主义政治经济学，经济危机的产生是由资本主义生产方式的基本矛盾决定的，"生产相对过剩"会周期性出现，部分学者认为经济周期为10年，2018年中美贸易摩擦对经济产生下行压力，因此2018年经济增速有下降趋势。

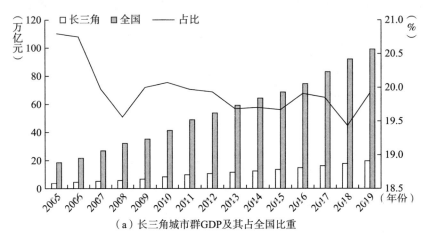

（a）长三角城市群GDP及其占全国比重

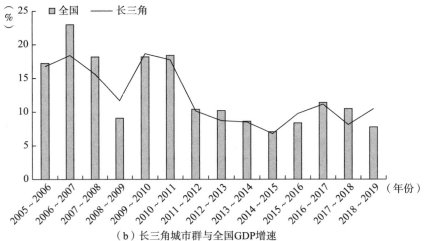

（b）长三角城市群与全国GDP增速

**图 2-2　2005~2019 年长三角城市群 GDP 与全国 GDP 情况**

资料来源：2006~2020 年《中国城市统计年鉴》《中国统计年鉴》。

分城市来看，长三角城市群内部各城市之间的经济发展不均衡。通过横向对比分析可以了解到，上海、苏州、杭州始终处于长三角城市群GDP排行榜前三，三者创造的GDP高达长三角城市群经济总量的40%。而排名后三位的城市经济贡献量十分有限，无论是2005年和2017年的宣城、铜陵、池州，还是2018年和2019年的舟山、铜陵、池州，它们创造的GDP低于沪、苏、杭的1/10，不足长三角城市群的2%（据表2-1计算）。2005年，GDP排名第一位的城市经济总量是倒数第一位的城市经济总量的83.08倍，到2019年这个数值变为45.88倍，尽管降低近一半，但是差距仍然过大。从纵向时间序列来看，各城市在2005～2019年经济增速不同，2005～2019年，GDP增长最多的地区是合肥市，增加了10.02倍，合肥市2005年GDP为853.57亿元，其在长三角城市群内的GDP排名为第16名，2019年GDP增长至9409.4亿元，GDP排名为第7名，前进9名。其次是芜湖市和滁州市，2005～2019年GDP分别增加8.03倍和7.87倍。而绍兴市的GDP增长最少，仅为2.99倍。经济总量排名前三的沪、苏、杭地区的GDP分别增长了3.17倍、3.78倍、4.22倍。宣城、铜陵、池州、舟山的GDP分别增加了5.21倍、4.27倍、6.55倍、3.90倍。其余城市的GDP增速为2.99～5.37倍。由此可见，长三角城市群内部经济发展差异明显，十分不均衡。

**表2-1 长三角城市群内部分城市GDP及其排名**

单位：亿元

| 年份 | 前三名 | | | 后三名 | | |
|---|---|---|---|---|---|---|
| | 上海 | 苏州 | 杭州 | 宣城 | 铜陵 | 池州 |
| 2005 | 9154.18 | 4026.52 | 2942.6519 | 251.53 | 182.05 | 110.18 |
| 2017 | 30133.86 | 17319.51 | 12556.00 | 1188.60 | 1163.90 | 654.10 |
| 年份 | 前三名 | | | 后三名 | | |
| | 上海 | 苏州 | 杭州 | 宣城 | 铜陵 | 池州 |
| 2018 | 32679.87 | 18597.47 | 13509.1508 | 1316.6986 | 1222.3596 | 684.9253 |
| 2019 | 38155.28 | 19235.80 | 15373.05 | 1371.60 | 960.20 | 831.70 |

资料来源：历年《中国城市统计年鉴》。

## （二）人口及就业状况

总体来看，长三角城市群的常住人口与就业人数不断增加。2006～2019年的14年间，常住人口增加了2333.26万人，城镇常住人口增加了3608.67

万人，2006 年长三角城市群城镇化率为 58.56%，2019 年增至 72.97%，城市群整体的城镇化水平显著提高（见图 2-3）。就业方面，近年来长三角城市群内就业人数持续上升，但自 2014 年开始就业人数增速放缓。2006 年长三角城市群就业人数约为 7481.77 万人，2019 年就业人数共计 9847.89 万人，增加了 2366.12 万人。分城市看，各城市常住人口和就业人数分布极不均衡，上海对人口的吸引集聚能力最强，其年末常住人口和就业人数遥遥领先，2019 年，上海的常住人口、就业人数分别为 2428.10 万人和 1376.20 万人，而第二名苏州常住人口和就业人数分别为 1075.00 万人和 692.60 万人，常住人口最少的舟山仅有 117.60 万人，就业人数最少的铜陵仅有 42.08 万人，与上海的差距巨大。安庆和盐城 2019 年的常住人口或就业人数均低于 2015 年的水平，其他城市常住人口和就业人数均呈上升趋势。

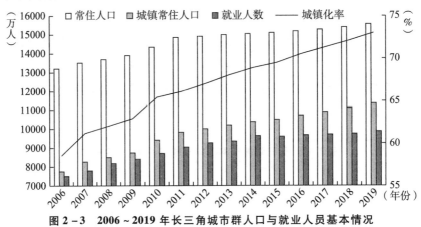

**图 2-3　2006～2019 年长三角城市群人口与就业人员基本情况**

资料来源：常住人口、城镇常住人口以及就业人数来自《中国城市统计年鉴》，城镇化率由笔者自己计算得出。

按我国城市规模等级划分标准，2006 年长三角城市群 26 个城市中有 1 个超大城市、2 个特大城市、4 个 I 型大城市、14 个 II 型大城市、5 个中等城市；2019 年，城市规模等级分布如下：超大城市 1 个，特大城市增至 7 个，I 型、II 型大城市分别为 8 个和 7 个，中等城市 3 个，无小城市。①

---

① 2019 年长三角城市群城市规模分布为：超大城市（1000 万人以上），上海；特大城市（500 万～1000 万人），南京、无锡、苏州、南通、杭州、宁波、合肥；I 型大城市（300 万～500 万人），常州、盐城、扬州、泰州、嘉兴、绍兴、金华、台州；II 型大城市（100 万～300 万人），镇江、湖州、芜湖、马鞍山、安庆、滁州、宣城；中等城市（50 万～100 万人），舟山、铜陵、池州。

长三角城市群内各级城市分布齐全，这有利于省域间的交流合作和区域一体化发展。

但人口向城市的集聚一旦过度和无序，反而会对城市的发展产生不利影响，产生如人口膨胀、交通拥堵、住房困难、资源紧张、环境恶化等问题，造成"大城市病"。因此，人口的区域均衡发展是区域均衡可持续发展的前提之一。

城市首位度在一定程度上可以反映要素在最大城市的集中程度。城市群发展到高级阶段，其人口规模会向齐普夫法则分布收敛。根据城市的位序－规模法则，按人口计算的城市首位度正常值为 2，四城市指数为 1。从表2－2中可以看出，2006～2019 年长三角城市群的城市首位度均大于 2，最大偏离幅度为 21.5%；四城市指数分布在 0.82 和 0.88 之间，均小于正常值 1，最大偏离度为 18%，两者偏离正常值不大。从时间维度来看，长三角城市群的城市首位度和四城市指数都向正常值收敛，由此从城市人口分布角度来看，长三角城市群的城市规模－位序比较合理，人口规模分布向齐普夫法则收敛，并未存在过于均衡或过于非均衡的状态。

表 2－2　2006～2019 年长三角城市群城市首位度及四城市指数

| 年份 | 城市首位度 | 四城市指数 | 年份 | 城市首位度 | 四城市指数 |
|------|------------|------------|------|------------|------------|
| 2006 | 2.43 | 0.84 | 2013 | 2.28 | 0.87 |
| 2007 | 2.34 | 0.85 | 2014 | 2.29 | 0.88 |
| 2008 | 2.35 | 0.87 | 2015 | 2.28 | 0.87 |
| 2009 | 2.36 | 0.88 | 2016 | 2.27 | 0.86 |
| 2010 | 2.20 | 0.85 | 2017 | 2.26 | 0.85 |
| 2011 | 2.23 | 0.86 | 2018 | 2.26 | 0.84 |
| 2012 | 2.26 | 0.87 | 2019 | 2.26 | 0.82 |

### （三）环境状况

长三角城市群是我国生态环境问题较严重的区域之一，大气污染、水污染、土壤污染、酸雨、生态退化等问题的发生阻碍了区域的可持续发展。我国对解决环境污染问题和经济高质量发展采取了一系列措施，如颁布环保法与污染防治法、开展三大保卫战、建立城市环境保护系统、大力发展循环经济等。党的十八大以来，我国因地制宜地颁布了《长江三角洲城市群发展规划》《长江三角洲区域一体化发展规划纲要》《长三角生态绿色一体化发展示范区总体方案》等文件，强调长三角地区要坚持绿色共保，实现区域生态环境共保联治。长三角城市群为推进长三角区域生态环境共保联治，上海、江苏、浙江和安徽结合当地的实际情况，采取相应措施，在环境治理方面取得很多进展。沪苏浙皖三省一市签署《协同推进长三角区域生态环境行政处罚裁量基准一体化工作备忘录》，共同监管环境污染，联合编制《环境专项规划》，制定多个行动方案和计划（胡文静，2021）。[①]

根据图 2-4 可知，长三角城市群 2005～2018 年工业废水排放量逐年下降，工业二氧化硫排放量呈波动下降趋势，工业烟（粉）尘排放量呈先上升后下降趋势。从整体来看，区域的污染防治取得一定成效，但由于各地区经济发展水平不同，各地区治理水平也不一样。研究期间，26 个城市中有 9 个城市的工业废水排放量、8 个城市的工业烟（粉）尘排放量不降反增，工业二氧化硫排放量均显著降低，由此可以看出，长三角城市群在大气污染防治方面取得的进展最大，而在废水和固体废弃物、土壤等方面仍需进一步努力。

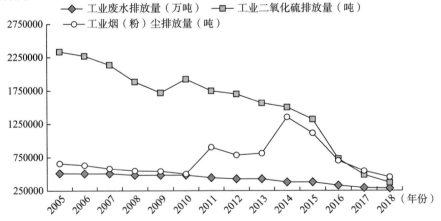

图 2-4　2005～2018 年长三角城市群工业三废排放量变化情况

资料来源：2006～2019 年《中国城市统计年鉴》。

---

① 沪苏浙皖先后制定了《长三角生态绿色一体化发展示范区重点跨界水体联保专项方案》《长三角生态绿色一体化发展示范区生态环境管理"三统一"制度建设行动方案》《长三角生态绿色一体化发展示范区重大建设项目三年行动计划（2021—2023 年）》。

## 二 长三角城市群内部经济联系

### （一）模型设定与数据来源

1. 模型设定

测度城市间联系的方法有引力模型、城市流模型和企业网络模型等，其中引力模型有许多衍生的模型，分为传统引力模型和修正引力模型。国内学者对城市群内部经济联系的测度较多利用引力模型和城市流模型。

（1）传统引力模型。引力模型建立在牛顿万有引力定律的物体间引力方程的基础上，物理学上的定义为，两物体间的引力大小与其质量成正比，与两者间的距离成反比。经济引力论认为，区域间的经济存在相互吸引力，因此万有引力原理也适用于测度区域间的经济联系。1929 年，Reilly 提出零售引力模型，该模型利用不同商业中心的人口和中心间的距离来衡量商业中心服务范围，商业中心的吸引范围与中心的人口数量成正比，与中心间距离的平方成反比。公式如下：

$$\frac{T_A}{T_B} = \frac{P_A}{P_B} \left( \frac{d_B}{d_A} \right)^2 \tag{2-1}$$

其中，$T_A$、$T_B$ 分别为中心 $A$、中心 $B$ 对中介点 $d$ 的贸易吸引，$d_A$、$d_B$ 分别为中介点 $d$ 到中心 $A$、中心 $B$ 的距离，$P_A$、$P_B$ 分别为中心 $A$、中心 $B$ 的人口数。

1942 年，Zipf 首次运用万有引力定律研究城市体系空间相互作用。随后该模型被广泛运用到距离衰减效应和空间相互作用的研究中。1962 年，地理学家 Taaffe 明确提出两城市间经济联系强度与人口的乘积正相关，与二者间距离的平方成反比。传统的引力模型公式如下：

$$R_{ij} = \frac{\sqrt{P_i V_i} \times \sqrt{P_j V_j}}{D_{ij}^2} \tag{2-2}$$

其中，$R_{ij}$ 为两城市之间的引力大小，即两城市间的经济联系强度；$P_i$、$P_j$ 分别为城市 $i$、城市 $j$ 的人口规模；$V_i$、$V_j$ 分别为两城市的经济指标，通常为地区生产总值；$D_{ij}$ 为两城市间的距离。

（2）修正引力模型。由于城市间经济引力具有单向性和差异性特征，所以各城市对经济引力的贡献是不同的（鲁金萍等，2015）。在实际研究

过程中,通常引入参数 $k$,采用修正的引力模型。公式如下:

$$R_{ij} = k_{ij} \frac{\sqrt{P_i V_i} \times \sqrt{P_j V_j}}{D_{ij}^2}, k_{ij} = \frac{V_i}{V_i + V_j} \qquad (2-3)$$

各变量的含义如下:$R_{ij}$ 为城市 $i$ 与城市 $j$ 间的经济联系强度;$P_i$、$P_j$ 分别为城市 $i$、城市 $j$ 的年末常住人口数;$V_i$、$V_j$ 分别为城市 $i$、城市 $j$ 的 GDP;$D_{ij}$ 为两城市间的距离,根据两城市的经纬度计算得到;$k_{ij}$ 为城市 $i$ 对 $R_{ij}$ 的贡献率。

此外还有综合引力模型,该模型的特色主要体现在城市综合质量的计算上。通常选择一组反映城市社会经济特征的指标,确定各指标权重以计算城市的综合质量,之后进行后续分析。

本章选取修正的引力模型,计算城市群内部城市之间的经济联系。选取全市年末常住人口(万人)、地区生产总值(亿元)以及利用经纬度测算的城市间空间直线距离(公里)三个指标。

2. 数据来源

本章主要选择 2006 ~ 2019 年《中国城市统计年鉴》、《上海统计年鉴》、《江苏统计年鉴》、《浙江统计年鉴》、《安徽统计年鉴》、各市统计年鉴,以及 2005 ~ 2018 年国民经济和社会发展统计公报作为年末常住人口和地区生产总值两个指标的数据来源。利用百度地图查询两城市的经纬度,计算任意两城市之间的距离以获取距离信息。

(二) 实证处理与结果分析

根据修正引力模型测算的结果,可得到如下结论。总体上看,长三角城市群各城市间的经济联系逐渐增强,经济联系总量显著增加。如图 2-5 所示,2005 年长三角城市群经济联系总量为 1340.54 亿元·万人/公里$^2$,2019 年经济联系总量增至 7207.98 亿元·万人/公里$^2$,区域一体化程度加深。

然而在发展过程中始终存在城市间经济联系不均衡的现象,具体表现如下:从城市间经济联系总量来看,各城市经济联系总量稳步提升,长三角城市群的经济联系网络逐步完善。2005 年,苏州 - 无锡是长三角最强联系城市对,经济联系总量高达 1139.87 亿元·万人/公里$^2$;上海 - 苏州是次强联系城市对,经济联系总量为 699.45 亿元·万人/公里$^2$;与南京联系

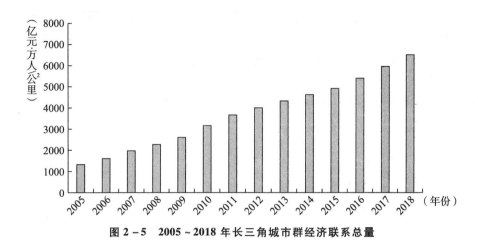

图 2 - 5　2005 ～ 2018 年长三角城市群经济联系总量

最为紧密的城市是滁州，经济联系总量为 174.77 亿元·万人/公里$^2$；最弱
联系城市对和次弱联系城市对分别是池州 - 舟山、铜陵 - 舟山，二者经济
联系总量均不足 1 亿元·万人/公里$^2$。到 2018 年，各城市间经济联系普遍
增强，但差距进一步增大，最强联系城市对和次强联系城市对分别是苏州 -
无锡、无锡 - 苏州，经济联系总量分别为 6740.54 亿元·万人/公里$^2$ 和
4145.86 亿元·万人/公里$^2$，与上海联系最为紧密的城市依旧是苏州，上
海 - 苏州的经济联系总量为 3521.78 亿元·万人/公里$^2$，南京 - 滁州的经
济联系总量增至 1043.54 亿元·万人/公里$^2$，池州 - 舟山依旧是长三角城
市群中联系最弱的两个城市，其经济联系总量为 0.2 亿元·万人/公里$^2$，
池州 - 宁波的经济联系总量仅为 0.3 亿元·万人/公里$^2$。

　　计算对比各城市内部经济联系平均值，可以发现 26 个城市中有一半的
城市经济联系总量平均值超过 1000 亿元·万人/公里$^2$，包括上海、江苏省
的 8 个城市、浙江省的 4 个城市。安徽省的 8 个城市中经济联系总量平均
值最高的是合肥，为 752.25 亿元·万人/公里$^2$，居第 14 名。舟山的经济
联系总量平均值居倒数第一，仅为 59.05 亿元·万人/公里$^2$；苏州的经济
联系总量平均值最高且突破了 1 万亿元·万人/公里$^2$，上海居第二位（见
表 2 - 3）。

　　从经济联系总量增速来看，研究期末与研究期初相比，安徽省 8 个城
市与其他城市的经济联系显著增强，合肥、芜湖两城市与其他城市的经济
联系普遍增加 10 倍以上，合肥与上海的经济联系增加了 24 倍，最为突出，

25 个城市中有 16 个城市与合肥的经济联系增加超 15 倍，芜湖与 10 个城市的经济联系增加超 15 倍。滁州和池州与其他城市的经济联系增加了 10 倍左右。城市群内各城市间的经济联系显著增强。

表 2 – 3    2005 ~ 2018 年长三角城市群各城市内部经济联系平均值

单位：亿元·万人/公里$^2$

| 城市 | 平均值 | 排名 | 城市 | 平均值 | 排名 |
|------|--------|------|------|--------|------|
| 苏州 | 10610.27 | 1 | 合肥 | 752.25 | 14 |
| 上海 | 8958.64 | 2 | 芜湖 | 721.24 | 15 |
| 无锡 | 6052.69 | 3 | 盐城 | 540.12 | 16 |
| 杭州 | 4064.16 | 4 | 湖州 | 513.82 | 17 |
| 南京 | 3785.43 | 5 | 马鞍山 | 381.57 | 18 |
| 扬州 | 2459.45 | 6 | 金华 | 287.30 | 19 |
| 常州 | 2149.10 | 7 | 滁州 | 284.63 | 20 |
| 镇江 | 1935.80 | 8 | 台州 | 266.81 | 21 |
| 南通 | 1935.77 | 9 | 安庆 | 219.61 | 22 |
| 宁波 | 1439.48 | 10 | 宣城 | 144.81 | 23 |
| 绍兴 | 1423.00 | 11 | 铜陵 | 101.58 | 24 |
| 泰州 | 1261.73 | 12 | 池州 | 72.37 | 25 |
| 嘉兴 | 1178.74 | 13 | 舟山 | 59.05 | 26 |

## 三　长三角城市群空间结构特征

对城市群空间结构问题的分析有不同角度，包括分析城市首位度、是否遵循齐普夫法则；或者从单中心—多中心角度分析城市群的空间结构特征；或者从城市群的网络结构特征入手，运用社会网络分析方法研究城市群经济联系网络的整体网络密度、度数中心性、凝聚子群等。本章从第三个角度入手分析长三角城市群的网络结构特征，基于前文修正引力模型计算得出的经济联系矩阵，利用 Ucinet 软件构建社会网络分析模型，分别从整体网络密度、度数中心性及凝聚子群三个角度，分析长三角城市群经济联系的网络结构特征。

### （一）社会网络分析方法

社会网络分析方法（Social Network Analysis，SNA）兴起于 20 世纪中

期，起初在社会学领域得到广泛应用。该方法力图通过图论、矩阵、数学模型等描述关系网络，并探讨这些关系网络对各行动者以及整体的影响，其核心在于从"关系"的角度出发运用相关数据研究社会现象和结构（鲁金萍等，2014）。在运用 SNA 分析城市群经济网络时，城市是"节点"，城市间的经济联系构成"关系"，基于城市间经济联系的有向性，在构建网络图形时，用箭头表示城市经济关系的连接方向，研究单个城市在网络中的地位和作用。

1. 整体网络密度

整体网络密度（Network Density）是网络中实际存在的关系总数占理论上最多可能存在的关系总数的比重，它反映了网络的关系数量和完善程度，即网络中各个成员之间联系的紧密程度。其取值范围为 $[0,1]$，整体网络密度越大，越接近于 1，表明城市联系越紧密，经济形态越聚集，网络对内部节点的影响也就越大。整体网络密度的计算公式如下：

$$D = \sum_{i=1}^{n} \sum_{j=1}^{n} \frac{d(m_i, m_j)}{n(n-1)}, D \in [0,1] \tag{2-4}$$

其中，$D$ 为整体网络密度；$n$ 为网络节点个数即城市个数，分母为网络中理论上最多可能存在的关系总数；分子 $d(m_i, m_j)$ 为网络中实际存在的关系总数，若城市 $i$、城市 $j$ 间存在关联，则 $d(m_i, m_j)$ 为 1，否则为 0。

2. 度数中心性

在社会网络分析中，中心性可衡量单个城市在网络中的中心地位。中心性包括中心度和中心势，中心度又可分为度数中心性、中介中心性和接近中心性，可对单个城市中心地位进行量化分析。本章仅对最常见的度数中心性进行分析。一个点的度数是指与该点有直接联系的点的数目，度数中心性能识别网络中心，节点度数越高，表明该城市与城市群内其他城市之间具有越强的相互作用。

度数中心性的计算包括绝对度数中心性和相对度数中心性，某节点的绝对度数中心性即为该点的度数，相对度数中心性为绝对度数中心性与该点最大可能连接数的比值。节点 $i$ 的绝对度数中心性和相对度数中心性计算公式分别如下：

$$C_i = \sum_j x_{ij} = \sum_j x_{ji} \tag{2-5}$$

$$C_i' = \frac{C_i}{n-1} = \frac{\sum_j x_{ij}}{n-1} \tag{2-6}$$

其中，$C_i$ 和 $C_i'$ 分别为节点 $i$ 的绝对度数中心性和相对度数中心性，$x_{ij}$ 代表节点 $i$ 与节点 $j$ 是否有联系，若有联系则取值为 1，否则为 0。$n$ 为节点总数，其他各点与节点 $i$ 的最大可能连接数为 $n-1$。

在有向关联网络中，节点间的联系可能是单向的也可能是双向的，故绝对度数中心性分析包括点入度和点出度。前者表示"进入"该点的度数，表示目标城市受其他城市影响的能力；后者表示从该点"出发"的度数，表示目标城市对其他城市的影响能力。相对度数中心性的计算与无向图中的计算方法一致。计算公式如下：

$$C_{(in)i} = \sum_j x_{ij}, C_{(out)i} = \sum_j x_{ij} \tag{2-7}$$

$$C'_{(in)i} = \frac{C_{(in)i}}{n-1}, C'_{(out)i} = \frac{C_{(out)i}}{n-1} \tag{2-8}$$

其中，$C_{(in)i}$ 为节点 $i$ 的绝对点入度，即节点 $i$ 接受的关系数；$C_{(out)i}$ 为节点 $i$ 的绝对点出度，即节点 $i$ 发出的关系数；$C'_{(in)i}$、$C'_{(out)i}$ 分别为节点 $i$ 的相对点入度和相对点出度；$n$ 为节点总数，$n-1$ 为节点 $i$ 与其他节点的最大可能连接数。

3. 凝聚子群

当城市群中部分城市之间联系紧密，凝聚力增强，最终结合成某些次级团体并拥有相对独立的发展模式时，就形成了凝聚子群。凝聚子群分析是一种聚类分析方法，主要研究网络中有多少子群、子群成员间的关系如何以及不同子群成员间的关系如何。本章使用 Ucinet 6.689 软件，利用其中的迭代相关收敛法（CONCOR）进行非重叠性的聚类分析，探讨长三角城市群 26 个城市间的关系紧密程度。

（二）长三角城市群空间网络结构特征分析

为了更清晰直观地了解城市群经济联系网络特征，本章根据前文得到的经济联系矩阵，运用 Ucinet 6.689 软件，先对城市间经济联系原矩阵进行取整处理、二值化处理，设置城市间经济联系强度阈值为 50，若 $R_{ij} > 50$ 则取值为 1，否则为 0，得到二值有向关系矩阵。借助 Netdraw 绘制如图 2-6 所示的长三角城市群经济联系网络拓扑图，两城市间的有向线段代表两城市间的经济联系方向。

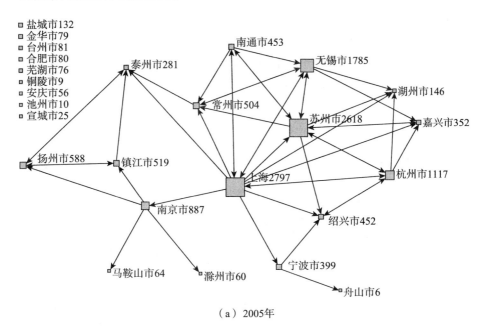

（a）2005年

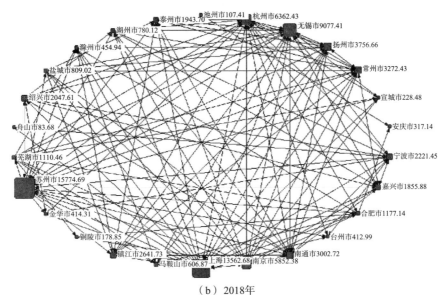

（b）2018年

**图 2-6 2005 年与 2018 年长三角城市群经济联系网络拓扑图**

从图 2-6 中可以发现以下几点：长三角城市群城市间经济联系网络越发紧密，单个城市的经济辐射范围逐步扩大，城市间的经济联系日益频繁，区域内 26 个城市均融入网络体系中，网络连接数增加；区域发展趋向均衡，区域一体化程度加深，但未完全消除不均衡问题。

1. 整体网络密度

结合表 2 - 2，经过 14 年发展，长三角城市群经济联系网络密度由 2005 年的 0.775 增加到 2018 年的 0.945，逐渐接近 1，网络连接数由 504 个增至 614 个（见表 2 - 4）。这表明城市联系越发紧密，经济形态更加聚集，网络对内部各城市的影响增大。这意味着城市集群优势明显，整体网络和其节点所能完成的吸收、传递和处理功能显著增强。

表 2 - 4　长三角城市群整体网络密度和网络连接数

| 年份 | 网络密度 | 网络连接数（个） | 年份 | 网络密度 | 网络连接数（个） |
|---|---|---|---|---|---|
| 2005 | 0.775 | 504 | 2012 | 0.915 | 595 |
| 2006 | 0.812 | 528 | 2013 | 0.917 | 596 |
| 2007 | 0.843 | 548 | 2014 | 0.922 | 599 |
| 2008 | 0.868 | 564 | 2015 | 0.940 | 611 |
| 2009 | 0.874 | 568 | 2016 | 0.942 | 612 |
| 2010 | 0.897 | 583 | 2017 | 0.943 | 613 |
| 2011 | 0.911 | 592 | 2018 | 0.945 | 614 |

2. 度数中心性

度数中心性可衡量城市节点在网络中的中心地位，节点中心度越高，则城市越靠近网络的中心位置，获得资源和信息更容易。点出度高表明城市对其他城市的影响较大，掌握较多的主动权，能够发挥城市更大的经济辐射作用。点入度较高表明城市受其他城市的影响程度深，可较好地承接中心城市的功能转移，但被动性较大。

如表 2 - 5 所示，结合点出度与点入度可发现：2005 年，上海、江苏与浙江（除舟山外）各市的点出度与点入度均较大，这表明这些城市既能主动影响其他城市也能主动接受其他城市的影响，但点出度更大意味着这些城市发挥的经济辐射作用大，能主动影响其他城市的经济。发展至 2018 年，各城市的辐射范围扩展至长三角城市群，这与前文计算的城市群内部经济联系测量结果和整体网络密度值相吻合。起初安徽省各市和浙江省的舟山市点出度小于点入度，证明这些城市初期更易受其他城市影响，在研究期末，安徽省各城市的点出度与点入度均有所提升，且二者间的差距不断缩小，表明安徽省各城市的溢出效应增强，对其他城市的影响增大，其经济地位有所提升。

表 2 – 5 2005 年与 2018 年长三角城市群度数中心性

| 城市 | 2005 年 | | 2018 年 | | 城市 | 2005 年 | | 2018 年 | |
|---|---|---|---|---|---|---|---|---|---|
| | 点出度 | 点入度 | 点出度 | 点入度 | | 点出度 | 点入度 | 点出度 | 点入度 |
| 上海 | 25 | 17 | 25 | 24 | 湖州 | 22 | 22 | 25 | 24 |
| 南京 | 25 | 22 | 25 | 24 | 绍兴 | 25 | 17 | 25 | 24 |
| 无锡 | 25 | 21 | 25 | 24 | 金华 | 24 | 18 | 25 | 24 |
| 常州 | 25 | 21 | 25 | 24 | 舟山 | 1 | 12 | 13 | 19 |
| 苏州 | 25 | 18 | 25 | 24 | 台州 | 21 | 15 | 25 | 23 |
| 南通 | 24 | 19 | 25 | 24 | 合肥 | 22 | 23 | 25 | 24 |
| 盐城 | 22 | 18 | 25 | 23 | 芜湖 | 17 | 23 | 25 | 24 |
| 扬州 | 24 | 22 | 25 | 23 | 马鞍山 | 13 | 21 | 24 | 24 |
| 镇江 | 22 | 22 | 25 | 23 | 铜陵 | 5 | 17 | 22 | 24 |
| 泰州 | 22 | 20 | 25 | 24 | 安庆 | 13 | 24 | 24 | 24 |
| 杭州 | 25 | 20 | 25 | 24 | 滁州 | 15 | 21 | 24 | 24 |
| 宁波 | 23 | 17 | 25 | 23 | 池州 | 2 | 14 | 8 | 24 |
| 嘉兴 | 23 | 17 | 25 | 24 | 宣城 | 14 | 23 | 24 | 24 |

3. 凝聚子群

根据图 2 – 7（a）发现：从二级层面来看，2005 年长三角城市群有 4 个凝聚子群，第一个是由上海－绍兴－金华－盐城－苏州－南通－嘉兴－杭州－宁波－台州和舟山组成的凝聚子群；第二个是由扬州－湖州－镇江－南京和泰州－无锡－常州组成的凝聚子群；第三个是由芜湖－马鞍山－宣城－滁州和合肥组成的凝聚子群；第四个是由铜陵－池州和安庆组成的凝聚子群。上海自身的禀赋和区位优势吸引了大量的资源要素，产业和城市功能向周围城市转移带动了嘉兴、绍兴、苏州、杭州、南京等周边城市的发展，形成了上海与其周边城市的经济联系紧密的局面。更进一步，上海与浙江省内城市的经济联系程度相较于其他两省更紧密。副中心城市暂未发挥其应有的承上启下作用。

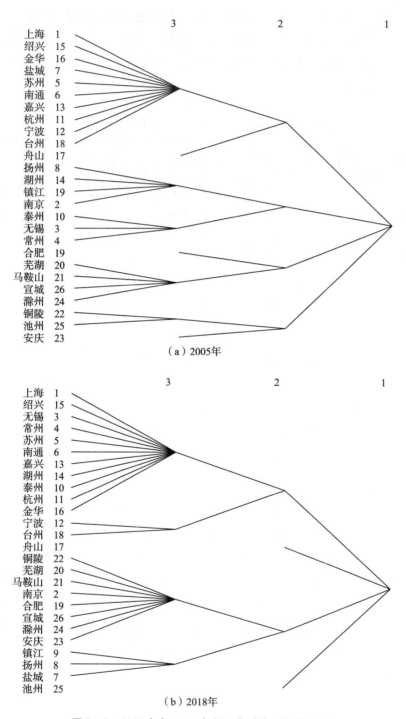

（a）2005年

（b）2018年

图 2 – 7　2005 年与 2018 年长三角城市群凝聚子群

观察图 2-7（b），2018 年长三角城市群也包含 4 个凝聚子群，第一个凝聚子群由上海-绍兴-无锡-常州-苏州-南通-嘉兴-湖州-泰州-杭州-金华和宁波-台州组成，第二个凝聚子群由铜陵-芜湖-马鞍山-南京-合肥-宣城-滁州-安庆和镇江-扬州-盐城组成，舟山和池州成为两个孤立的城市，构成两个单独的凝聚子群。凝聚子群区域划分更加明显。结合《长江三角洲城市群发展规划》中提出的构建"一核五圈四带"的网络化空间格局，上海的辐射范围进一步扩大，向城市群区域中心扩散，将苏锡常都市圈和杭州都市圈完全吞并。[①] 南京都市圈与合肥都市圈联合形成一个二级层面的凝集子群。舟山和池州两个孤立的城市与周边城市、核心城市、副省级城市均未发生紧密联系。江苏、浙江省内城市发挥承上启下的作用，更好地连接上海和安徽，加入长三角后安徽省有了明显的发展，与省外东部城市的交流更多，但显然还有很大的优化空间，在今后需带动安徽实现区域内城市共同发展。

## 第四节　长三角城市群经济联系对绿色经济效率影响的实证分析

### 一　长三角城市群绿色经济效率

#### （一）长三角城市群绿色发展水平评价体系的建立

1. 模型设定及指标选取

本章运用 Super-SBM 模型测算长三角城市群 26 个城市 2005～2018 年的绿色经济效率值。在测算时，将每个城市作为一个生产的决策单元（DMU），可根据多个 DMU 构建每个时期的生产可能性边界。假设共有 $n$ 个决策单元包含 $m$ 种投入、$s_1$ 种期望产出、$s_2$ 种非期望产出，依次用向量 $x$、$y^g$、$y^b$ 表示，其中 $x \in R^m$，$y^g \in R^{s_1}$，$y^b \in R^{s_2}$。令矩阵 $X = [x_1, \cdots, x_n] \in R^{m \times n}$，$Y^g =$

---

① 《长江三角洲城市群发展规划》提出构建"一核五圈四带"的网络化空间格局，其中"一核"指上海；"五圈"指南京都市圈、杭州都市圈、合肥都市圈、苏锡常都市圈、宁波都市圈；"四带"指沿海发展带、沿江发展带、沪宁合杭甬发展带、沪杭金发展带。构建"一核五圈四带"的网络化空间格局指要发挥上海龙头带动的核心作用和区域中心城市的辐射带动作用，依托交通运输网络培育形成多级多类发展轴线，推动南京都市圈、杭州都市圈、合肥都市圈、苏锡常都市圈、宁波都市圈的同城化发展，强化沿海发展带、沿江发展带、沪宁合杭甬发展带、沪杭金发展带的聚合发展。

$[y_1^g, \cdots, y_n^g] \in R^{s_1 \times n}$，$Y^b = [y_1^b, \cdots, y_n^b] \in R^{s_2 \times n}$，且 $X > 0$，$Y^g > 0$，$Y^b > 0$。生产可能性集合 $P = \{(x, y^g, y^b) \mid x \geqslant X\lambda, y^g \leqslant Y^g\lambda, y^b \geqslant Y^b\lambda, \lambda \geqslant 0\}$，其中 $\lambda$ 为权重向量，以上表示规模报酬不变（CRS）的情况。

综上，Super-SBM 模型可表示为如下形式：

$$\theta^* = \min \frac{1 - \frac{1}{m}\sum_{i=1}^{m}\frac{s_i^-}{x_{i0}}}{1 + \frac{1}{s_1 + s_2}\left(\sum_{r=1}^{s_1}\frac{s_r^g}{y_{r0}^g} + \sum_{r=1}^{s_2}\frac{s_r^b}{y_{r0}^b}\right)} \tag{2-9}$$

$$\text{s. t.} \begin{cases} x_0 = X\lambda + s^- \\ y_0^g = Y^g\lambda - s^g \\ y_0^b = Y^b\lambda + s^b \\ s^- \geqslant 0, s^g \geqslant 0, s^b \geqslant 0, \lambda \geqslant 0 \end{cases} \tag{2-10}$$

式（2-10）中，$s^-$、$s^g$、$s^b$ 分别表示投入松弛量、期望产出松弛量、非期望产出松弛量。$\theta^*$ 为估计的效率值，值越大表明决策单元效率越高。若绿色经济效率值不小于 1 则表明城市的生产是有效的，若该值小于 1 则表明该城市的生产缺乏效率。

本章进行绿色经济效率测算时所选取的指标如表 2-6 所示。

表 2-6　长三角城市群绿色发展水平评价体系

| 类别 | 变量 | | 说明 |
|---|---|---|---|
| 投入 | 非资源类投入 | 劳动力 | 年末单位从业人数、城镇私营和个体从业人数之和（万人） |
| | | 资本 | 全年固定资本投资额（万元）（用当年城市所在省份的固定资本投资价格指数进行平减） |
| | | 科教 | 科学和教育经费支出占地方一般财政支出的比重（%） |
| | 资源类投入 | 土地资源 | 建成区面积（平方公里） |
| | | 水资源 | 全年供水总量（万吨） |
| | | 能源 | 全年用电总量（万千瓦时） |
| 期望产出 | 地区生产总值 | | 以 2005 年为基期计算各年实际 CDP（亿元） |
| 非期望产出 | 工业废水排放量 | | 单位：万吨 |
| | 工业 $SO_2$ 排放量 | | 单位：吨 |
| | 工业烟（粉）尘排放量 | | 单位：吨 |

2. 数据来源

本节所用数据主要来源于 2006～2019 年《中国城市统计年鉴》、《上海统计年鉴》、《江苏统计年鉴》、《浙江统计年鉴》、《安徽统计年鉴》、各市统计年鉴，以及 2005～2018 年各市国民经济和社会发展统计公报以及 EPS 数据库、Wind 数据库。

### （二）实证处理与结果分析

根据图 2-8 所示的测算结果可得出如下结论。总体来看，研究期内长三角城市群绿色经济效率在 0.8 左右上下浮动，总体变化不大，其绿色经济效率水平有待进一步提升。分省市来看，上海的绿色发展是有效率的，其 2005～2018 年绿色经济效率值均超过 1，高于长三角城市群总体的绿色经济效率，上海的绿色发展在长三角城市群中起到引领作用，对实现长三角城市群总体的绿色高质量发展有重要意义；江苏 9 个城市的平均绿色经济效率值是波动上升的，其绿色发展水平比安徽和浙江的发展水平高，绿色经济效率均值超过长三角城市群总体值；浙江 8 个城市的平均绿色发展水平有下降趋势，未能助推区域整体的绿色发展；安徽 8 个城市的绿色发展水平最低，其绿色经济效率值始终低于 0.6，低于长三角总体水平。分城市来看，每年有至少 12 个城市的绿色经济效率值等于甚至超过 1，占总量的 46% 以上；每年有 10 个以上城市的绿色经济效率值低于 0.6。江苏缺乏生产效率的地区包括南京、常州、扬州、镇江，均集中于南京都市圈附

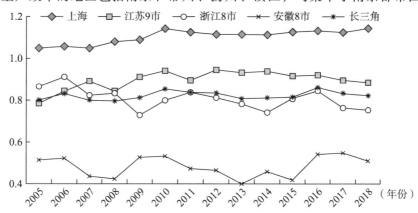

图 2-8　2005～2018 年长三角城市群总体及内部三省一市的
绿色经济效率值变化情况

近。浙江除金华和台州外，其他城市在不同年份曾出现生产效率低下的现象。安徽8个城市除个别年份偶尔出现生产效率值高于1的情形，多数情况表现为生产低效率状态。安徽绿色发展的实现对提升长三角整体的绿色发展水平尤为重要。安徽于2016年加入长三角城市群，与其他省市间尚未形成较好的联动，该省的产业结构布局为"二三一"，第二产业是高污染高能耗行业，传统工业发展方式的存续不利于该地区生产方式向绿色化转变，其次省内新兴产业较少，江苏和浙江应发挥"传送带"的作用，更好连接上海和安徽，实现区域协调发展。

## 二　实证结果及分析

### （一）影响因素选择及其机理分析

1. 绿色经济效率影响因素选择

通过对文献的梳理并结合本章的研究目的，本章从以下几方面选取影响绿色经济效率（$gde$）的因素：城市间经济联系及其网络结构特征、经济发展水平、城市发展水平、产业结构、对外开放、科技水平、环境保护等。具体的指标选择如表2-7所示。

表2-7　绿色经济效率影响因素

| 影响因素 | 指标来源 | 指标处理 | 类型 |
|---|---|---|---|
| 城市间经济联系 | 城市间经济联系强度 | 取对数：$lncel$ | 核心解释变量 |
| 城市间经济联系网络结构特征 | 度数中心性——点出度 | 取对数：$lnout$ | |
| | 度数中心性——点入度 | 取对数：$lninc$ | |
| 经济发展水平 | 人均地区生产总值 | 取对数：$\ln PGDP$ | 控制变量 |
| 城市发展水平 | 年末常住人口 | 城镇化率：$urban$ | |
| 产业结构 | 第三产业产值 | 第三产业产值占GDP的比重（$ind3$） | |
| 对外开放 | 外商直接投资实际使用金额 | 外商直接投资实际使用金额占GDP的比重（$open$） | |
| 科技水平 | 科学支出额 | 科学支出占地方财政支出的比重（$tec$） | |
| 环境保护 | 固体废弃物产生量及利用量 | 固体废弃物综合利用率（$waste$） | |

### 2. 影响机理分析

城市群对区域经济增长的效应可分为内在拉动效应和外在拉动效应（见图2-9）。内在拉动效应是多个城市空间集聚、相互作用对城市群自身经济增长的正向影响。一方面，各城市群内部生产要素、产业、科技、信息等在增长极处集聚，产生要素规模效应、产业规模效应、市场规模效应等，此外增长极通过支配效应、极化与扩散效应、乘数原理与加速原理、循环积累因果原理对区域经济活动产生影响；政府的行为也会对城市群经济发展产生影响。另一方面，结构效应和竞争效应以及生产要素集聚产生的共享经济效应，可提高资源利用效率，节约经济成本；产业的集聚有利于形成产业分工和生产专业化，提高生产效率，节约生产成本；伴随城市群经济发展始终，对于城市群外部区域而言，城市群经济的发展辐射周围地区，通过产业关联带动其他地区相关产业的发展，随着城市群基础设施的完善，城市群与周围地区的联系频繁，城市群空间网络结构的发展日益完善。

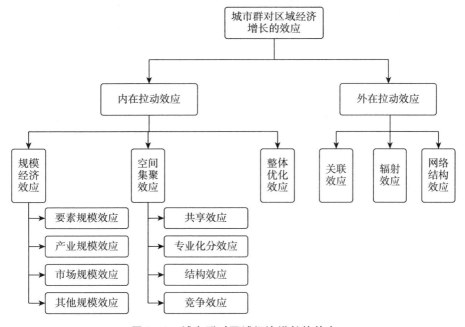

**图2-9　城市群对区域经济增长的效应**

资料来源：赵晓雷（2009）。

在上述效应的作用下，城市群内部经济联系紧密，城市群各城市实现经济协调增长。区域协调发展为绿色发展提供了空间载体，在区域内不同层面建立共享协同的治理体系，推动传统发展模式向高质量绿色发展模式转变。度数中心性可衡量一个城市在经济联系网络中的中心性程度，度数越大，城市所处的位置越核心，处于网络中心的城市越易获取资源和信息。点出度越大表明该城市对其他城市的影响越大，点入度越大表明该城市越容易受其他城市的影响，网络结构特征越明显，城市间联系越多，城市群经济联系网络越密集。因此，理论上认为长三角城市群内部经济联系强度和点出度对绿色经济效率有正向影响，点入度对绿色经济效率有负向影响。

环境库兹涅茨理论和脱钩理论认为，经济增长与环境污染之间存在关系。经济发展初期，人们环保意识弱，会忽略环境问题，当经济发展到一定程度，环境污染严重时，环保问题便会获得关注。本章用人均 GDP 代表城市的经济发展水平，分析绿色经济效率与人均 GDP 之间的关系。

城市相对于农村，在人才、资金、技术、信息等资源方面拥有优势，广义的城镇化还包括经济城镇化、土地城镇化等，本章中的城镇化为狭义的城镇化——人口的城镇化，用城镇化率代表。农村人口向城市迁移带来生活方式的转变和消费的增加，生产要素从农业部门转移到工业部门，有助于工业的发展，同时优化产业结构、提高资源配置效率，有利于缓解就业压力、缩小城乡收入差距、增加投资与消费、扩大经济规模。城镇化对绿色经济效率的影响通过影响经济增长和生态环境两种途径展开（王亚平等，2017）。根据学者以往的分析，城镇化对绿色经济效率的影响是不确定的。部分学者认为城镇化能够实现资本积累、推动产业结构调整、增加FDI 或通过降低能源强度、促进绿色创新等途径促进经济增长（陈耀、周洪霞，2014；王兵等，2014），部分学者则持相反观点（黄婷，2014；方齐云、许文静，2017）。还有学者认为城镇化率对绿色经济效率的影响是非线性的，呈 U 形曲线或 S 形曲线关系（廖卫东、刘森，2020；杨浩昌，2016；任阳军、汪传旭，2017）。本章预测长三角城市群的城镇化率对绿色经济效率有正向影响。

第一产业和第三产业对环境的污染小，第二产业以高消耗、高排放、高污染的工业生产为主，工业化过程中第二产业所占比重不断提升，带来严重的环境问题。转变经济发展方式实现绿色发展的重要途径之一就是推动产业结构的优化升级。通过产业结构变革，提升产业前向及后向关联水平，协调产业间及产业内部的发展，促进产业由不平衡向平衡增长模式转变，生产要素在产业间合理流动，逐步从高污染、低附加值产业流向高附加值、低能耗的产业，提升资源要素的利用效率，积极发展绿色产业，实现产业结构的合理化和高级化，推动区域高质量绿色发展。本章用第三产业占 GDP 的比重代表产业结构。

从资金输出国角度来看，对外投资通过逆向技术溢出推动高新技术产业的发展，促使产业结构向高级化发展，带来的"结构红利"有利于区域经济绿色发展（彭继增等，2020）。此外，将高污染产业转移至国外，进一步降低了本国的环境污染程度。但从资金输入国角度来看，一方面外资的注入为本国的发展增加活力，还可引进新的生产技术和管理模式；另一方面会增加本国环境污染程度，或造成"污染天堂"。因此，过度依赖外资可能会降低城市的绿色经济效率。政府适度的环境规制能够在污染物排放等问题上发挥重要的调节作用，并推动经济增长模式向绿色、可持续转型，进而带来城市经济效益和生态效益的共同提升（张治栋、秦淑悦，2018）。本章用外商直接投资实际使用金额占 GDP 的比重表示对外开放程度，用固体废弃物综合利用率代表环境保护。

本节各变量的描述性统计如表 2-8 所示。

表 2-8　变量描述性统计

| 变量 | 样本量（个） | 最大值 | 最小值 | 均值 | 标准差 |
|---|---|---|---|---|---|
| gde | 364 | 1.242336 | 0.1631993 | 0.7594703 | 0.3295531 |
| lncel | 364 | 6.447287 | -0.5288232 | 3.151727 | 1.563226 |
| lnout | 364 | 3.218876 | 0 | 3.040443 | 0.4479156 |
| lninc | 364 | 3.178054 | 2.484907 | 3.10067 | 0.1056113 |
| lnPGDP | 364 | 12.06836 | 8.899867 | 10.8855 | 0.6454271 |
| urban | 364 | 0.896 | 0.3071383 | 0.6099792 | 0.1221888 |
| tec | 364 | 0.1308849 | 0.0004757 | 0.03215 | 0.0209127 |
| ind3 | 364 | 0.709 | 0.234 | 0.4171297 | 0.0820143 |
| open | 364 | 0.1167416 | 0.0020387 | 0.035779 | 0.0210389 |
| waste | 364 | 1 | 0.5904 | 0.9270512 | 0.0768073 |

## （二）实证处理与结果分析

本节利用 Tobit 模型，对长三角城市群内各城市 2005～2018 年的面板数据进行回归，分析各因素对绿色经济效率的影响。为更加清晰地说明城市内部经济联系对绿色经济效率的影响，本节在对长三角城市群内所有城市进行回归分析的基础上，以表 2-3 中展示的长三角城市群各城市内部经济联系平均值为划分依据，将城市经济联系总量平均值超过 500 亿元·万人/公里$^2$ 的城市划分为 A 组，小于 500 亿元·万人/公里$^2$ 的城市划分为 B 组。表 2-9 给出了 Tobit 模型分析的结果。

表 2-9 Tobit 模型回归结果

| 变量 | (1) | (2) | (3) | (4) | (5) | (6) |
|---|---|---|---|---|---|---|
| | 长三角 | A 组 | B 组 | 长三角 | A 组 | B 组 |
| lncel | 0.0775 *** | 0.104 ** | 0.174 ** | 0.0790 ** | 0.213 *** | 0.174 *** |
| | (3.02) | (2.27) | (2.12) | (2.40) | (2.98) | (3.02) |
| lnout | 0.216 *** | -0.00710 | 0.155 ** | 0.220 *** | 0.652 | 0.150 *** |
| | (3.25) | (-0.01) | (2.60) | (3.32) | (0.93) | (2.71) |
| lninc | -1.541 *** | -1.656 *** | -1.677 *** | -1.402 *** | -1.533 *** | -1.086 *** |
| | (-9.35) | (-4.36) | (-9.54) | (-6.84) | (-3.07) | (-5.55) |
| open | | | | -2.252 ** | -4.400 *** | -3.145 *** |
| | | | | (-2.05) | (-3.15) | (-4.51) |
| lnPGDP | | | | 0.0438 | -0.240 * | -0.120 |
| | | | | (0.49) | (-1.67) | (-1.13) |
| urban | | | | -0.0855 | -0.564 | 1.055 ** |
| | | | | (-0.19) | (-0.95) | (2.11) |
| tec | | | | -2.730 ** | -0.595 | -1.842 |
| | | | | (-2.46) | (-0.30) | (-1.09) |
| ind3 | | | | 0.261 | 0.180 | 1.456 ** |
| | | | | (0.59) | (0.24) | (2.60) |
| waste | | | | 0.429 | 0.824 | 0.108 |
| | | | | (1.54) | (1.30) | (0.45) |
| 常数项 | 4.639 *** | 5.585 *** | 5.108 *** | 3.427 *** | 5.024 | 3.454 *** |
| | (9.74) | (2.60) | (10.17) | (3.19) | (1.55) | (3.76) |
| var (gde) | 0.0655 *** | 0.0657 *** | 0.0596 *** | 0.0588 *** | 0.0553 *** | 0.0416 *** |
| | (8.35) | (6.10) | (5.44) | (7.63) | (6.08) | (2.74) |
| N | 364 | 238 | 126 | 364 | 238 | 126 |

注：括号内为对应系数的 t 统计量，***、**、* 分别代表 1%、5%、10% 的显著性水平。var 指方差。

根据表 2-9 可以得到如下结论。

城市间经济联系对绿色经济效率的影响显著为正，但城市群内部经济联系对不同区域的绿色经济效率的促进作用是不同的。对于长三角整个区域而言，当城市群内部经济联系强度增加 1% 时，绿色经济效率仅增加 0.0775% 左右，而将样本分为两个组后，城市群内部经济联系对绿色经济效率的影响显著增大，表明发展水平相近的城市之间，其城市经济联系对绿色经济效率的影响更大。

在长三角所有城市和 B 组城市中，点出度对绿色经济效率的影响在经济学上和统计意义上均显著为正，而在 A 组城市中，点出度对绿色经济效率的影响方向与控制变量有关，当不加入控制变量时，点出度对绿色经济效率的影响为负，在经济学和统计学上均无意义，当添加控制变量后，点出度对绿色经济效率的正向影响增大，但仍不显著。结合现实情况，控制变量在城市发展过程中一定是存在的，因此点出度越大，该城市对其他城市的影响也越大，该城市能够对其他城市的相关领域产生影响，拥有较大的主动性。各城市应该发展自身的主导产业，与其他城市展开合作，有利于较好地解决城市间的问题，提升城市的绿色经济效率。

在所有组别中，点入度对绿色经济效率的影响均显著为负，点入度的提升对绿色经济效率的影响很大，点入度越大，表明该城市受其他城市的影响越大，该城市处于被动状态。例如，产业通常由经济发达地区向经济落后地区转移，在此过程中，通常按劳动密集型产业、资本密集型产业到技术密集型产业顺序转移，这可优化产业转出地的产业结构、减少产业移出地的环境污染和自然资源消耗量，从而提升当地环境质量；而对于产业移入地而言，经济上会加快当地工业化进程，但会对当地地理环境、自然资源、生态环境等产生影响，这不利于调整自身的生产计划和发展方向，而且会降低绿色经济效率。

在对外贸易方面，外商直接投资实际使用金额占 GDP 的比重对绿色经济效率的影响显著为负。利用外资可以提升区域经济活力，增加进出口贸易和当地就业，但是国外资金通常是流入劳动密集型、非核心技术领域，FDI 带来的技术溢出效应不尽如人意。外资过度使用不仅会消耗国内的自然资源，污染环境，而且会降低国内经济的独立性，增加经济风险。对外资使用的利弊是引进外资上限的衡量尺度。从实证结果可以看出，就长三角区域而言，在长三角城市群内存在"污染天堂"假说，外商投资已对当地的环境造成危害。

城镇化率在长三角 26 个城市总样本和 A 组城市中与绿色经济效率负相关，而在 B 组城市中，城镇化率的提升对城市的绿色经济效率有显著正向影响。长三角城市群城镇化率逐年提高，2006 年长三角城市群城镇化率为 58.56%，2019 年已增至 72.97%。除上海外，A 组城市经过十几年的发展，其城镇化水平极大提升，普遍高于 B 组城市（见图 2-10）。城镇化水平给城市的发展带来不同程度的影响：当城镇化水平较低时，城镇化水平的提升对城市的发展主要是促进作用；而当城镇化发展到一定程度时，其对城市的发展更多的是负面作用，会抑制城市的绿色发展。

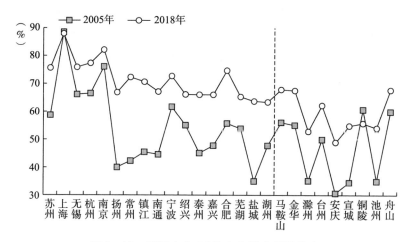

图 2-10　2005 年与 2018 年各城市城镇化率

在经济发展层面，人均 GDP 在 A 组和 B 组中对绿色经济效率有较大的负向作用，而在长三角城市群总体样本中，正向促进作用较小，当人均 GDP 每增加 1%，绿色经济效率提升 0.044%。过高或过低的经济发展水平对绿色经济效率的发展都是不利的。

科学支出额对绿色经济效率的影响为负，在长三角总体样本中表现显著，目前政府部门的科技支出中与绿色技术相关的不多，因此投入的科技支出在提升当地绿色发展水平上未表现出令人满意的结果。

第三产业占比与固体废弃物综合利用率对绿色经济效率的影响均为正，与理论相符，仅第三产业占比的影响在 B 组样本中表现显著。第三产业主要是服务业，它的发展对环境的污染小，长三角地区的第三产业比重不断提升，目前已形成"三二一"的有利局面。此外，当地对循环经济的发展已取得良好成果，固体废弃物综合利用率的提升，减少了固体废弃物堆放对环境和土壤的破坏，有利于提升当地的绿色发展水平。

# 第五节　结论与政策建议

## 一　结论

首先，对现有问题进行分析，通过回顾已有文献，明确本章研究的可行性与必要性。利用修正引力模型，测算长三角城市群内部城市间的经济联系值，并进行了横向和纵向分析。为进一步掌握长三角城市群经济联系网络的特征，运用社会网络分析方法，对该城市群的整体网络密度、度数中心性以及凝聚子群进行分析，得出如下结论。①在长三角城市群城镇化发展过程中，其经济地位不断提升，城市人口分布向齐普夫法则收敛，人口规模分布并未存在过于均衡或过于非均衡的状态。长三角城市群的城市规模–位序比较合理，环境治理取得成效，工业三废排放量逐年降低。②从城市间经济联系总量来看，各城市经济联系总量稳步提升，长三角城市群内部经济联系越来越紧密，区域内所有城市逐渐融入网络体系，网络连接数增加，整体网络密度逐年增加，长三角城市群内部经济联系网络逐步完善。③长三角城市群内部经济联系不均衡现象始终存在：一方面表现在经济联系总量的绝对数及其增速上，在发展过程中，各城市间经济联系差距进一步增大；另一方面上海、江苏与浙江的 17 个城市联系较为紧密，安徽除省会合肥外，其他城市联系十分微弱。④通过凝集子群分析，长三角城市群内形成的三级层面的次级团体划分主要围绕经济发展带和城市发展圈分布，基本与《长江三角洲城市群发展规划》中提出的"一核五圈四带"的网络化空间格局重叠，多数城市已形成次级团体，舟山、池州两城市成为两个孤立点，未加入任何凝聚子群。

其次，对长三角城市群内的绿色经济效率进行测算，可以发现，长三角城市群绿色经济效率在 0.8 左右上下浮动，其绿色发展水平有待提升。区域内各城市绿色发展水平差异较大，分城市来看，每年有至少 12 个城市的绿色经济效率值等于甚至超过1，占总量的46%以上；上海的绿色发展水平最高，引领其他城市的绿色发展，对实现长三角城市群总体的绿色高质量发展有重要意义；江苏9个城市的平均绿色发展水平高于长三角城市群总体平均水平，浙江8个城市和安徽8个城市绿色发展水平低于长三角总体平均水平，未能助推区域整体的绿色发展。

最后，运用Tobit模型分析绿色经济效率的影响因素，本章选取了3个核心变量和5个控制变量，所得结论如下。①城市间经济联系对绿色经济效率的影响显著为正，但城市群内部经济联系对不同区域的绿色经济效率的促进作用是不同的，发展水平相近的城市之间，其城市经济联系对绿色经济效率的影响更大。②点出度对绿色经济效率的影响方向与其他条件有关，当不考虑经济水平、城镇化程度、对外贸易等因素时，点出度对绿色经济效率的影响为负，在经济学和统计学上均无意义，当添加控制变量后，点出度对绿色经济效率的正向影响增大，但不显著。③点入度对绿色经济效率的影响显著为负，点入度的提升对绿色经济效率的影响较大；产业转移对产业移入地而言，会对当地地理环境、自然资源、生态环境等产生影响，不利于规划自身最优发展方向，容易降低绿色经济效率。④在对外贸易方面，外商直接投资实际使用金额占GDP的比重对绿色经济效率的影响显著为负。从实证结果可以看出，就长三角区域而言，在长三角城市群内存在"污染天堂"假说，外商投资已对当地的环境造成危害。⑤城镇化水平给城市的绿色发展带来不同程度的影响，当城镇化水平较低时，城镇化水平的提升对城市绿色发展主要起促进作用，而当城镇化发展到一定程度时其对城市绿色发展更多的是负面作用，会抑制城市的绿色发展；过高或过低的经济发展水平对绿色经济效率的发展都是不利的。人均GDP达到适度范围时对绿色经济效率有促进作用；科学支出额对绿色经济效率的影响为负，证明在科技支出中，与绿色技术相关的支出不足；第三产业占比与固体废弃物综合利用率对绿色经济效率的影响均为正，长三角地区的第三产业比重提升以及循环经济的发展，从源头上把控与废弃物循环利用相配合，已提升了当地的绿色发展水平。

## 二　政策建议

基于上述分析，本章提出以下建议。

### （一）增强城市群内部联系，提升区域绿色水平

在城市发展与区域一体化发展过程中，城市的高质量发展是实现区域发展的前提。城市群是目前我国区域一体化的重点，实现区域高质量绿色发展、增强城市群内部经济联系便是途径之一，而城市群内部经济联系的强弱受经济、人口和距离的影响。在资源承受范围内发展绿色经济，避免人口过度向城市聚集，城镇化水平给城市的绿色发展带来不同程度的影响。严格落户标准，限制城区人口数量，通过政府合理引导就业、合理规划住宅区、合理建设基础设施，比如建立全区域内完善的综合立体交通网络、全面覆盖并实现5G网络的使用、设立考核标准提升科教文卫水平等，增强区域间要素流动，缓解城市压力，多方位促进区域协调发展。进一步提升核心城市和副省级城市的辐射带动能力，同时通过疏散核心城市和副省级城市的功能，进行产业转移，避免"大城市病"，同时带动边缘城市的发展，充分利用区域内部资源，提升资源配置效率，有利于缩小城市间的经济差距。同时，各城市应协调好与其他城市的关系，保有适当的主动权，避免过度影响其他城市或被其他城市影响。

此外，根据本章实证结果，经济联系总量相近的城市之间，其城市经济联系对绿色经济效率的影响更大，由此在城市群发展过程中，可以建立评级标准，以城市群内部经济联系总量为划分依据，在水平相近的城市间优先开展相关合作，增强彼此的经济联系，同时也不能忽略与区域内其他城市的交往，"阶梯递进"实现区域联动效应，提升区域一体化程度。

### （二）实现可持续发展，高标准吸收外资

FDI的过度使用给绿色经济效率带来不利影响。从实证结果可以看出，就长三角区域而言，在长三角城市群内存在"污染天堂"假说，外商投资已对当地的环境造成危害。建立环境污染和资源消耗标准，提升利用外资的质量和水平，在国内国际双循环背景下，有关部门需要严格把关，适当筛选优质投资、加大环境监管力度，注重学习先进的技术和管理模式，减少对当地的污染，避免"污染天堂"现象。

### （三）发展绿色科技，推动区域生态共建、环境共治

培育壮大创新主体，加强产学研合作。依靠技术进步和管理创新，发展高水平的加工制造业、高新技术产业及服务业，降低传统能源消费量，

普及新能源，减少污染排放，提升废弃物的综合利用效率，早日做到"零排放"，促进区域向绿色发展模式转变。制定污染底线和奖惩机制，鼓励环保类的科技发明，以科技推动长三角地区的绿色发展。贯彻落实生态文明理念和绿色城镇化要求，以绿色经济效率衡量当地发展水平，协调区域内社会进步、经济发展、资源利用、环境保护的关系，依据区域生态格局，优化城市的空间布局。落实生态环境共保联治，推动长三角城市群绿色转型。同时，要进行体制改革，完善一体化体制机制，为区域绿色发展提供制度保障。

# 第三章  人力资本、区域创新与城市群协调发展

## 第一节  研究背景与文献述评

### 一  研究背景

自党的十一届三中全会以来，我国实施了一系列以推动经济发展为主的改革措施，改变了经济建设上对外较为封闭的情况，至此我国经济进入高速发展状态。随着改革开放所执行的经济体制改革以及在以经济建设为中心的理念带动下，城镇人口迅速增长。1978 年我国共有城市 193 个，城镇化率为 17.92%。2000 年我国城市数量增至 659 个，同期城镇人口数达到了 45844 万人，城镇化率为 36.22%。2019 年末，我国城镇常住人口数量达 84843 万人，占总人口的比重为 60.6%，城镇化率突破 60%。中国社会科学院人口与劳动经济研究所预测，中国城镇化率的峰值大概率为 75% ~ 80%，这表明超过 10 亿人会生活在城市里。① 在新时代下促进城镇化进程朝着高水平、高质量发展，是我国实现社会主义现代化建设的重要决定因素。但仍应看到，我国城镇化率的地区间差异仍然比较明显：2019 年东部地区的城镇化率普遍超过 70%，尤其是北京、上海和天津的城镇化率达到 80% 以上；中部地区的城镇化率基本与全国城镇化率持平；西部地区，尤

---

① 城镇常住人口数量和城镇化率数据来源于《中国统计年鉴 2021》；1978 年我国拥有城市数量数据来源于国家统计局网站，2000 年我国拥有城市数量数据来源于《中国统计年鉴 2001》；关于我国城镇化率的预测，参考《人口与劳动绿皮书：中国人口与劳动问题报告 No. 22》中的论述。

其是西南地区城镇化率只有 50%。①

在过去的 40 余年里，经济体制的成功改革、国内生产总值的快速增长、大规模的城乡人口流动、大量劳动力的供给、5 亿多人脱贫以及良好的基础设施建设等成就了高速城镇化。目前我国已经具备了成为高收入国家的良好条件，而成为高收入国家的前提之一是高质量的城镇化水平，这需着眼于协调发展，建立新的发展模式，而且更高的生产效率、更强的创新能力、更为公平的分配制度和更长远的可持续性环境保护都是推进高质量城镇化发展的要求。

发展是第一要务，人才是第一资源，创新是第一动力。习近平在参加十三届全国人大一次会议广东代表团审议时指出："中国如果不走创新驱动发展道路，新旧动能不能顺利转换，就不能真正强大起来。"加快推进新旧动能转换，归根结底要靠人才。我国经济由高速发展转向高质量发展，而城镇化则是拉动经济增长的重要动力。在"十四五"时期，人力资本将与制度创新主导更深层次的全面城镇化建设，在人口红利日渐式微的当下，我国经过几十年积累的巨量人力资本逐渐开始发挥优势，从而将逐步积累起来的知识和技术基础利用起来促进自主创新。随着中国即将进入老龄化社会，劳动力数量和劳动力结构匹配产业结构的问题逐渐加剧。吸引高质量劳动力是一个城市发展的关键。近年来，中国大部分主要城市陆续打响"抢人大战"，竞相出台人才优惠补助政策，比如最低工资、租房补贴、购房补贴、人才补贴等，绞尽脑汁地吸引相关人才并为其提供就业岗位，以使其留在当地发展。一系列政策的发布反映出当地政府对人才的渴望，但人"抢"过来之后就无下文了，对于如何更加有效地利用人才，如何进一步培养人才，在这一阶段往往就被忽视。以人才红利替代人口红利，就需要加强教育和健康等方面的人力资本投资，推进我国的产业结构转向以知识和科技为支撑的发展局面。

城镇化不仅会提供更优质的公共服务以及满足人们对美好生活的向往，也会进一步吸引高质量的劳动力返乡或留在当地进一步推进城镇化的建设。我国幅员辽阔，每个区域的产业结构与劳动力结构不尽相同。相对于一般的省级行政区划，城市群突破了这一界线，其具有更强的核心竞争

———————————

① 数据来自《中国统计年鉴 2021》。

力，拥有更大的灵活性、拓展性和开放性。本章选取长江经济带的三大城市群，即长三角城市群、长江中游城市群以及成渝城市群作为观察对象。长江经济带城市群在一定程度上可以反映出我国东中西部地区的差异。通过对比三大城市群，可以判断出人力资本和区域创新这两者在不同城市群的作用，即到底是普通的人力资本促进城镇化进程，还是区域创新通过更高水平的人力资本驱动城镇化进程。

我国已经进入老龄化社会，我国的劳动年龄人口呈现逐年减少的趋势。随着劳动力市场从"无限供给"到"有限供给"的转变，经济生产和社会治理相关的诸多因素也在发生改变。城市的发展使得产业结构水平同步发生变化，第二产业的升级迭代以及第三产业朝着更高端服务的发展都对高素质劳动力有着强烈的需求。因此，为了追求更高水平的发展，就业创业环境、城市宜居水平、社会公共服务水平成为吸引人才流动的关键，用良好的物质条件吸引人才并建立人才库成为每个城市的选择。当"人口红利"转为"人才红利"，高质量城镇化的发展对城市提出了新的要求。为了解决区域间发展不协调问题，城市群应运而生。城市群突破了行政区划的束缚，是城镇化和工业化发展至高级阶段的产物（方创琳，2014）。城市群能否达成城市间的协同发展，以及人力资本和区域创新对不同城镇化水平城市究竟有何影响都是本章需要研究的问题。

本章基于城镇化的内涵，从人力资本和区域创新两个角度对长江经济带三个城市群，即长三角城市群、长江中游城市群和成渝城市群的城镇化进程进行探究。结合以往文献的研究经验，首先计算出城市群内每个城市的城镇化率，然后比较三个城市群人力资本和区域创新水平。在理论部分，将人力资本和区域创新分别分解为三个维度进行分析，得出两者在理论上对城镇化率具有正向的促进作用。而后通过实证研究，分析人力资本和区域创新在经济模型中对城镇化率是否具有促进作用，并在此基础上加入地理因素，从空间计量的角度进行进一步分析和验证，得出当城市处于超出行政区划界线的城市群中，其是否会对城镇化进程的协同推进具有空间外溢效应，以满足城市群设立的初衷，即城市间有特色的协同发展。

如同前文讲到的一样，现阶段我国的城镇化率已经突破60%，城市成为人口和高质量发展的重要载体。在知识经济和人本时代，人必然成为经济社会高效运转的核心，因此高水平的人力资本和良好的创新环境成为新时代达成高质量城镇化的基础，这也符合以人为核心的城镇化本义。

关于城镇化的理论研究一直以来都是国内外学者研究的热点话题，大多文献将产业集聚与城镇化联系起来，认为产业集聚催生了人口集聚，也带来了经济发展、城镇土地面积的扩张、城乡差距的缩小、产业结构的变化和基础设施建设的完善，从而推进了城镇化进程。虽然人口的集聚可以提升城镇化水平，但只考虑人口的数量而不考虑人口的质量往往会造成低质量的城镇化。早期的城镇化通过吸纳农村人口进入城市工作，为城市的发展创造效益，以换取高速的粗放式经济增长。但随着高质量城镇化发展提出了更高的要求以及人口红利日渐式微，高质量的劳动力就成为城镇化过程中的重要因素。

从政府治理角度来看，高质量的人口往往能够在城市治理方面提出更合理、更有效的政策，治理能力的创新使得城市的发展在宏观层面拥有较好的制度保障；从社会生产角度来看，高质量的人口可以在产业高水平发展上发挥创新作用，从而优化产业结构，带动经济发展。新型城镇化的核心是人，同样，带动新型城镇化发展的关键因素也是人。本章从人的角度出发，论述人力资本和区域创新在城市群这一范围内对城镇化的影响。

## 二 文献述评

### (一) 城镇化

城市是人类文明的产物，是人们经济和社会生活的中心。城市的发展反映了一个国家的经济发展状况，城镇化水平则是经济发展的重要体现。对于驱动城镇化的发展因素，一是整体经济增长和产业结构对城镇化发展具有促进作用，二是城市本身人口、产业和经济活动的集中（蔡昉，2020）。城镇化的发展是一个不断变化的过程，涉及社会、经济、生态等众多领域。

城镇化一词最早由塞达（Cerdà）1867 年提出，他在其著作《城镇化基本理论》中使用"城镇化"一词来描述乡村向城市演变的过程，这标志着城镇化理论研究的开端（Cerdà，2021）。Wirth（1938）将城镇化定义为农村生活方式向城市生活方式的转变。山田浩之（1991）对城镇化的定义是，在经济、社会文化两种基础上发展的现象。从经济学的角度讲，城镇化是关于经济发展与区域发展的关系，强调不同地区经济结构的互相转化，实质上就是第一产业向第二产业和第三产业转变的过程，其关键在于生产要素的流动。高珮义（1990）认为世界城镇化进程可以分为三个阶段：第一阶段，世界城镇化的兴起阶段（1760～1850年），工业革命使得英国的城市人口占总人口的比重超过50%，使得英国基本实现了城镇化；第二阶段，城镇化在欧洲和北美等发达国家基本实现阶段（1851～1949年），这些国家大体依照英国的模式，进入基本城镇化阶段；第三阶段，全世界基本实现城镇化阶段（1950～1990年），在这一阶段，世界城镇人口比重由1950年的28.4%升至1990年的接近50%。由此可见，城镇化作为一种全球性现象，其催生因素则是工业革命。

从另外一个角度看，Northam（1975）通过对城镇化的理论研究和实证分析，得出世界城镇化发展有一个共同的规律：城镇化水平随时间呈"S"形增长。Northam将城镇化进程分为三个阶段：第一阶段为城镇化起步发展阶段，城镇化水平低于30%；第二阶段为城镇化加速发展阶段，城镇化水平为30%～70%；第三阶段为城镇化成熟稳定发展阶段，城镇化水平大于70%。而方创琳等（2008）通过对20世纪70年代后的城镇化发展进程的研究，认为Northam提出的城镇化进程三段论带有历史和认识的局限性，他未能站在经济全球化的角度来审视这一过程。在充分考虑"S"形曲线总体研究规律的前提之下，方创琳等（2008）提出城镇化发展的四阶段论：城镇化初期阶段（起步阶段），城镇化中期阶段（成长阶段），城镇化后期阶段（成熟阶段），城镇化终期阶段（顶级阶段）。王小鲁（2010）根据我国在不同时间段的主要政策，依照城镇化率将我国的城镇化进程分为三个阶段：实现工业化、牺牲城镇化阶段，控制大城市、发展中小城市阶段，大中小城市协同发展阶段。由此可见，不论学界对城镇化进程进行怎样的分类，所参考的都是城镇化率这一指标。

关于推动城镇化的机制问题，赵新平和周一星（2002）认为城镇化的动力来源于城市的吸引力和乡村的排斥力。周毅和李京文（2009）在时间和空间两个角度总结出我国人口城镇化的动力机制是一个逐渐演变的过程。在时间的角度，城镇化的动力来源于经济因素和政治因素。在空间的角度，城市的工业化进程和第三产业的发展水平是推动城镇化发展的主要动力。

所谓城镇化模式，指的是从全局和长远的战略高度明确城镇化的本质特征、主要途径、主导方向和动力机制等。如同经济发展模式，在不同地区不同时期城镇化模式也有所不同（姚士谋等，2004）。目前国内外学者对城镇化模式的研究有着较为显著的区别，国外学者大多从实证的角度来进行解释和分析，而国内学者更专注于规范性分析，做归纳和总结。曹钢（2010）从城乡关系的角度以时间为界限将城镇化模式分为三种，即城市瓦解农村模式、城市馈补农村模式以及农村转变城市模式。他认为城市瓦解农村模式会进一步拉大城乡之间的差距，城市馈补农村模式会出现逆城镇化现象，农村转变城市模式做到了真正的"城乡一体化"向城镇化的转变。黄庆华等（2016）从政府和市场的国际视角将城镇化模式分为政府主导型城镇化、政府调控型城镇化、市场主导型城镇化以及自由放任型城镇化。崔援民和刘金霞（1999）通过经济发展与工业化、空间关系、城市规模、发展侧重区域、表现形式、推动力以及结构层次等七个角度总结出城镇化的发展模式。Brown（2008）从资源消耗和环境的视角认为世界城镇化模式可分为"A模式"和"B模式"，认为上述两种模式都不可避免地造成了环境污染，对城市的可持续发展产生了不利的影响。仇保兴（2008）则在Brown的基础上提出了"C模式"，强调了生态社会和经济的可持续发展。

1949年新中国成立后至改革开放前，我国的城镇化发展历程较为坎坷。直至1979年改革开放后，我国的城镇化发展才逐渐步入正轨。就此，辜胜阻和李正友（1998）从制度的角度以时间为界限将中国城镇化发展模式分为两种，即自上而下的城镇化和自下而上的城镇化。改革开放前，中国的城镇化进程为自上而下型发展模式，指的是政府根据战略和规划，运用计划手段强制性发展一些城市并安排落实城市建设和投资的一种包办式行为，凸显了政府在决策中处于主导地位。自下而上的城镇化模式则得益于改革开放后，民间力量因市场因素诱导而进行的自发型模式，以民间为主要力量推动城镇化的加速发展。黄庆华等（2016）根据我国的城镇化发展进程，根据城市的规模将城镇化模式分为小城镇发展模式、大城市发展模式以及中小城市发展模式三类，每种城镇化模式对应的侧重点不同。冯云廷（2005）通过分析认为，我国的城镇化道路表现为城市自身的扩大以及对乡村的辐射，更加显著的是农村本身的城镇化，由此得出我国的城镇化模式分为基于中心城市集聚与扩散的城镇化模式和基于小城镇和乡镇工业的城镇化模式，并从农民的角度将两种模式概括为"离乡不离土"和"离土不离乡"，认为这两种模式最终必将对接和融合。

对于城镇化模式的选择问题，在刘易斯拐点出现以及我国农村剩余劳动力转移完成这一背景下，张自然等（2014）通过归纳总结，认为效率和长期增长更应该成为城镇化模式的落脚点。就改革开放后我国城镇化发展道路的认识，赵新平和周一星（2002）通过分析总结，将城镇化道路分为三个阶段：从道路方向的争论，到理论研究的逐渐深入，最后进入制度层面，最终中央政府将发展城镇化写入"十五"计划中。

2001年，国务院发布《中华人民共和国国民经济和社会发展第十个五年计划纲要》，其中着重阐述了城镇化发展水平是我国国民经济和社会发展的重要组成部分，同时也阐明了我国城镇化建设的现状和问题。"十五"计划中将城镇化建设上升至国家战略高度并不意外，中国所处的历史节点、政治制度和特殊国情决定了中国的城镇化发展不能完全仿照西方国家城镇化的发展模式，只能基于中国特色社会主义制度来走中国特色的城镇化道路。在城镇化上升至国家战略高度后，我国城镇化发展的速度和规模引人注目。

宁越敏（2012）认为，在我国确立社会主义市场经济体制后的20年里，城镇化发展呈现速度快、规模大、半城镇化明显、省际差异显著和城市群现象显现等特点。因跨越式发展产生的"时间压缩"效应造成的问题集中爆发，资源环境与经济发展的矛盾已成为突出问题。王桂新（2013）通过分析我国改革开放后30年的城镇化发展，认为我国城镇化进程暴露出制度设计违反城镇化规律、忽视城乡协调发展、产业间协调不完善以及忽略市场作用等问题。简新华和黄锟（2010）根据前人的研究成果进行国际比较，认为在同一收入水平、工业化以及非农人口数三个方面，中国的城镇化水平依然落后。刘勇（2011）认为我国城镇化成果显著，适应了社会发展需求，但在城镇化质量、结构、区域布局以及环境等方面还需要加以重视。

针对以上我国城镇化发展显现出的种种问题，2012年中央经济工作会议正式提出新型城镇化，会议强调要把生态文明理念和原则全面融入城镇化全过程，走集约、智能、绿色、低碳的新型城镇化道路。单卓然和黄亚平（2013）认为，推行新型城镇化的意义在于应对国际发展新形势、弥补国内城镇化进程的不足和损失、进一步让人民享受改革开放带来的红利和促进未来国内城镇化的可持续发展。余江和叶林（2018）将我国城镇化发展水平分解为人口城镇化水平、公共服务水平、基础设施水平以及资源环境水平4个维度共20个指标。通过实证得出，我国各地区城镇化发展存在比较大的差距，大部分地区存在长处和短板，超半数地区出现人口城镇化水平高于其他维度水平的滞后现象。倪鹏飞（2013）通过反思我国城镇化进程所带来的一系列问题，对新型城镇化的模式、路径以及战略进行归纳。他认为我国下一步城镇化建设的重点是在坚持政府引导、尊重市场选择和保持城市个性的前提下，强调以人为本、公平包容和绿色发展，走产城互助的新型城镇化发展道路。陈明星等（2019）指出，中国城镇化是世界城镇化的重要组成部分，并认为应转变传统以空间生产为主要发展逻辑的城镇化路径，认为新型城镇化的核心在于人的城镇化，这也与我国社会主要矛盾的转变互相照应。

目前我国处于城镇化高速发展时期，产业发展和技术创新在这一时期起着越来越重要的作用，而产业发展和技术创新又离不开高质量劳动力的参与（陈昌兵，2018）。实现产业协同发展、城乡协同发展的关键在于知识与人力资本的循环，这是城镇化发展可持续化的前提（袁富华、张平，2018）。

## （二）人力资本与城镇化

从劳动经济学的角度来讲，城镇化指的是劳动、资本等生产要素从传统的生产部门转向现代生产部门的过程。马力和张连城（2017）通过实证分析我国2001～2013年高等教育结构、产业结构和就业结构的关系，得出我国将高等教育向普及化过渡，将会对以第三产业为主的产业结构起到促进作用。由于传统的工业化与城镇化之间的关系已经难以阐明我国40余年来快速城镇化的原因，而第三产业的快速发展正好契合了我国城镇化发展的进程，在这一过程中，第三产业对城镇化的贡献占据了主导地位（陈波翀等，2004）。由于人力资本的外部性产生了劳动力集聚，城镇化进程可以用劳动力要素在自身利益的驱动下逐渐集聚的进程来解释。劳动力集聚就表现出知识等生产要素的集聚，通过优化资源和要素的分配，形成了知识外溢（易定红、陈翔，2020）。如今，第一次人口红利日渐式微，而第二次人口红利的关键在于教育制度、就业制度、户籍制度和养老保障制度的深化改革（蔡昉，2009）。可见，数量型人口红利的优势已不再显著，质量型人口红利的地位正逐年攀升。高春亮（2020）将劳动投入分为人口红利（数量型人口红利）与人力资本（质量型人口红利）两个维度，同蔡昉的观点类似，他认为只有加大对人力资本的投入力度，树立以人的全面发展为中心的理念，才能更好地推进城镇化高质量发展。

关于人力资本的概念，其指的是个人完成某项活动所必需的知识与技能（Ostrom，2000）。通过总结 Smith（1776）的观点，他并不认同人和人之间的差异主要取决于天赋，而是由习惯和教育决定的。Say（1836）认为，人并不是一出生就可以参与劳动，而是通过后天的积累与训练之后才能够参加简单的劳动。Mill（1872）认为，接受教育是提高劳动者劳动生产率的重要途径。Marshall（1890）强调了知识财富的重要性，并提出劳动者提升技能的过程以及接受教育都属于人力资本投资，而人力资本的投资能够提升劳动力被利用的概率。Fisher（1906）将工资收入视为利息，进而计算出人力资本的价值。这样做就可以合理地将人力资本纳入经济分析的理论框架中。Walsh（1935）将个人教育的投资费用和工作后的收入进行比较，用教育效益的分析方式来计算接受教育在经济上是否有益。由以上研究可以了解到，在人力资本这一概念还没有得到系统的分析和阐述之前，教育水平对劳动水平的正面影响已经成为一个不争的事实。

当时西方社会各界普遍认为接受教育是一种文化经历而非投资，而且人们认为人力资本这一术语像是把人当作了机器，充满了对人的贬义意味（Becker，1993）。但一些经济学家无法解释劳动和资本的投入增长率之和小于产出增长率的原因，Schultz（1960）清晰地阐述了人力资本的概念及其在经济增长中的作用，为现在人力资本理论的发展做出了重要的贡献。Schultz 认为资本不一定是以物质形式存在的，资本同样可以体现在劳动者身上，加大人力资本的投入力度在促进经济发展和技术进步上起到了非常重要的作用。他通过分析美国经济的相关数据，得出劳动力受教育程度是劳动和资本的投入增长率之和小于产出增长率的主要原因，且对人力资本投资的收益远大于其他投资所产生的价值。

关于城镇化与经济增长的关系，国内外大量文献已经论证了两者展现出互为因果、互相促进的关系，这也已逐渐成为一个不证自明的事实。李金昌和程开明（2006）在研究前人的文献后进行详细的实证分析，得出城镇化和经济增长之间呈现长期的均衡关系，但经济增长对城镇化的作用显著强于后者对前者的作用。Denison（1985）通过实证分析得出了人力资本在经济增长中的作用，同时对劳动和资本的投入增长率之和与产出增长率之差的"残值"进行了符合理论逻辑的解释：由劳动力受教育程度的提高得出 1929~1957 年美国经济增长中教育所占的比重达到了 23%。宇泽弘文（Uzawa，1965）将教育部门引进索洛增长模型，强调了教育对劳动力的作用，从而促进了经济增长。此后，Lucas（1988）在宇泽弘文的研究成果之上，将 Schultz 的人力资本理论和 Solow 的技术决定论结合起来推导出了人力资本积累增长模型，突出了劳动者通过正规或非正规的教育以提升自身的技能水平，从而影响经济增长水平。总的来讲，资源是稀缺的，但知识是无限的，人们通过接受教育和培训可以使资源得到更为有效的配置以及合理的利用。在以后的社会发展阶段，高质量的劳动力可能会逐渐变为另一种"稀缺资源"，人力资本对经济增长的贡献率也会越来越高。

郑勤华和赖德胜（2008）通过研究我国城镇化得出，人力资本的投资对城镇化的进程有着至关重要的作用，尤其是高等教育的投资。同样，Glaeser 和 Resseger（2010）得出受过高等教育的劳动力对商品和服务有着更高的需求的结论，从而带来城市生产和消费的繁荣，进而推动城镇化进程。Choy 和 Li（2017）认为受过高等教育的劳动力在城市中生活和工作是城乡融合的驱动力。项本武等（2012）用专科以上学历人口占总人口的比重作为人力资本的代理变量，得出人力资本积累及其溢出效应是城镇化的重要推动力量。王珍珍和穆怀中（2018）认为受过高等教育的人力资本对城镇化的影响应分为两个方面：一方面，受过高等教育的人力资本的规模扩大本身就会增加城镇的常住人口，实现人口城镇化；另一方面，人力资本的外部性促进了人力资本的积累以及城镇化，且人力资本外部性与城镇化进程之间存在一种循环积累效应。综上所述，人力资本这一要素对城镇化进程的促进作用主要在于其溢出效应。对于利用高质量人力资本、抓住二次人口红利带来的机遇，单纯依靠传统的思维模式显然是不够的，关键在于运用高质量的劳动力通过人力资本的外部性以创新的方式优化产业结构、促进城镇化的进一步发展。

### （三）区域创新与城镇化

新经济增长理论认为，资本、劳动力和技术是经济实现稳定可持续发展进程中不可缺少的因素，其中技术尤为重要，而技术进步主要得益于创新。辜胜阻和刘江日（2012）提出城镇化发展需改变路径，应从"要素驱动"转向"创新驱动"，从数量转向质量。王兰英和杨帆（2014）认为，应让科技创新参与到城镇化建设当中，实现城镇化的战略转型。他们主要强调了在城镇化进程中创新对产业结构升级、资源配置与利用、通信技术发展以及社会治理等四方面具有驱动作用。

关于创新理论的发展，Schumpeter（1912）最早在其著作《经济发展理论》中提出了"创新"一词，并着重强调了创新在经济发展中的作用。Schumpeter 将创新解释为"生产要素和生产条件的一种从未有过的组合"，概括为新产品、新生产方式、新市场、新原材料供应来源与新的产业组织方式五个方面。后因经济大萧条，凯恩斯基于短期视角、重视需求并强调政府的宏观政策，找到了走出大萧条的路径。但 Schumpeter 偏向于长期视角、重视供给并着重于企业，虽以创新发展理论为基础着重分析经济周期现象，但并未具体提出解决大萧条的办法，最终使得凯恩斯主义（Keynesian）风靡一时，而 Schumpeter 的理论受冷，西方学界对创新理论的研究陷入停滞（董昀，2012）。

二战后，许多国家进入经济发展的黄金时期，在传统的经济学理论中，资本和劳动力已经无法解释为何会出现这种经济增长。Solow（1957）以柯布－道格拉斯生产函数的形式，通过分析得出技术进步对美国经济增长的贡献。Kuznets（1973）、Jorgenson（1996）也在 Solow 提出的理论基础上将技术进步融入新经济增长理论当中。Rostow（1960）延续了 Schumpeter 的理论，提出了经济成长阶段论。Rostow 将经济增长分为传统社会、为起飞创造前提条件阶段、起飞阶段、走向成熟阶段以及高额大众消费时代五个阶段。Rostow 又在 1971 年将五阶段延伸为六阶段，增加了超越消费这一阶段。特别是 Rostow 在"起飞"这一阶段，将"创新"拓展为"技术创新"，强调了技术创新在经济发展过程中的作用。随着 20 世纪 80 年代以来科学技术的发展，科学和技术两者之间的边界日渐模糊。两者互相作用、互相结合、互相渗透、互相转化，科技创新出现了取代创新和技术创新的趋势（张来武，2011）。Schumpeter 的理论以及后人对 Schumpeter 理论的延伸虽然以发达国家为研究对象，且创新系统和技术系统具有国家的特定性，但不同的经济系统都是对人类经济生活的一般反映，可能在某个层面出现一定的共性（宋宗宏、叶初升，2009）。

区域创新指的是区域经济理论与创新理论的结合，研究特定时空范围内的创新问题，以通过创新实现区域经济的协调发展（黄鲁成，2000）。根据创新的发起者和适用对象，胡志坚和苏靖（1999）将区域创新分为六种形态，并认为创新来源于对知识资源和知识资产的运用与传播，且知识已经成为区域发展的根本要素，而创新则为区域经济发展提供了驱动力和推动力。丁焕峰（2007）认为区域经济理论的发展得益于创新经济学、新区域发展理论、内生增长理论、演化经济学及国家创新系统理论的发展与实践。由此得出，区域创新是区域经济协调发展的动力和必经之路。对于区域创新政策有效性的问题，张韵和钟书华（2019）通过研究国外相关文献，认为相关文献虽多却分散，缺乏系统性的论述。刘秉镰等（2020）通过总结我国自新中国成立以来区域经济理论的发展进程，将其分为四个阶段：计划均衡发展阶段（1949～1977 年）、非均衡发展阶段（1978～1999年）、协调发展阶段（2000～2011 年）以及高质量发展阶段（2012 年至今）。此外，刘秉镰等还提出影响区域经济发展的决定性因素正由资源优势变化为综合竞争优势和动态创新能力。

目前人类社会发展已经进入知识经济时代，知识产业的作用日渐受到重视。科技进步对经济增长的贡献率已经超过土地、资本和劳动力这种传统的社会生产要素（甄峰等，2001）。2012 年党中央强调要坚持走中国特色自主创新道路、实施创新驱动的发展战略，2016 年中共中央、国务院发布《国家创新驱动发展战略纲要》。不难看出，国家对创新的重视已经达到了前所未有的高度。区域创新最重要的是知识创新和科技创新的高度协同，创新投入、制度创新和创新环境建设是转向创新驱动的发展路径（洪银兴，2013）。

李恒（2012）通过实证分析对我国 31 个省份进行研究，认为经济活动和科技活动具有相互依赖性，科技活动的投入和产出与经济增长正相关，外资经由区域创新促进经济增长。同样，魏守华等（2010）认为经济规模、R&D 活动投入、产业集群和外部技术溢出决定了区域创新能力，创新能力对区域全要素生产率和高技术产业的发展具有显著的促进作用。万坤扬和陆文聪（2010）针对我国区域创新的空间差异性，对区域创新联系格局进行研究，得出东中部地区的关联性逐渐减弱。这也与吕拉昌等（2015）得出的结论具有高度相似性。葛鹏飞等（2020）通过对我国283个地级市的面板数据进行实证分析，得出我国创新系统与经济发展系统之间的总体耦合协调度正逐年上升。范柏乃等（2020）基于地级市的面板数据，得出我国东北部和西部地区创新能力较弱，东部沿海地区创新能力较强，中部地区显示出创新能力崛起的迹象。田逸飘等（2017）构建了一个科技创新与城镇化协调度评价模型，通过数据分析，得出整体协调度呈上升趋势，但区域差异明显。另外，王文寅等（2016）和蒋天颖等（2014）都针对我国部分地区进行实证研究，得出了区域创新与城镇化进程具有交互耦合作用以及我国目前区域发展不平衡的结论。

总的来讲，在创新上升至国家战略高度之后，我国区域创新水平呈现出逐年上升的态势。但是文化和地理这两个主要因素也影响着区域创新能力，区域差距仍然存在，马太效应开始凸显，这显然与区域间协调发展理论是相悖的。

### （四）人力资本、区域创新与城镇化

通过分析和总结相关文献可知，目前国内对城镇化这一议题的研究已经逐渐摒弃"唯经济增长论"，大多围绕如何推进"以人为核心"的城镇化转型和可持续发展，涵盖户籍制度改革、公共服务均等化、农业人口市民化等，这些都体现了以人为本这一核心理念。新时代，城镇化也对人力资本提出了新要求，比如劳动力受教育年限、相关专业技能培训、劳动力与产业结构的匹配程度以及劳动力所在的地区等。前文已经提到，只讨论劳动力的数量而不考虑劳动力的质量，显然已不符合我国目前城镇化发展的要求，也无法进一步释放二次人口红利的潜力和抓住二次人口红利带来的机遇。如何将传统概念上的人口红利变为符合发展需要的人才红利才是问题的关键。

对于人力资本与区域创新这两者的关系，钱晓烨等（2010）通过实证分析印证了人力资本对区域创新有一定的促进作用，但由于当时劳动密集型产业是经济增长的主要驱动力，对创新的转化显得并不流畅。同样，王

家庭和贾晨蕊（2009）也得出相同的结论，并认为促进区域创新能力的提高在于人力资本充分发挥知识创新的作用。随着劳动力短缺以及劳动力成本的上升（吴要武，2020），我国东部地区大量劳动密集型产业迁移至中西部地区及国外，"飞雁效应"逐步凸显（曲玥等，2013）。但产业由东部向中西部转移的过程并不顺利，其关键因素在于人力资本的水平，因此人力资本积累和人力资本水平的提高才是产业转移的关键因素（严立刚、曾小明，2020）。2016 年，在我国发布《国家创新驱动发展战略纲要》之后，吕洪燕等（2020）在人力资本结构的角度上，得出人力资本对区域创新的促进作用显著，但需要政策支持以激发创新的积极性。

目前学界关于人力资本、区域创新与城镇化这三者的研究成果已经非常丰富，但大多是研究两两之间的关系，少有讨论三者之间的关系。结合目前的发展模式，如何运用人力资本促进区域创新以驱动城镇化进程，是一件很有必要讨论的事情。

## 第二节　理论分析与经验证据

### 一　典型国家的城镇化进程

关于城镇化进程，发达国家的城镇化几乎都始于工业革命，可以认为工业化的进程推动了城镇化的发展。随着工业化的发展，产业结构开始出现变化，第一产业、第二产业和第三产业的分工逐渐明确，同时城镇化率的进一步提升也反向带动了工业化的发展（安虎森、陈明，2005）。工业化和城镇化的提升吸引了更多的人口聚集在城市，也为人力资本和区域创新发展奠定了基础。本节将目光转向一些典型国家，梳理其城镇化发展的路径，这对我国城镇化发展模式具有一定的借鉴和参考意义。

#### （一）美国城镇化进程

分析美国从立国到成为世界经济强国的城镇化发展路径发现，其由一个农业国快速转变为工业国发挥了重要的作用。在立国初期，美国城镇化发展较为缓慢，但其相对发达的贸易行业为国家的发展注入了充足的资本，大量移民的涌入满足了发展对劳动力的需求，广袤的土地和丰富的自然资源符合工业化对生产资料的要求，以上条件均为美国的城镇化发展奠定了夯实的基础。

至 1840 年第一次工业革命结束，美国的城镇化率仅为 10.8%。[①] 第二次工业革命期间，石油的使用和电力的大范围普及进一步提升了美国的工业化水平，产业集群开始出现，技术人员和非技术人员的劳动分工更加明显，使得劳动生产率进一步提升。工业化水平的提升同时也吸引了大量的农业人口从第一产业转移到第三产业，产业集聚和人口集聚提升了城镇化水平，使城市能吸引更多的劳动力。第二次工业革命期间，美国成为制造业强国，同时经济水平也位居世界前列，至第二次工业革命结束后的 1914 年，美国的城镇化率已经达到 45.7%。

1920 年，美国的城镇人口数已经超过农村人口数，城镇化率为 51.2%。二战后，美国作为本土未过多受到战争毁坏的参战国，成为大多数人移民的理想国家，其中的移民大部分来自英国、德国和法国的技术人员和工人，加之美国将大量军事工业转为民用工业，使得人口素质水平和科技创新应用能力被进一步注入活力。20 世纪 60 年代，美国在教育领域进一步发力，相继推出了中小学教育法案、高等教育法案等，为贫困城镇地区和农村地区提供了大量的援助，使得所有学龄儿童都能得到充分的教育，在这一时间段，资本大量涌入教育行业，私立教育产业兴起，官方与民间对教育的重视培育出了大量的优秀人才。

至 2020 年，美国的城镇化率已经达到 82.66%，同时也形成了由众多城市组成的大型城市网络，即大都市圈，目前已经形成如东北地区大都市圈、南加州大都市圈、佛罗里达州大都市圈等十大都市圈，美国超过 70% 的人口生活在此。

**（二）日本城镇化进程**

日本的城镇化进程相对较晚。在江户时代结束之后的明治维新时期，日本开始全面向西方学习，推出一系列改革政策，以摆脱封建的社会形态。虽然日本的自然资源充足程度不高，但因有大量的经验可以借鉴，日本的城镇化发展较别的国家来讲有一定的规律可以遵循，其城镇化过程相

①　美国的城镇化率数据来自美国人口调查局网站。

对更快一些。

在明治维新时期，日本的农业和工业迅速发展，均保持较高的生产率，大量的劳动力从农业部门转移至非农业部门（侯力、秦熠群，2005），这一阶段是日本城镇化的起步阶段，到 1930 年日本的城镇化率为 23.96%。① 二战期间，因日本一直处于对外扩张的侵略态势，日本的工业化结构长期维持在一个非常不平衡的状态，军工业产值占比畸高，城镇化进程基本处于停滞阶段。受战争的持续影响，至 1945 年日本战败，日本的城镇化率相较于二战开始前出现下降，与 1930 年的城镇化水平基本持平，在战后恢复的最初几年，城镇化率仍呈现下滑的趋势。

在战后复苏的过程中，城市的重建吸引了大量农村地区人口，为之后城镇化的快速提升提供了人口保证。至 1955 年，日本通过 10 年的努力将城镇化率从 1945 年的 27.1% 提升至 56.1%。但是人口在城市的过度集聚造成了农村地区教育资源稀缺、教育水平低下以及教育关系破裂的情况，针对此种状况，日本政府陆续制定一系列与教育相关的法令并成立专门教育研究机构，从而形成了具有本地特色的教育体系，使得各地教育质量得以提升，为人口素质的提升奠定了基础（刘幸等，2021）。

在 1956 年之后的 20 年内日本进入经济成长期，也是日本发展的黄金期。在这一时期，日本从事第一产业的人口占比从 48.3% 下降至 19.4%，从事第二产业的人口占比从 21.9% 提升至 33.9%，第三产业从业人口占比从 29.8% 上升到 46.7%。在此期间，因出生人口的大量增加和大量人口移居城市，日本的城市人口从 3 亿人增至 7.5 亿人。第二、第三产业人口占比和城市人口的激增缘于日本工业的急速发展，从而推动了城镇化进程，在这一阶段日本工业产值增加 8.6 倍，年均增长率达到了 13.6%。

在之后的一段时间内，因经济的高速增长，日本的发展形势开始转变，长期积累的隐患开始显露，各种危机接踵而至。鉴于此，日本国内产生了自下而上的"技术立国"这一理念，目的是重塑日本的国家创新系统，这一理念的提出为创新型人才的培养奠定了基础（徐爽等，2022）。截至目前，日本形成了东京、大阪和名古屋三大都市圈，三大都市圈人口集中度较高，其人口数占全国人口的比重过半。

---

① 本部分日本的城镇化率及人口等数据均来自日本总务省统计局网站。

### （三）阿根廷城镇化进程

阿根廷的城镇化进程与殖民地的建立息息相关。16世纪下半叶，殖民者在阿根廷建立了数个定居点，这些定居点具有共同的特征：一是方便作为贸易中转站和补给点，二是靠近矿区和农垦区。定居点成为城市的雏形。阿根廷在独立后于1876年颁布了《移民和垦殖法》，旨在欢迎外国移民，并为移民提供优厚的待遇。法案颁布后的40年间，阿根廷接收了590万名移民，其中九成移民选择定居城市，只有少部分移民选择从事农垦业。大量的移民为阿根廷提供了充足的劳动力，加之其本身拥有大量自然资源，如肥沃的土地和大量矿藏等，在这一时期阿根廷的经济得以繁荣发展。

19世纪初期，阿根廷主要凭借原料输出作为其主要收入，因其劳动力技术水平较低，并且缺乏投资，标准化工厂并不多见。随着国际局势的变化，阿根廷抓住了提升本国工业化水平的机会。伴随外国技术移民的到来，大量轻工业工厂涌现。随着外需和内需的提升，阿根廷又一次迎来了经济发展的黄金时代。工业的发展吸引了大量人口聚集在工厂周围。城市范围的逐渐扩大使得第二、第三产业和对外贸易进一步发展，为建设更好的基础设施提供了良好的条件。

阿根廷并未形成多个城市群，而是大力发展其首都布宜诺斯艾利斯。作为阿根廷的首位城市，布宜诺斯艾利斯并未对周边的次级城市发挥辐射作用，反而限制了周边城市发展。此外，在一些历史上没有殖民者踏足的区域，其城镇化发展尤为缓慢。1987年5月的迁都计划因各方面的原因和阻碍最终"流产"，进一步反映了阿根廷当局想要改变现状但囿于现实因素的无奈。目前阿根廷形成了以布宜诺斯艾利斯为中心的布宜诺斯艾利斯都会区，又称大布宜诺斯艾利斯，人口超过1600万，占全国人口的1/3以上。

## 二　人力资本、区域创新影响城镇化的机理

通过梳理上文提到的三个国家的城镇化发展路径可以看出，城镇化的发展离不开充足的劳动力、较高的教育经费投入以及政府提供的良好的就业创新环境。显然，单独考察人力资本与区域创新对城镇化的影响难以深

入理解其中的复杂联系，这就需要进一步研究人力资本和区域创新对城镇化的作用机制。特别是对于我国而言，我国城镇化发展明显滞后于经济的发展，且东中西部发展不平衡，各地区间发展不协调。2019 年，北京、上海、天津等城市的城镇化率已经超过 80%，云南、甘肃、贵州的城镇化率仍在 50% 左右；贵阳的城镇化率接近 80%，而同属贵州省的毕节市城镇化率为 42.12%。另外与常规提升城镇化率的手段不同，我国全面脱贫的完成，使得一部分农村人口以易地搬迁的形式迁移至城市，此举对于一些地区城镇化率的提升也有一定促进作用。

## （一）人力资本影响城镇化的机理分析

Lucas（1988）强调了城市对经济增长的作用，并认为城市是人力资本的聚集地，城市的存在及其发展是人力资本的外部体现。在人力资本的原始积累阶段，人力资本的整体质量较低，劳动力所从事的行业大多为农牧业，而此时劳动力聚集的地方大多是自然禀赋较高的地方。随着人口的集聚，城市的雏形开始出现，这样会吸引更多的人口迁移至此，有的选择在此定居，有的选择将此地当作贸易物流的中转地。由此，此地逐渐发展成为城市。

在城市发展的初期，大量劳动力的集聚对城镇化水平的提升起到了重要作用。如前文提到，在城镇化率较低的阶段，产业结构呈现出第一产业占比较高的态势，原因在于农业是劳动密集型产业，但是只考虑劳动力数量、单纯提升人力资本的总量，其与经济水平的提升和城市的发展并无必然的正相关关系，这样就形成了伪城市化，造成后期城市发展动力不足，人力资本积累出现负增长的"侵蚀效应"，如某些国家的城市中出现"贫民窟"，所以关键在于人力资本的质量和产业结构的匹配程度（张国强等，2011）。

在提升人力资本质量上，教育的作用显得尤为重要，教育对人力资本水平起到了质量提升和结构调整的作用，这体现在义务教育、职业教育和再教育这三个阶段。一个自然人从接受教育开始到有能力进入劳动力市场参与生产是一个漫长的过程，而且这是人力资本必然经历的过程。就我国而言，接受完义务教育后，人口就开始了第一次分流，有的选择进入职业高中，得以早日进入劳动力市场，而另外一部分则选择继续提升学历，选择进入普通高中最后进入大学。在完成学业、参与社会生产后，在工作中通过主动的自我再教育或是生产部门提供的再教育，可以进一步提升人力资本水平。在宏观层面，接受教育可以提升劳动力生产效率，促进人力资本与生产结构的匹配，减少摩擦性失业，优化产业结构。在微观方面，接受教育可以增加劳动力收入，从而扩大消费，同时劳动力也可以主动进行自我教育，对个人人力资本水平的提升进行再投资。当人力资本的质量和结构达到较为合适的水平时，就会带动城市的发展，进而增加政府收入，带动提升公共物品的供给水平，并加大对科教文卫等方面的投入，最终促进了城镇化率的提升。

考虑到信息的完全性和资源的稀缺性，当一个城市可以提供更多较好的就业岗位以及较为完善的公共服务，如便捷的公共交通或良好的城市基础设施时，便会吸引更多的人口聚集至此，与上文所讲到城市形成初期不同，此时吸引的外来人口多为受过良好教育的劳动力。但随着人口的不断涌入，人口结构、人力资本结构和产业结构会出现匹配错位的情况，同时在城镇化进程中，在劳动力市场方面，劳动力会面临潜在的失业风险，潜在劳动力会出现供求不平衡的情况；在经济发展方面，会出现边际报酬递减的情况，进而影响区域经济增长效率。这就反映在生活成本不断提升上，可能会出现低水平的人力资本个体被挤出的情况（田盛丹等，2021）。

在微观层面，劳动力在个人选择上会出现一部分人口迁移出城市，选择去往另一个城市的现象，这就出现了人力资本的溢出效应。就此而言，当劳动者囿于现实因素选择离开目前所在城市，迁移至另一个城市时，其本身所拥有的技术知识水平和受教育水平会随其去往另一个城市。以快递员为例，在某城市积累了一些收发快递的经验后，他可以选择去另外一个城市开设一家快递配送站自己当站长，从而招揽快递员并将自己的经验传授给新的快递员。在管理快递员的过程中，其本身也增强了管理方面的能力，这对于自身来讲属于提升人力资本水平的一种手段。但并不是所有的人口迁移都是因为现实压力，如某家公司准备在另外一个城市开设分公司，会选择技术水平或管理能力较高的富有经验的管理者担任分公司的负责人，此时这种主动的人口迁移就会对当地人力资本水平提升有促进作用，劳动者会有更多的选择。这种人力资本的溢出为一些城镇化水平较低城市的发展提供了一种可能。除此之外，还存在一种代际的溢出效应，拥有较高人力资本水平的劳动者，其后代能享受相对较高水平的家庭教育，其后代在朋辈间能形成较大的示范和激励作用（殷戈等，2020）。

综上所述，在城镇化发展的不同阶段，积累效应、集聚效应和溢出效应在不同时期发挥了不同作用。在城市发展的初期，城镇化率的提升依靠人口红利，大量劳动力的聚集和大量就业岗位的出现为城镇化发展提供了人力和物质保障。随着城市的发展，其吸引了大量劳动力参与社会生产，一些城市发展的隐蔽问题随之逐渐显现，在生活成本提升的同时，城市对高水平人力资本的需求越发强烈，此时也会出现对低水平人力资本的挤出。劳动力的流动促进了地区间人力资本的交往，带动了其他城市的发展和城镇化率的提升。

### （二）区域创新影响城镇化的机理分析

Porter（1990）具体分析了一个国家经济现代化的四阶段理论：第一阶段是依靠廉价劳动力和自然资源禀赋的"生产要素驱动发展阶段"；第二阶段是大量投资和技术改进及进步成为经济发展支柱的"投资驱动发展阶段"；第三阶段是创新水平提升成为经济发展驱动力的"创新驱动发展阶段"；最后一阶段是"财富驱动发展阶段"。

回溯历次工业革命，每一次工业革命带来的技术进步都进一步细化了社会分工，创造出更多的职业，无论是技术还是非技术劳动都会更具生产效率，使得第二产业和第三产业从业人口迅速增长，技术创新的大量出现及迅速发展刺激了三次产业的进一步细分。根据国家统计局的规定，我国三次产业共划分为96个大类，第一产业分为4个大类，第二产业分为43个大类，第三产业（服务业）分为49个大类。由此可见三次产业的行业细化程度。技术创新往往以改造传统产业、淘汰落后产业以及激发新兴产业的形式出现，这就使得产业结构朝着更高水平和更为科学的方向发展，而产业结构的优化反映在就业结构发生相应的变动，一方面促进农村的潜在劳动力向城市流动，另一方面提升城市劳动者的技术和管理水平，推动城镇化发展。但需要注意的是，单纯的技术创新往往并不能独自推动产业结构的升级、就业结构的优化和对劳动力产生拉动作用。

如上文所述，技术创新能够带来生产效率和产品质量的提升，但仍需产业创新参与其中，产业创新是技术创新的扩散（王艾青，2005）。新技术的产生往往面临"英雄无用武之地"的困境，而在企业中经常见到"巧妇难为无米之炊"的窘况，产业创新相当于一座桥或一条纽带，将技术创新的供需双方联系在一起，使得技术创新与生产活动能够做到有效衔接。同样，产业创新可以将三次产业联系起来，形成从生产资料到商品的顺畅联通。产业创新使得制造规模相应向产业价值链高端攀升，形成了产业结构与技术创新的同步演化。此外，产业创新也能实现产业集聚，形成产业园。这不仅降低了企业的用人成本、原材料成本和用地成本，也加剧了企业间的交流和相互作用，呈现"1＋1＞2"的协同效应，提高城市的竞争力，吸引更多劳动力，促进区域创新发展。

技术创新和产业创新的有效结合离不开政府部门的指导和引领作用。就我国的情况而言，政府的宏观政策往往对地区发展起着至关重要的作用，制度因素对城镇化效率的制约作用极为显著（李平、李颖，2016）。制度创新为技术创新和产业创新的落实铺平了道路。制度创新可以使得产权归属更为明晰，催生出新的劳动关系以及优化分配制度；制度创新也可以提升企业和创新部门的技术创新积极性，从而使产业创新更为有效地发挥扩散作用，降低交易成本。制度质量决定了制度效能，而制度效能又规定了创新边界和发展选项，所以制度框架决定了创新潜能的超边际选项空间和边际释放程度（俞宪忠，2018）。当然，制度创新的作用不仅局限于此，制度创新还可以提升当地政府部门的治理水平，营造良好的就业环境，促进科教文卫的高质量发展等。

技术创新、产业创新与制度创新三者的有机结合，为城市的发展提供了内驱力。在制度创新的基础上，产业创新为技术创新营造了良好的产出环境。如5G技术就是一个十分鲜明的例子，5G技术需要硬件与系统研发公司的技术创新，而5G技术的投入使用需要运营商投资建设5G基站，并联合多部门投入使用，形成对5G技术的多维度覆盖，但是5G技术真正能够大范围的铺设又需要政府政策上的允许与支持。只有这样，5G技术才能够真正应用于社会生产的各个方面。如果说城镇化过程是创新过程的映射，那么城市就是创新的载体。在良好的创新氛围下，形成具有竞争力的区域创新水平，使得城市更具开放性、经济发展驱动力更强、公共物品和公共服务质量进一步提升、产业结构和就业结构更加合理以及生态环境更宜居，都使城市更具有吸引力，更多的劳动力聚集在此，城镇化水平得以提升。

通过分析美国、日本和阿根廷的城镇化路径与模式，得出在城镇化水平较低的阶段，三个国家都不约而同地选取了地理位置较好或者自然资源较为丰富的区域，吸引了大量的劳动力，而且政府也会发布一些相关政策以吸引更多的劳动力迁移至此。随着人口的集聚和市场制度的初步完善，城市规模进一步扩大，这进一步增强了城市的吸引力。而此时会遇到一个问题，那就是大量人力资本水平偏低的劳动力继续涌入，劳动力受教育水平偏低。政府为了缓解这种问题，会选择增加教育投资，从而提升劳动力和潜在劳动力的整体人力资本水平。随着人力资本整体水平的提升，产业结构和就业结构会升级，重工业占比会逐渐扩大。企业为了提升盈利能力，会主动选择创新，提升生产率，增大生产效能。政府也会支持企业的创新行为，发布一些政策以鼓励创新的涌现。在这些过程中，城镇化率会同步提升，城市的承载力也会逐渐增大，同时对周边城市的辐射效应也会逐渐凸显，带动周边城市的城镇化率提升，从而使城市群的雏形逐渐显现。

通过分析人力资本和区域创新对城镇化的影响机制，得出在不同时期以及不同阶段的城镇化过程中二者起到了十分重要的作用的结论。人力资本的数量通过人口集聚得以实现，人力资本的质量通过教育和再教育得以提升，高质量的人力资本会在朋辈间或代际通过溢出效应提升低水平的人力资本，且人口天然具有集聚性，从而提升城镇化水平。区域的创新能力包括生产部门的技术创新、政府方面的制度创新和市场与政府共同作用的产业创新，三者共同促进区域创新的发展。生产部门提升生产能力，生产出更高质量的产品；政府在治理水平上进行创新，优化生产环境；企业和政府共同促进产研结合，将研发与生产衔接起来，发挥技术创新和制度创新的效应。

# 第三节　城市群协调发展的实证研究

## 一　样本选择与模型设定

### （一）样本选择

本章选取长江经济带 3 个具有代表性的城市群作为研究对象，包括 1

个世界级城市群和 2 个国家级城市群，分别为长三角城市群、长江中游城市群和成渝城市群，共 70 个城市，时间跨度为 2009～2018 年。所使用数据均来源于《中国城市统计年鉴》《上海统计年鉴》《浙江统计年鉴》《江苏统计年鉴》《安徽统计年鉴》《湖北统计年鉴》《湖南统计年鉴》《江西统计年鉴》《重庆统计年鉴》《四川统计年鉴》。

**（二）模型设定**

基于上述理论部分的推理，并结合当前学界已有的研究基础和长江经济带的现实特点，本章的基本计量模型具体设定如下：

$$Urbanization_{it} = \beta_0 + \beta_1 Human\ Capital_{it} + \beta_2 Innovation_{it} + \beta_3 X_{it} + \varepsilon_{it} \qquad (3-1)$$

其中，$i$ 表示地区，$t$ 表示年份，$\varepsilon_{it}$ 为随机误差项。$Urbanization_{it}$ 为被解释变量，表示 $i$ 地区在 $t$ 年的城镇化率；$Human\ Capital_{it}$ 为核心解释变量，表示 $i$ 地区在 $t$ 年的人力资本水平；$Innovation_{it}$ 同样为核心解释变量，表示 $i$ 地区在 $t$ 年的区域创新水平。$X_{it}$ 为控制变量，借鉴以往的研究以及相关文献，本章选取的控制变量为外商直接投资（$FDI$）、人均 GDP（$GDP\ per\ Capita$）、城市医疗水平（$Medical$）、人口密度（$Population\ Density$）、第二产业产值占比（$Secondary\ Sector$）、第三产业产值占比（$Tertiary\ Sector$）以及人均绿地面积（$Greening$）。为使计量结果尽量贴合实际，选择城市是否拥有货运港口（$Port$）及城市行政等级（$Level$）作为虚拟变量，拥有货运港口取值为 1，没有为 0；城市行政等级为省会城市及以上取值为 1，否则为 0。

## 二　变量描述

### （一）被解释变量：城镇化

关于城镇化（$Urbanization$）的测度，学界根据不同的侧重点有不同的测度方法，包括人口城镇化、经济城镇化、土地城镇化以及社会城镇化，但城镇化主要表现为以人为核心的城镇化，且此论点也得到了学界的认同，加上党的十八届三中全会提出要走"以人为本的新型城镇化"道路。因此，本章采用城市户籍人口数占城市常住人口数的比重来反映一个城市的城镇化水平，这样也更能反映出我国城镇化的基本格局。

### （二）核心解释变量

**1. 人力资本**

关于人力资本（*Human Capital*）的测度方法，主流方法有投入法、教育指标法、终生收入法等。因本章研究对象主要为地市级城市，综合考虑数据获取难易程度、数据的完整性、数据的准确性以及跨地区的可比较性，决定使用每万人在校大学生人数作为衡量当地人力资本水平的指标。在以往的研究当中，这也是一种较为常用的方法。

**2. 区域创新**

关于区域创新（*Innovation*）的衡量指标的选取，通过阅读相关文献，对一个城市创新水平的测度指标一直在摸索阶段，学界大多以三种专利的申请量为测度指标。随着国家对知识产权制度的不断完善，专利的申请量可以反映出一个城市的创新能力，但考虑到通过申请的专利有时并未得以利用，以至于形成大量的"僵尸"专利，所以专利的授权量更能反映一个城市的创新水平。鉴于此，本章将三种专利的授权量作为城市创新能力的替代指标。

### （三）控制变量

除了本章重点关注的核心解释变量，参考相关文献并考虑数据的可获得性之后，本章选取了多个控制变量以使实证结果更为准确。

**1. 外商直接投资**

我国吸收外商直接投资（*FDI*）采用最多的是直接投资方式，其具有技术溢出效应，可以通过学习国外先进技术和管理经验，从而推动技术进步及经济增长，它是我国城镇化进程中重要的动力来源之一（袁博、刘凤朝，2014）。因此，本章选取外商直接投资金额表示外商投资水平。

**2. 人均 GDP**

GDP 在一定程度上反映了一个地区的经济发展水平，而经济发展水平较高的地区，其居民的生活水平也相对较高。因此，GDP 水平较高的地区更能吸引人口进行迁移，使得更多的人向此地区集聚，进一步提高此地区的经济发展水平和城镇化水平。本章选取人均 GDP（*GDP per Capita*）这一指标来衡量地区经济发展水平，并对其进行平减处理，以消除通货膨胀带来的影响。

### 3. 医疗水平

在以往的研究当中，众多学者曾将医疗水平（*Medical*）作为推动城镇化进程的影响因素并加入计量模型当中，但得出的结论均是城市的医疗水平对城镇化的正向促进作用较弱，这是因为人们对医疗服务的需求并不具有持久性和习惯性（李建民、周保民，2013）。考虑到城镇化进程是一个十分复杂的过程，加入更多的变量可以使得实证结果更为准确，更便于对其进行分析，所以本章选择地区病床数量作为控制变量加入模型当中。

### 4. 人口密度

关于人口密度（*Population Density*），毛其智等（2015）在其研究中通过对时空演变特征进行分析，详细剖析了人口密度对城镇化进程的正向促进作用。本章借鉴其研究成果，将人口密度作为控制变量加入模型当中。

### 5. 产业结构

产业结构的优化会吸引大量农村劳动力进入城市。目前我国城镇化显著滞后于工业化，高质量的城镇化需要新型工业化的强力支撑，同时服务业的就业吸纳能力也需要得到充分的发挥（张慧慧等，2021）。同样，第二、第三产业劳动力占比的提高会在农村人口中出现"示范效应"和"追赶效应"，从而进一步促进劳动力要素集聚，使得要素投入需求扩大，从而使产业结构继续升级，城镇化水平进一步提高（杨文举，2007）。因此，本章选择第二产业产值占比（*Secondary Sector*）和第三产业产值占比（*Tertiary Sector*）作为控制变量。

### 6. 人均绿地面积

党中央在中国特色新型城镇化发展理念中强调了"绿色"一词，足以体现生态环境对城镇化进程的重要意义，同时人们对可持续的健康生活理念以及对绿色公共活动空间的向往越发强烈。基于此，本章选取每个地区人均绿地面积（*Greening*）作为绿色城镇化的代理变量。

### （四）变量描述性统计

考虑到不同城市群之间的差异，本章将按照三个城市群的区域规划进行分析。同时，为了使数据更具平稳性以及消除共线性和异方差的影响，按照实证分析的常用做法，对一些水平变量做取自然对数处理。

应说明的是，本章所选取的城市群中的城市均来自国家发展和改革委员会发布的《长江三角洲城市群发展规划》《长江中游城市群发展规划》《成渝城市群发展规划》，共计 73 个城市。长江中游城市群中含有天门市、潜江市和仙桃市，这三个城市均为省管县级市，但因其数据缺失较多，故作剔除处理，最终纳入实证研究的城市数量为 70 座。另外需要说明的是，资阳市的人力资本（*Human Capital*）观测值为 6 个，原因是 2013 年资阳市才拥有第一座高等学校。最终得到如表 3 - 1 所示的描述性统计。

表 3 - 1　变量描述性统计

| 变量 | 观测值（个） | 均值 | 标准差 | 最小值 | 最大值 |
|---|---|---|---|---|---|
| *Urbanization* | 700 | 55.329 | 12.636 | 28.892 | 89.607 |
| *Innovation* | 700 | 7.743 | 1.653 | 3.689 | 11.428 |
| *Human Capital* | 700 | 4.912 | 0.971 | 0.637 | 7.147 |
| *FDI* | 700 | 10.711 | 1.660 | 5.485 | 14.431 |
| *GDP per Capita* | 700 | 7.416 | 0.532 | 6.248 | 8.461 |
| *Medical* | 700 | 9.002 | 0.745 | 7.353 | 11.224 |
| *Population Density* | 700 | 7.542 | 0.982 | 4.615 | 9.303 |
| *Secondary Sector* | 700 | 0.511 | 0.070 | 0.287 | 0.747 |
| *Tertiary Sector* | 700 | 0.379 | 0.088 | 0.209 | 0.709 |
| *Greening* | 700 | 7.027 | 0.963 | 5.124 | 10.252 |

## 三　实证结果及分析

### （一）基准模型回归及分析

根据国家对长江经济带三个主要城市群的定位，本章计划对三个城市群进行单独回归和整体回归，表 3 - 2 展示了随机效应（RE）与固定效应（FE）两种回归方法的结果。模型 1、模型 3 以及模型 5 分别为长三角城市群、长江中游城市群与成渝城市群随机效应的回归结果；模型 2、模型 4 以及模型 6 分别为长三角城市群、长江中游城市群与成渝城市群固定效应的回归结果；模型 7 与模型 8 分别为长江经济带主要城市群随机效应和固定效应的回归结果。以下仅分析固定效应回归结果。

从表 3 - 2 中可以看出，与预期结果一致，人力资本（*Human Capital*）和区域创新（*Innovation*）确实对三个城市群的城镇化（*Urbanization*）水平具有正向的促进作用；同样，从整体来看，两者也都对长江经济带主要城市群的整体城镇化水平具有提升作用。

在三个城市群中，成渝城市群相较于其余两个城市群，区域创新（Innovation）和人力资本（Human Capital）对城市群的城镇化推动更为有力一些。总体来看，在长江经济带的主要城市群中，从东到西人力资本（Human Capital）和区域创新（Innovation）的正向促进作用均呈现依次增强的态势。

### （二）稳健性检验

目前，大中型城市流动人口的集聚呈加剧趋势，人们也倾向于迁移至城市基础设施建设更好、交通更为便利的城市。省会城市、直辖市以及副省级城市在国家整体规划中会享受更多的政策红利，比起其他城市，必然在城市建设和经济发展方面领先一步。同样，具有海（河）港的城市有着得天独厚的地理优势，其发展程度相较于其他城市更有优势。

在剔除直辖市、副省级城市以及省会城市或具有海（河）港的城市后分别进行固定效应回归分析。

从表3-3可以得出，观察剔除了指定城市之后的回归结果，人力资本（Human Capital）和区域创新（Innovation）对城镇化（Urbanization）的推动作用依然显著。

### （三）空间计量回归

城市群突破了行政区划的束缚，是城镇化和工业化发展至高级阶段的产物。同一城市群内的城市随着城市群的发展联系日益密切，在各个方面自然会出现辐射效应或极化效应。按照国家制定的城市群发展规划，设立城市群的初衷是依靠核心城市资源，带动周边大城市的发展，进而引导中小型城市的发展。

基于此，本章对长江经济带主要城市群中的70个城市进行空间相关性和异质性分析。此分析也是在验证在城镇化进程中不同城市群之间是否存在空间自相关，相关程度又有几何。

1. 空间自相关检验

根据 Moran（1950）的研究，全局空间自相关性的 Moran's I 的定义如下：

表 3－2　回归结果

| 变量 | 模型 1 | 模型 2 | 模型 3 | 模型 4 | 模型 5 | 模型 6 | 模型 7 | 模型 8 |
| --- | --- | --- | --- | --- | --- | --- | --- | --- |
| 模型 | 长三角城市群 | | 长江中游城市群 | | 成渝城市群 | | 长江经济带 | |
| | RE | FE | RE | FE | RE | FE | RE | FE |
| Innovation | 1.022*** (0.205) | 1.097*** (0.210) | 1.848*** (0.210) | 1.945*** (0.212) | 2.136*** (0.273) | 2.202*** (0.272) | 1.635*** (0.123) | 1.771*** (0.126) |
| Human Capital | 2.895*** (0.575) | 2.584*** (0.675) | 2.783*** (0.516) | 2.491*** (0.533) | 5.301*** (0.862) | 5.208*** (0.986) | 3.498*** (0.329) | 3.038*** (0.355) |
| FDI | -0.102 (0.0796) | -0.162** (0.0803) | -0.113 (0.162) | -0.112 (0.164) | -0.413*** (0.152) | -0.319* (0.179) | -0.0628 (0.0629) | -0.0856 (0.0639) |
| GDP per Capita | 1.633* (0.989) | 0.269 (1.072) | 4.836*** (0.942) | 3.945*** (0.974) | 3.100** (1.396) | 3.393** (1.436) | 5.027*** (0.575) | 4.342*** (0.615) |
| Medical | 1.499** (0.761) | 2.243** (0.916) | 1.687*** (0.629) | 2.213*** (0.698) | 0.696* (0.406) | 0.995** (0.485) | 0.983*** (0.332) | 1.380*** (0.365) |
| Population Density | 0.221 (0.249) | 0.262 (0.248) | 0.471 (0.447) | 0.626 (0.459) | 0.990 (0.898) | -0.0501 (1.099) | 0.300 (0.204) | 0.162 (0.216) |
| Secondary Sector | 49.05*** (9.522) | 58.62*** (9.938) | 36.33*** (4.921) | 33.67*** (4.972) | 33.30** (4.170) | 32.18*** (3.937) | 19.86*** (3.245) | 18.54*** (3.240) |
| Tertiary Sector | 70.72*** (10.13) | 77.72*** (10.66) | 49.71*** (5.529) | 45.84*** (5.606) | 13.67*** (4.016) | 13.48*** (3.793) | 38.18*** (3.356) | 36.30*** (3.353) |
| Greening | 1.725*** (0.431) | 1.470*** (0.435) | 1.895*** (0.617) | 2.210*** (0.634) | 1.179*** (0.391) | 0.998** (0.504) | 1.877*** (0.280) | 2.161*** (0.292) |

续表

| 变量 | 长三角城市群 | | 长江中游城市群 | | 成渝城市群 | | 长江经济带 | |
| --- | --- | --- | --- | --- | --- | --- | --- | --- |
| | 模型 1 | 模型 2 | 模型 3 | 模型 4 | 模型 5 | 模型 6 | 模型 7 | 模型 8 |
| 常数项 | -69.11*** (8.715) | -69.17*** (10.59) | -87.78*** (6.363) | -84.58*** (6.407) | -58.64*** (7.993) | -53.65*** (9.892) | -75.11*** (4.117) | -70.02*** (4.487) |
| 观测值（个） | 260 | 260 | 280 | 280 | 160 | 160 | 700 | 700 |
| Adj. R² | | 0.899 | | 0.928 | | 0.956 | | 0.912 |
| 城市数量（个） | 26 | 26 | 28 | 28 | 16 | 16 | 70 | 70 |

注：*、**、*** 分别表示在 10%、5%、1% 的水平下显著，括号内为标准误。下同。

**表 3 - 3 稳健性检验**

| 变量 | 长三角城市群 | | 长江中游城市群 | | 成渝城市群 | | 长江经济带 | |
| --- | --- | --- | --- | --- | --- | --- | --- | --- |
| | 模型 1 | 模型 2 | 模型 3 | 模型 4 | 模型 5 | 模型 6 | 模型 7 | 模型 8 |
| | 地级市 | 无港口 | 地级市 | 无港口 | 地级市 | 无港口 | 地级市 | 无港口 |
| $Innovation$ | 0.982** (0.496) | 1.591*** (0.461) | 1.957*** (0.192) | 1.938*** (0.204) | 3.037*** (0.252) | 2.986*** (0.244) | 1.870*** (0.203) | 2.278*** (0.155) |
| $Human\ Capital$ | 4.839*** (1.252) | 2.672*** (0.799) | 0.726** (0.419) | 0.650* (0.423) | 0.455*** (0.281) | 0.426** (0.271) | 1.316*** (0.354) | 0.427* (0.249) |
| $FDI$ | -0.506 (0.438) | -0.0712 (0.334) | 0.508** (0.223) | 0.454** (0.227) | -0.186 (0.218) | -0.165 (0.211) | -0.400** (0.195) | -0.243* (0.144) |
| $GDP\ per\ Capita$ | 11.87*** (2.446) | -1.191 (2.474) | 4.914*** (0.916) | 4.014*** (0.949) | 5.242*** (1.602) | 5.619*** (1.534) | 13.21*** (0.981) | 7.290*** (0.788) |

续表

| 变量 | 模型 1 | 模型 2 | 模型 3 | 模型 4 | 模型 5 | 模型 6 | 模型 7 | 模型 8 |
|---|---|---|---|---|---|---|---|---|
| | 长三角城市群 | | 长江中游城市群 | | 成渝城市群 | | 长江经济带 | |
| | 地级市 | 无港口 | 地级市 | 无港口 | 地级市 | 无港口 | 地级市 | 无港口 |
| *Medical* | 0.680 | 5.161*** | 5.146*** | 4.958*** | 1.868*** | 1.894*** | 1.618*** | 3.439*** |
| | (1.621) | (1.375) | (0.606) | (0.653) | (0.527) | (0.515) | (0.555) | (0.410) |
| *Population Density* | 1.051** | 0.953*** | 1.346*** | 1.579*** | -0.159 | -0.274 | 1.334*** | 0.971*** |
| | (0.530) | (0.298) | (0.404) | (0.423) | (1.277) | (1.172) | (0.351) | (0.264) |
| *Secondary Sector* | 112.7*** | 93.69*** | 26.58*** | 43.01*** | -10.82** | -11.08*** | 16.58*** | 10.27*** |
| | (19.60) | (15.77) | (4.708) | (6.755) | (4.177) | (4.089) | (4.997) | (3.908) |
| *Tertiary Sector* | 140.1*** | 113.7*** | 35.10*** | 48.24*** | 13.35*** | 13.50*** | 39.38*** | 28.96*** |
| | (19.02) | (14.02) | (5.170) | (6.982) | (4.170) | (4.095) | (5.197) | (3.948) |
| *Greening* | -1.767* | -0.949 | 2.452*** | 2.174*** | 1.759*** | 1.759*** | 0.653 | 2.181*** |
| | (0.988) | (0.595) | (0.590) | (0.652) | (0.558) | (0.538) | (0.481) | (0.362) |
| 常数项 | -176.2*** | -100.6*** | -104.2*** | -108.3*** | -38.82*** | -40.69*** | -111.7*** | -85.94*** |
| | (17.58) | (12.04) | (6.073) | (6.292) | (10.43) | (10.11) | (6.702) | (4.974) |
| 观测值（个） | 220 | 100 | 270 | 240 | 140 | 150 | 630 | 490 |
| Adj. $R^2$ | 0.774 | 0.948 | 0.940 | 0.941 | 0.953 | 0.952 | 0.829 | 0.920 |
| 城市数量（个） | 22 | 10 | 27 | 24 | 14 | 15 | 63 | 49 |

$$\text{Moran's I} = \frac{\sum_{i=0}^{n} \sum_{j=0}^{n} W_{ij}(Y_i - \bar{Y})(Y_j - \bar{Y})}{S^2 \sum_{i=0}^{n} \sum_{j=0}^{n} W_{ij}} \tag{3-2}$$

其中，$n$ 为城市总数；$\bar{Y}$ 为样本平均值；$Y_i$ 为城市 $i$ 的城镇化率；$W_{ij}$ 为权重矩阵，本章选择三种类型的权重矩阵，下文会具体说明；Moran's I 的取值范围为 $-1 \sim 1$，大于 0 表示空间正相关，小于 0 表示空间负相关，等于 0 则表示空间不相关。

关于空间矩阵 $W_{ij}$ 的设定，本章使用三种权重矩阵，以最大限度地保证回归结果的准确性，分别是空间邻接权重矩阵 $W^{0-1}$，若两个城市相邻，则取值为 1，否则为 0；反距离矩阵 $W^{ID}$，此矩阵假设空间效应强度取决于距离，以两个城市中心距离为判别标准；经济距离矩阵 $W^E$，考虑到地理要素并不是产生空间效应的唯一因素，经济水平相似的地区之间能更好地吸收利用经济资源，经济距离矩阵为经济水平和地理距离的融合。

考虑到利用 ArcGIS 进行 Moran's I 测算时，为了保证计算结果更趋于实际情况，软件建议样本容量至少为 30 个，因此本章将长江经济带主要城市群中的所有城市整合在一起进行回归，同时对矩阵进行标准化处理。

表 3-4 是空间邻接权重矩阵 $W^{0-1}$、反距离矩阵 $W^{ID}$ 以及经济距离矩阵 $W^E$ 下长江经济带主要城市群 Moran's I 指数的计算结果，可以看出通过三种权重矩阵计算出的城镇化率（*Urbanization*）的 Moran's I 指数 p 值都小于或等于 0.001，且整体上都呈现增长的趋势，表明城市群内部城市之间随着时间的增长自相关性越来越强。

表 3-4 长江经济带主要城市群 Moran's I 指数

| 年份 | *Urbanization* | | | *Human Capital* | | | *Innovation* | | |
|---|---|---|---|---|---|---|---|---|---|
| | $W^{0-1}$ | $W^{ID}$ | $W^E$ | $W^{0-1}$ | $W^{ID}$ | $W^E$ | $W^{0-1}$ | $W^{ID}$ | $W^E$ |
| 2009 | 0.223 *** | 0.151 *** | 0.483 *** | 0.115 * | 0.58 *** | 0.32 *** | 0.527 *** | 0.224 *** | 0.263 *** |
| 2010 | 0.232 *** | 0.156 *** | 0.48 *** | 0.113 * | 0.59 *** | 0.322 *** | 0.502 *** | 0.21 *** | 0.266 *** |
| 2011 | 0.242 *** | 0.158 *** | 0.494 *** | 0.112 * | 0.61 *** | 0.322 *** | 0.532 *** | 0.224 *** | 0.259 *** |
| 2012 | 0.232 *** | 0.155 *** | 0.494 *** | 0.111 * | 0.62 *** | 0.32 *** | 0.519 *** | 0.232 *** | 0.257 *** |
| 2013 | 0.259 *** | 0.174 *** | 0.488 *** | 0.111 * | 0.63 *** | 0.315 *** | 0.516 *** | 0.236 *** | 0.255 *** |
| 2014 | 0.236 *** | 0.158 *** | 0.503 *** | 0.111 * | 0.64 *** | 0.308 *** | 0.498 *** | 0.239 *** | 0.258 *** |

续表

| 年份 | Urbanization | | | Human Capital | | | Innovation | | |
|---|---|---|---|---|---|---|---|---|---|
| | $W^{0-1}$ | $W^{ID}$ | $W^E$ | $W^{0-1}$ | $W^{ID}$ | $W^E$ | $W^{0-1}$ | $W^{ID}$ | $W^E$ |
| 2015 | 0.273 *** | 0.167 *** | 0.518 *** | 0.112 * | 0.65 *** | 0.3 *** | 0.471 *** | 0.244 *** | 0.25 *** |
| 2016 | 0.286 *** | 0.177 *** | 0.521 *** | 0.114 * | 0.65 *** | 0.29 *** | 0.444 *** | 0.229 *** | 0.253 *** |
| 2017 | 0.287 *** | 0.181 *** | 0.527 *** | 0.108 * | 0.61 *** | 0.29 *** | 0.407 *** | 0.218 *** | 0.271 *** |
| 2018 | 0.276 *** | 0.178 *** | 0.533 *** | 0.101 * | 0.57 *** | 0.289 *** | 0.422 *** | 0.219 *** | 0.256 *** |

人力资本（Human Capital）的 Moran's I 在邻接权重矩阵、反距离矩阵和经济距离矩阵的 p 值都小于或等于 0.001，均呈现出强烈的空间自相关性，但 Moran's I 并未随着时间的增长出现相关性越来越强的趋势，而是呈现较为稳定的状态。

2. 空间异质性检验

表 3-5 展示了 2009 年和 2018 年长江经济带主要城市群的空间分布状况。

**表 3-5　2009 年和 2018 年长江经济带主要城市群各城市城镇化率**

单位：%

| 长三角城市群 | | | 长江中游城市群 | | | 成渝城市群 | | |
|---|---|---|---|---|---|---|---|---|
| 城市 | 2009 年 | 2018 年 | 城市 | 2009 年 | 2018 年 | 城市 | 2009 年 | 2018 年 |
| 安庆市 | 36.6 | 49.2 | 常德市 | 37.6 | 53.1 | 重庆市 | 51.6 | 65.5 |
| 常州市 | 61.2 | 72.5 | 鄂州市 | 55.5 | 65.9 | 成都市 | 64.9 | 73.1 |
| 池州市 | 42.0 | 54.1 | 抚州市 | 35.1 | 49.8 | 自贡市 | 40.8 | 52.6 |
| 滁州市 | 41.0 | 53.4 | 衡阳市 | 42.0 | 53.6 | 泸州市 | 38.8 | 50.5 |
| 杭州市 | 69.5 | 77.4 | 黄冈市 | 32.7 | 47.2 | 德阳市 | 41.2 | 52.4 |
| 合肥市 | 64.1 | 75.0 | 黄石市 | 54.7 | 63.3 | 绵阳市 | 39.8 | 52.5 |
| 湖州市 | 50.7 | 63.5 | 吉安市 | 35.5 | 50.9 | 遂宁市 | 38.4 | 50.0 |
| 嘉兴市 | 51.2 | 66.0 | 荆门市 | 42.8 | 59.2 | 内江市 | 39.3 | 49.1 |
| 金华市 | 58.4 | 67.7 | 荆州市 | 40.5 | 55.8 | 乐山市 | 39.4 | 51.8 |
| 马鞍山市 | 67.3 | 68.3 | 景德镇市 | 54.2 | 67.1 | 南充市 | 35.8 | 48.1 |
| 南京市 | 77.2 | 82.5 | 九江市 | 40.2 | 55.3 | 眉山市 | 34.1 | 46.3 |
| 南通市 | 52.7 | 67.1 | 娄底市 | 32.4 | 48.1 | 宜宾市 | 36.6 | 49.6 |
| 宁波市 | 63.7 | 72.9 | 南昌市 | 64.9 | 74.2 | 广安市 | 28.9 | 41.9 |

续表

| 长三角城市群 | | | 长江中游城市群 | | | 成渝城市群 | | |
|---|---|---|---|---|---|---|---|---|
| 城市 | 2009 年 | 2018 年 | 城市 | 2009 年 | 2018 年 | 城市 | 2009 年 | 2018 年 |
| 上海市 | 88.6 | 88.1 | 萍乡市 | 57.4 | 69.1 | 达州市 | 32.6 | 45.5 |
| 绍兴市 | 57.7 | 66.6 | 上饶市 | 38.3 | 52.0 | 雅安市 | 34.6 | 46.9 |
| 苏州市 | 66.3 | 76.1 | 武汉市 | 75.4 | 80.3 | 资阳市 | 32.7 | 42.7 |
| 台州市 | 51.7 | 63.0 | 咸宁市 | 40.6 | 53.7 | | | |
| 泰州市 | 51.0 | 66.0 | 湘潭市 | 48.1 | 62.9 | | | |
| 铜陵市 | 73.4 | 56.0 | 襄阳市 | 48.1 | 60.8 | | | |
| 无锡市 | 67.8 | 76.3 | 孝感市 | 44.0 | 57.6 | | | |
| 芜湖市 | 66.0 | 65.5 | 新余市 | 58.4 | 70.0 | | | |
| 宣城市 | 43.2 | 55.2 | 宜昌市 | 47.8 | 60.9 | | | |
| 盐城市 | 46.3 | 64.0 | 宜春市 | 33.7 | 49.7 | | | |
| 扬州市 | 52.9 | 67.1 | 益阳市 | 38.6 | 51.6 | | | |
| 镇江市 | 59.9 | 71.2 | 鹰潭市 | 46.2 | 64.8 | | | |
| 舟山市 | 62.4 | 68.1 | 岳阳市 | 44.2 | 58.0 | | | |
| | | | 长沙市 | 66.9 | 79.1 | | | |
| | | | 株洲市 | 53.5 | 67.2 | | | |

注：长三角城市群中的上海市和铜陵市的城镇化率出现负增长的情况，原因是这两地的行政区划发生变化。关于铜陵市行政区划变化可参考民政部公布的消息，见 http://xzqh.mca.gov.cn/ss-description? dcps = 34&dcpid = 2015。

资料来源：各市统计年鉴。

从表 3 - 5 可见，在 2009 年，长三角城市群城镇化率普遍较高，呈现以上海为中心向外辐射的趋势，因其占有地理优势以及城市群成立的时间早于其余两个城市群，在时间和空间上发展都较为先前，其产业结构优化水平以及城市基础设施建设相对成熟。反观长江中游城市群和成渝城市群，由于这两个城市群获批时间较长三角城市群相对晚一些，又因为地理和空间并无太多优势，城镇化水平较高的地区主要是省会城市和直辖市，其周边城市城镇化率大多在 50% 以下。

由表 3 - 5 可以看出，在 2018 年，长三角城市群城镇化水平有所提高，除安庆市接近 50%，其余城市的城镇化率均超过 50%，且上海市的辐射效应依然明显。观察长江中游城市群，依然有某些地区的城镇化率低于 50%，原因有二：一是因为行政区划的调整，城镇化率被稀释；二是因为极化效应，省会城市吸收周边城市的经济资源，从而阻碍周边城市的发展。再观察成渝城市群，依然呈现成都和重庆城镇化率高，但周边城市城镇化率较低的情况。

总的来讲，2009~2018 年长江经济带主要城市群依然呈现出东高西低的态势，这也符合众多学者的研究结果。因影响城镇化的因素相对复杂，受到地理因素和空间因素影响较为明显，相关性也较为显著，空间集聚性也较强。下一步本章将在空间相关性的基础上进行进一步分析。

3. 模型的构建

通过上文对人力资本、区域创新和城镇化的空间相关性分析得知，城镇化存在地区间的空间依赖性，而人力资本和区域创新也会对区域间城镇化水平提升产生空间关联效应，进而对周边地区产生空间溢出效应。前文在面板层面已经得出人力资本和区域创新会对地区的城镇化产生正向的促进作用，因此，本章在式（3－1）的基础之上加入空间因素，采取面板空间计量模型进行分析。

综览目前关于空间计量的相关文献，较为常用的空间计量模型大致有三种，分别为空间误差模型（Spatial Error Model，SEM）、空间自回归模型（Spatial Autoregression Model，SAR）以及空间杜宾模型（Spatial Durbin Model，SDM）。空间误差模型假设地区之间的相互影响通过误差项实现，空间溢出效应是通过随机冲击实现的；空间自回归模型着眼于地区行为受与空间距离有关的因素影响，具有较强的地域性；空间杜宾模型同时包含被解释变量与解释变量的空间滞后项，可以同时分析被解释变量和自变量在同一地区的空间溢出效应。

在未考虑空间因素的情况下，前文已经做过回归分析并得到了确定的结论，为结果不会产生偏误做了前期准备，本章将在式（3－1）的基础之上加入空间因素，并将式（3－1）变换为空间误差模型（SEM）、空间自回归模型（SAR）以及空间杜宾模型（SDM）。为了保持简洁性，在公式中将城镇化 Urbanization 简写为 Urb，将人力资本 Human Capital 简写为 HC，将区域创新 Innovation 简写为 Inno。

$$Urb_{it} = \beta_0 + \beta_1 HC_{it} + \beta_2 Inno_{it} + \beta_3 X_{it} + \lambda W_{ij} \varepsilon_{it} + \eta_{ij} \qquad (3-3)$$

$$Urb_{it} = \beta_0 + \rho W_{ij} Urb + \beta_1 HC_{it} + \beta_2 Inno_{it} + \beta_3 X_{it} + \varepsilon_{it} \qquad (3-4)$$

$$Urb_{it} = \beta_0 + \rho W_{ij} Urb + \beta_1 HC_{it} + \beta_2 Inno_{it} + \beta_3 X_{it} + \lambda W_{ij} \varepsilon_{it} + \eta_{ij} \qquad (3-5)$$

其中，式（3-3）为空间误差模型，$\lambda$ 表示待估计的空间误差系数，$W_{ij}$ 表示外生的空间加权矩阵，$\varepsilon_{ij}$ 表示误差向量；式（3-4）为空间自回归模型，$\rho$ 为待估计的空间自回归系数；式（3-5）为空间杜宾模型。

4. 空间模型回归及分析

在回归之前需要说明的是，因为资阳市人力资本（Human Capital）数据存在 2009～2012 年的空缺，考虑到空间计量不允许出现空缺值的情况，所以将 2009～2012 年资阳市人力资本数据填补为 0。

为保证回归结果的稳健性，本章使用三种空间权重矩阵和三种空间计量模型进行回归。由表 3-6 可以看出，在三种空间权重矩阵下，SDM 中的 $\rho$ 值均显著为正，说明城镇化率（Urbanization）在地区之间存在内生的空间交互效应，换句话说就是具有显著的空间关联特征，城镇化水平较高的地区在每个城市群中出现空间上的集聚状态，通过空间溢出效应或辐射效应带动周边区域提高城镇化率。同样，SEM 中的 $\lambda$ 值在三种空间权重矩阵回归下也显著为正，说明随机误差项的空间交互效应也是使得地区城镇化率提升存在空间依赖的重要因素。

继续观察三种空间权重矩阵的回归结果可以看出，不论是 SEM、SAR 和 SDM 中的哪一种空间计量模型，人力资本（Human Capital）和区域创新（Innovation）的回归系数均显著为正，说明两者对地区城镇化率（Urbanization）的提升有着正向的促进作用。在控制变量中，除了医疗水平（Medical）、外商直接投资（FDI）、人口密度（Population Density）和人均绿地面积（Greening）之外，其余控制变量均对城镇化率有着显著的正向提升作用。

尽管表 3-6 所展示的回归结果提供了城镇化率（Urbanization）存在空间相互依赖的实证证据，但仍无法完全地反映人力资本和区域创新以及各个控制变量对地区城镇化率提升的边际影响，也无法判断城镇化率相对较高的地区对周边城镇化水平较低的地区产生了多大的空间溢出效应或辐射效应。仅仅依靠空间计量的点估计结果来分析和阐释解释变量对被解释变量的影响以及空间效应可能会得到错误的结论，同样，解释变量对被解释变量的影响几何也不能简单地用回归系数来说明。因此，本章采用偏微

表 3 - 6 空间计量回归结果

| 变量 | $W^{0-1}$ | | | $W^{1D}$ | | | $W^E$ | | |
|---|---|---|---|---|---|---|---|---|---|
| | SEM | SAR | SDM | SEM | SAR | SDM | SEM | SAR | SDM |
| Innovation | 1.840*** (0.124) | 1.022*** (0.116) | 0.736*** (0.137) | 0.906*** (0.132) | 0.761*** (0.114) | 0.826*** (0.131) | 1.719*** (0.135) | 0.853*** (0.116) | 0.549*** (0.133) |
| Human Capital | 2.996*** (0.337) | 1.595*** (0.307) | 1.064*** (0.319) | 0.498* (0.323) | 0.576* (0.312) | 0.547* (0.322) | 2.603*** (0.386) | 0.883*** (0.315) | 0.716** (0.327) |
| FDI | -0.0811 (0.0616) | 0.00878 (0.0526) | 0.0967* (0.0558) | 0.0565 (0.0530) | 0.0544 (0.0508) | 0.0697 (0.0527) | -0.106* (0.0597) | 0.0143 (0.0515) | -0.00685 (0.0535) |
| GDP per Capita | 3.723*** (0.613) | 2.478*** (0.520) | 2.192*** (0.534) | 1.569*** (0.522) | 1.915*** (0.503) | 1.627*** (0.521) | 4.112*** (0.581) | 2.722*** (0.503) | 2.285*** (0.508) |
| Medical | 1.352*** (0.354) | 0.302 (0.308) | -0.165 (0.336) | -0.417 (0.336) | -0.473 (0.305) | -0.451 (0.335) | 1.535*** (0.333) | 0.0287 (0.305) | -0.489 (0.320) |
| Population Density | 0.267 (0.219) | 0.134 (0.176) | 0.116 (0.215) | 0.0369 (0.208) | -0.0959 (0.170) | -0.0835 (0.215) | 0.198 (0.202) | 0.0168 (0.173) | 0.0562 (0.184) |
| Secondary Sector | 18.64*** (3.108) | 17.14*** (2.652) | 18.70*** (2.772) | 20.24*** (2.606) | 17.94*** (2.547) | 20.01*** (2.591) | 17.85*** (3.025) | 13.40*** (2.615) | 13.48*** (2.738) |
| Tertiary Sector | 35.10*** (3.270) | 26.20*** (2.833) | 20.66*** (3.106) | 22.44*** (2.919) | 24.02*** (2.725) | 21.55*** (2.913) | 33.68*** (3.553) | 21.52*** (2.844) | 18.43*** (3.024) |
| Greening | 2.085*** (0.282) | 1.349*** (0.246) | 1.028*** (0.256) | 0.831*** (0.258) | 0.659*** (0.245) | 0.757*** (0.255) | 2.060*** (0.282) | 0.731*** (0.251) | 0.305 (0.258) |
| $\lambda$ | 0.192*** (0.0558) | | | 0.953*** (0.0108) | | | 0.387*** (0.140) | | |

续表

| 变量 | $W^{O-1}$ | | | $W^{ID}$ | | | $W^{E}$ | | |
|---|---|---|---|---|---|---|---|---|---|
| | SEM | SAR | SDM | SEM | SAR | SDM | SEM | SAR | SDM |
| $\rho$ | | 0.443*** (0.0312) | 0.228*** (0.0458) | | 0.678*** (0.0384) | 0.605*** (0.0802) | | 0.565*** (0.0360) | 0.286*** (0.0655) |
| 观测值（个） | 700 | 700 | 700 | 700 | 700 | 700 | 700 | 700 | 700 |
| $R^2$ | 0.862 | 0.688 | 0.495 | 0.858 | 0.840 | 0.819 | 0.864 | 0.876 | 0.868 |
| 城市数量（个） | 70 | 70 | 70 | 70 | 70 | 70 | 70 | 70 | 70 |

分的方法弥补点估计在解释空间效应方面的不足，将空间计量模型中解释变量对被解释变量的影响分为直接效应和间接效应，换句话来说就是某一地区解释变量对被解释变量的影响效应和对周边地区被解释变量的影响效应。考虑到三种空间权重矩阵中 SDM 的 Hausman 检验结果均支持固定效应的空间计量模型，且 SDM 在 LR 检验中均在 1% 的水平通过了显著性检验，说明固定效应的 SDM 不可以简化成 SAR（SAR nested in SDM）和 SEM（SEM nested in SDM）。因此，在下文的检验中，仅通过 SDM 进行直接效应（DE）、间接效应（IE）和总效应（TE）的回归。

从表 3-7 可以看出，人力资本（Human Capital）和区域创新（Innovation）对地区城镇化率（Urbanization）的作用在三种空间权重下进行回归，其直接效应均为正向显著。在间接效应方面，人力资本仅在反距离矩阵上未呈现强烈的显著性，这表明了人力资本的空间外溢效应在不考虑经济因素的情况下主要局限在本区域范围内（张浩然、衣保中，2012）。关于人力资本仅在反距离矩阵未呈现显著性，Rosenthal 和 Strange（2008）的研究表明人力资本的空间外溢作用在 5 英里（8 公里）内最为显著，超过这一距离会迅速衰减，具有显著的空间局限性。同样，关于区域创新的间接效应在反距离矩阵中也并未呈现出强烈的显著性，这表明创新的空间溢出效应对城市群内的创新并没有产生明显作用。

在控制变量方面，可以看出人均 GDP（GDP per Capita）不论在直接效应还是间接效应方面都对城镇化率的提升起到了正向促进作用，可以认为高人均 GDP 的地区对周边区域具有空间溢出效应，带动了周边地区经济的发展。究其原因，城镇化和经济发展水平本就互为因果，城镇化率的提高必然导致经济发展水平的提升，从而继续推动城镇化率的提高。在医疗水平（Medical）方面，考虑到一个地区的医疗水平不仅与其地理位置和交通便捷程度有关，也与当地的经济水平和医疗财政支出有关，可以看到在经济距离矩阵的回归结果中，三种效应均对城镇化率的提升起到了显著的负向作用，尤其是间接效应系数的绝对值远大于直接效应系数的绝对值。这可能是因为行政等级更高和经济发展更好的城市可以获得更多的政策倾斜和财政支持，从而能够吸引更多的医学人才和提供更加良好的医疗服务，形成"洼地效应"，对周边城市的城镇化率提升有消极作用。人口密度（Population Density）的三种效应在三种矩阵下均不显著，这表明在引入空

表 3 - 7 空间稳健性检验

| 变量 | $W^{0-1}$ | | | $W^{ID}$ | | | $W^E$ | | |
|---|---|---|---|---|---|---|---|---|---|
| | DE | IE | TE | DE | IE | TE | DE | IE | TE |
| Innovation | 0.768*** (0.136) | 0.591*** (0.226) | 1.359*** (0.212) | 0.839*** (0.130) | 0.474 (1.055) | 1.312 (1.046) | 0.575*** (0.135) | 0.698* (0.378) | 1.273*** (0.388) |
| Human Capital | 1.126*** (0.305) | 1.674*** (0.590) | 2.799*** (0.645) | 0.564* (0.324) | 1.747 (4.428) | 2.311 (4.534) | 0.900*** (0.317) | 6.683*** (1.146) | 7.583*** (1.242) |
| FDI | 0.0944* (0.0531) | -0.176 (0.120) | -0.0815 (0.130) | 0.0672 (0.0515) | -0.455 (0.578) | -0.388 (0.590) | -0.00499 (0.0518) | -0.116 (0.209) | -0.121 (0.222) |
| GDP per Capita | 2.447*** (0.518) | 5.794*** (1.065) | 8.241*** (1.186) | 2.024*** (0.516) | 23.21*** (6.068) | 25.24*** (6.174) | 2.370*** (0.511) | 2.897 (1.983) | 5.267** (2.159) |
| Medical | -0.0906 (0.320) | 1.566** (0.620) | 1.476** (0.646) | -0.465 (0.329) | -1.076 (3.377) | -1.540 (3.426) | -0.606* (0.326) | -4.045*** (1.306) | -4.650*** (1.441) |
| Population Density | 0.106 (0.206) | -0.487 (0.326) | -0.381 (0.300) | -0.0739 (0.206) | -0.121 (1.399) | -0.195 (1.354) | 0.0597 (0.185) | -0.265 (0.594) | -0.205 (0.640) |
| Secondary Sector | 18.54*** (2.819) | -2.305 (5.973) | 16.24*** (6.212) | 19.71*** (2.707) | -14.79 (28.47) | 4.921 (28.95) | 14.51*** (2.887) | 36.14*** (9.484) | 50.65*** (10.37) |
| Tertiary Sector | 21.33*** (3.242) | 17.87*** (6.265) | 39.20*** (6.289) | 22.10*** (3.128) | 39.05 (31.34) | 61.15* (31.77) | 19.59*** (3.240) | 43.34*** (9.765) | 62.93*** (10.21) |
| Greening | 1.096*** (0.249) | 1.022** (0.508) | 2.118*** (0.555) | 0.677*** (0.255) | -5.898* (3.392) | -5.221 (3.456) | 0.355 (0.260) | 0.936 (1.094) | 1.291 (1.189) |
| 观测值（个） | 700 | | | 700 | | | 700 | | |
| R² | 0.495 | | | 0.819 | | | 0.868 | | |
| 城市数量（个） | 70 | | | 70 | | | 70 | | |

间这一变量后，人口密度对本地和周边的城镇化推动作用有限。在产业结构方面，第二产业占比（Secondary Sector）和第三产业占比（Tertiary Sector）在空间邻接权重矩阵和反距离矩阵中的直接效应显著，说明产业结构优化仅能满足本区域的需求，还不足以产生外溢效应推动周边地区的城镇化率提升。当引入经济距离矩阵后三种效应都十分显著，出现了外溢效应，促进了周边地区的城镇化率提升。这样的结果并不意外，相邻的城市之间必然会出现经济联系，如产业转移或人才迁移等生产要素流动都是对周边城市的经济辐射。

5. 进一步分析

通过上文的检验和分析，首先得出长三角城市群内部存在空间自相关性，并在此基础上使用邻接权重矩阵、反距离矩阵和经济距离矩阵通过空间误差模型、空间自回归模型和空间杜宾模型进行回归分析，得出长江经济带主要城市群内部人力资本、区域创新对城镇化具有促进作用，同时也存在技术溢出和人力资本溢出效应。

为了进一步验证结论，本章将长江经济带内三个城市群单独拆分进行空间计量回归。考虑到城市间的交流往往为经济交流，且随着地理距离的拉长，经济交流也会逐渐减少，所以在本小节决定选用经济距离矩阵作为回归矩阵。同样，上文已经做出解释，经过检验后，空间误差模型和空间自回归模型均无法退回至空间杜宾模型，所以本小节使用空间杜宾模型进行回归，结果如表 3-8 所示。

就长三角城市群而言，人力资本和区域创新在直接效应上均显著，表明在空间角度上对城镇化具有促进作用。而区域创新在间接效应上体现出系数为负的显著性，表明城市内区域创新的同时会抑制相邻城市的城镇化进程；而在人力资本方面，则呈现出正向的溢出效应，说明本地的人力资本会辐射至周边城市，带动周边城市的城镇化率提升。

就长江中游城市群而言，人力资本和区域创新的直接效应相比长三角城市群来讲并不算高，但联系实际考虑两个城市群的经济体量是可以理解的，总体上也呈现出促进效应。在间接效应方面，二者都对周边城市的城镇化水平起到了推动作用，辐射效应十分显著，联系实际武汉、江西和长沙周边地级市的城镇化率确实都有一定程度的提高，除了本身城市的发展，也有省会城市的溢出效应发挥作用。

表 3-8 空间杜宾模型回归结果

| 变量 | 长三角城市群 | | | 长江中游城市群 | | | 成渝城市群 | | |
|---|---|---|---|---|---|---|---|---|---|
| | DE | IE | TE | DE | IE | TE | DE | IE | TE |
| Innovation | 0.517** (0.216) | -1.877*** (0.634) | -1.359** (0.689) | 0.290* (0.222) | 1.731*** (0.416) | 2.021*** (0.417) | 0.989*** (0.214) | -1.901 (1.421) | -0.912 (1.517) |
| Human Capital | 1.648*** (0.601) | 12.09*** (2.469) | 13.74*** (2.767) | 0.116* (0.458) | 4.064*** (0.881) | 4.180*** (0.882) | -0.781 (0.726) | 16.60*** (6.042) | 15.82** (6.422) |
| FDI | -0.0771 (0.0683) | -0.0789 (0.249) | -0.156 (0.285) | 0.203* (0.121) | 0.256 (0.443) | 0.458 (0.487) | 0.299** (0.127) | 3.006** (1.261) | 3.305** (1.349) |
| GDP per Capita | 0.488 (0.956) | -6.305* (3.526) | -5.816 (3.904) | 1.226 (0.761) | 3.449** (1.488) | 4.676*** (1.680) | 2.321** (1.000) | -7.346* (4.240) | -5.024 (4.558) |
| Medical | 0.965 (0.878) | -1.686 (2.351) | -0.720 (2.646) | -0.802 (0.574) | 0.132 (1.869) | -0.670 (1.977) | 0.548* (0.326) | 4.528** (2.185) | 5.077** (2.414) |
| Population Density | -0.0177 (0.247) | 1.530*** (0.573) | 1.512** (0.602) | -0.224 (0.353) | 1.201 (1.236) | 0.977 (1.230) | -0.357 (0.654) | 9.030** (4.412) | 8.673* (4.742) |
| Secondary Sector | 27.95** (11.11) | -10.76 (29.00) | 17.19 (30.39) | 19.55*** (4.349) | 26.28** (10.66) | 45.83*** (11.03) | -4.385 (2.872) | 42.48** (18.36) | 38.10* (19.53) |
| Tertiary Sector | 34.61*** (12.55) | -43.48 (32.00) | -8.865 (34.07) | 28.03*** (4.916) | 21.21* (11.70) | 49.25*** (11.84) | 3.479 (3.131) | 58.79*** (22.69) | 62.27** (24.77) |
| Greening | 1.083*** (0.369) | 4.113*** (1.273) | 5.196*** (1.456) | 0.790 (0.493) | 2.089** (1.105) | 2.880** (1.263) | -0.0924 (0.382) | 0.421 (2.347) | 0.329 (2.629) |
| 观测值（个） | 260 | | | 280 | | | 160 | | |
| R² | 0.791 | | | 0.752 | | | 0.611 | | |
| 城市数量（个） | 26 | | | 28 | | | 16 | | |

就成渝城市群而言，可以看到区域创新在直接效应中呈现出显著的正向促进作用，而人力资本在间接效应中呈现出显著的正向促进作用。考虑到前文基准模型回归中人力资本和区域创新对城镇化具有显著的正向促进作用，但与空间计量模型的回归结果有些出入。原因可能在于将空间因素引入模型后，城市间的联系会稀释个体内部间的相互作用，从而呈现出并不显著的结果。

# 第四节  结论与政策建议

关注中国城镇化发展，对于进一步建设和巩固中国特色社会主义社会有着重要的意义。本章通过对人力资本和区域创新进行测度，分析了长江经济带主要城市群城镇化发展过程，并重点关注了不同城市群间和城市群内部协同发展的情况，通过理论分析与实证检验证明了二者对城镇化的影响。本章根据得出的结果给出相关结论，并进一步提出关于城镇化建设的政策建议。

## 一  结论

本章在进行理论分析和实证检验后得出如下主要研究结论。

在以人为核心的城镇化视角下，就长江经济带主要城市群而言，仍然呈现自东向西城镇化率越来越低的态势。回到 2009 年，长江经济带这一概念尚未被官方正式提出，当时长三角地区城市的城镇化水平相对较高，由于长三角城市群的范围进行了多次调整，当时主要是苏浙沪地区，安徽省部分城市尚未归入长三角城市群，因其较好的地理位置和享受的改革红利较多，从而呈现以上海为中心向外辐射的态势，产业结构较为合理，也吸引了大量高水平劳动力迁移至此。再观察长江中游城市和长江上游城市，除了省会城市以外，其余城市城镇化率均偏低，呈现集全省之力发展省会的"强省会战略"，最具代表性的就是武汉和成都。通过查阅往年数据，武汉和成都的周边城市城镇化率均偏低，城市 GDP 在省内占比也偏高。这种发展战略以当时的眼光来看是可以理解的，但如果将目光过于放在省会城市而不顾及周边城市，产生的后果就是加剧省会城市负担并制约城镇化发展，而且周边城市对省会城市进行大量"输血"，也会降低周边城市的发展活力，陷入恶性循环。

在长江经济带这一国家重大发展区域被划定后，首先各城市群内城市的城镇化率均有所提升，这是城市本身发展的结果，符合一般经济规律。但更重要的是，随着城市群的发展以及不断有城市加入城市群内部，再加上长江经济带这一概念的提出，城市间协调发展的态势开始逐渐凸显，可以看到在整个经济带内，人力资本和区域创新不仅对本地的城镇化率具有促进作用，同时对周边城市的城镇化率也具有提升作用，这种溢出效应正是协同发展所需要的。但也应看到，溢出效应的强弱有无在每一个城市群内部都不尽相同，目前仍然存在辐射效应不明显和极化效应出现的情况，这与城市群和经济带设立的初衷是相悖的。考虑到长江中游城市群和成渝城市群的设立与规划的推出相比于长三角城市群较晚，且长三角城市群本身就是脱胎于上海经济区，本身就在时间上提前享受到了良好的政策红利、积累了客观的经济基础，所以长三角城市群呈现出协调发展、共享共建的局面并不意外。

## 二　政策建议

本章始终着眼于人在人力资本、区域创新中对以人为核心的城镇化产生的作用，而作为改革进程的参与者和改革红利的获得者，每个人在城市中所产生的经济效益各不相同，推进城市群经济发展的重点在于提高人力资本和促进区域创新。

### (一) 提高人力资本

推动高质量的发展，构建新发展格局，都是促进共同富裕的必要手段。面对百年未有之大变局与疫情影响仍未消散的现状，国际发展的不确定性增强，应对风险冲击和不确定性需要推出相关政策和应对措施，但最重要的是靠全社会人力资本。只有人力资本质量上升，整个经济社会才会更有韧性和抗干扰性，抵御风险的能力才会提升。

进一步加大基础教育投入，改革高等教育体制。加大基础教育投入能够提升整个社会的人力资本水平，并向相对欠发达地区增加教育经费投入，缩小城乡间教育资源的差距；改革高等教育体制，培育具有创新能力的人力资本，以培养创造力和塑造创新精神为引导，优化学科专业的培养模式，因地制宜地培养有地方特色的创新型人才。

继续坚持"普职分流"，加大对中等职业学校的投资力度，补齐教学短板。设立类似高等普通院校的"双一流"计划，打造样板中职学校；畅通升学至高等职业院校或普通高校的通道，满足中职学生提升学历的需求，做好学校和社会的衔接工作，培育出一批高水平的应用型人才；提升中职学校在社会上的接受度和认可度，为职业教育发展做好铺垫，为形成职业教育与普通教育双轨并行的局面打下坚实基础。

促进基本公共服务均等化，形成培育高水平人力资本的良好环境。提高医疗卫生水平，增加对社会医疗资源的资金投入，提升健康人力资本。完善社会保障体系，加强对灵活就业人员的保障。扩大保障性住房的覆盖面，让进城工作的农业人口和高校毕业生"居者有其屋"。

加快人才管理体系的建设，健全人才评价体系，完善人才选拔制度。向全社会宣传正确的价值观，引导形成崇尚科学家、工程师的社会风气，充分展现大国工匠精神，引导在校大学生树立正确就业观，从而改变全社会的人力资本结构和人力资本匹配度。

### （二）促进区域创新

目前供给侧面临的主要问题是商品质量和社会提供的服务难以满足人民群众的需求，其根源在于技术供给方面存在短板。如华为被美国制裁，使得其手机芯片产量无法满足生产需求，甚至出现芯片断供的情况，最后不得不使用国外的"阉割"芯片完成出货以尽量满足市场需求，这就体现了某些关键技术存在被"卡脖子"的风险。

在市场方面，应建立有效的创新激励机制，大量中小企业针对技术人才的创新投资不足，缺乏内部职业培训渠道。或企业囿于资金不足的窘境，难以在生产中对创新投入大量资金，应对创新企业和团队进行资金补贴或减税免税，激发企业主动创新的积极性；引导企业建立内部创新人才选拔机制，创新创新型人才培育模式。加强创新输出部门与创新需求部门的有效衔接，使得创新成果能够无缝应用于生产中，提升创新成果的利用率，促进新技术产业化、规模化应用，形成一整套创新链以布局产业链。

在政府方面，应因地制宜，推出有针对性的地方政策，为区域创新的蓬勃发展提供良好的制度环境。探索建立开放的经济新体制，推进依法治国与社会信用建设，建设具有活力和竞争力的现代化市场体系。具体而言，完善知识产权的激励与保护制度，使得产出成果更好地转化为推进经济高质量发展的现实生产力，从而提升研发收益。另外，应提升制度的执行力与约束力，维护制度的严肃性与权威性，如同在法律面前一样，在制度面前人人平等。做到人人敬畏制度、人人维护制度和人人遵守制度，形成示范效应。

　　在市场和政府两方面做到创新，制度创新为技术创新保驾护航，技术创新因制度创新得以健康发展。而这两者同步协调发展，促进经济稳步且高质量的发展，成为高质量城镇化的驱动力。

# 第四章　金融一体化与城市群协调发展

## 第一节　研究背景与文献述评

### 一　研究背景

在中国城市论坛 2008 年北京峰会上，北京国际城市发展研究院发布的《中国城市综合竞争力报告》提出，我国正在步入以长三角城市群、珠三角城市群和环渤海城市群为主的三大城市群引领的"大城时代"。《人民日报》（海外版）发表评论：改革开放以来，我国城镇化进程取得重大发展。相比于发达国家，我国的城镇化进程虽起步较晚、水平中等，但发展速度较快。中国科学院发布的《2012 中国新型城市化报告》指出，中国的城市化发展大致是从 1949 年起步，经历了起步、曲折、停滞、恢复和稳步发展以及如今的快速发展阶段。国家统计局发布的报告显示，随着我国城镇化建设的稳步推进，我国城镇化率已经从 2000 年的 36.22% 提高至 2019 年的 60.00%。21 世纪，经济发展的主要动力源于城市群，特别是大城市群，以城市群为龙头的区域性国际化竞争态势成为焦点和主流。

城市群是城镇化发展到一定时期的必然产物，同时也是我国经济高质量发展和提升国际综合竞争力的重要动力，而城市群协调发展又是国家对新型城镇化和城乡融合发展的重点内容。国家发展改革委在《2021 年新型城镇化和城乡融合发展重点任务》中明确提出，要增强城市群承载能力、促进大中小城市和小城镇协调发展、加快建设现代化城市、提升城市治理水平、加快推进城乡融合发展等。张学良和李培鑫（2014）对我国各个城市群的发展阶段做出划分，将长三角城市群、珠三角城市群和京津冀城市群划分为成熟型城市群，其余的划分为发展型城市群或形成型城市群。叶裕民和陈丙欣（2014）通过对中国城市群的发展现状及世界城镇化发展规律的研究做出预测，中国已经进入城镇化的中后期阶段，到2030年还将有近3亿人口从农村进入城市，且大部分将进入城市群。故城市群的规模势必逐渐扩大，其对中国经济发展的推动作用也将进一步加强未来城市群的健康发展，而这对缩小区域差距和城乡差距、促进中国平稳跨越"中等收入陷阱"具有重要作用。现代化城市群的发展离不开金融的支持，因为其不管是在消费服务还是在支持实体经济方面都有不可替代的作用。金融一体化作为实现城市群经济协调发展的必然要求，会对城市群内部的各项金融要素的流动以及对经济要素的利用效率产生重要影响。

本章重点考察金融一体化对城市群内部经济协调发展的影响，通过梳理金融一体化和城市群经济协调发展的理论框架，以探讨金融一体化通过加快要素流动对城市群经济协调发展的影响，有助于深入了解金融一体化相关理论和区域经济协调理论，为城市群经济的健康发展提供理论指导。在进行金融一体化测度时，充分考虑实际发展情况，尽可能地选取科学反映实际情况的指标和控制变量。

城市群是我国经济高质量发展的重要推动力，从国内外的城市群发展经验来看，发展良好的城市群内部必然是协调的。同时，协调发展的城市群会对所属区域的经济、社会、资源等方面产生重大且正向的影响。因此，在如今追求经济高质量发展的过程中，研究金融一体化对城市群经济协调发展的影响有着重要的现实意义。

本章选择长三角城市群、中原城市群、京津冀城市群、长江中游城市群、珠三角城市群、山东半岛城市群、辽中南城市群、关中平原城市群、哈长城市群和海峡西岸城市群10个城市群作为研究对象，分别对这10个重点城市群的金融一体化水平以及经济协调发展程度进行研究，通过对相关概念和指标定性定量的分析并在对资源和要素自由流动能力和影响因素的研究中找出发展问题，为在城市群建设和发展中提升金融一体化水平和城市群协调发展提供依据。

## 二　文献述评

随着人们对金融发展和协调发展研究的深入，对城市群协调发展的内涵及特征的分析和解释，以及对金融一体化程度和城市群协调发展程度的测度研究也取得了较大进展。本节主要对关于金融一体化、城市群经济协调发展和金融一体化对城市群经济协调发展影响的研究文献进行梳理并加以总结评述。

### (一) 金融一体化

金融一体化是实现区域一体化的重要保证，对区域金融一体化的研究始于 20 世纪 60 年代。国际货币基金组织（IMF）将金融一体化定义为国与国（地区）之间的金融活动相互渗透、相互影响而形成一个联动的、整体的发展态势。Goldsmith（1969）对经济增长和金融发展之间的关系做了综合性的研究，认为经济增长和金融发展是同步进行的，同时两者之间具有一定的相互作用。Kindleberger（1974）提出了由于地理位置的特殊性，金融中心具有强大的集聚效应，可以提高金融资源的跨地区配置效率。Eijiffinger 和 Lemmen（2003）认为，完全的金融一体化代表地区之间不存在任何法律、管制以及机构等人为壁垒。Kearney 和 Lucey（2004）指出，金融一体化下地区之间资本自由流动，导致货币、股票等资产收益率均等化。

#### 1. 金融一体化水平的测度方法

学者们在不断研究的过程中，也发展出许多测度金融一体化的方法。Frenkel（1976）使用抛补利率平价（CIP）、实际利率平价（RIP）测度区域内金融一体化水平。Feldstein 和 Horioka（1980）提出用回归方程测量区域间金融一体化的方法，即 F-H 模型。该模型的基本思路为，如果一个地区的资本完全不能自由流动，则该地区的投资完全依赖于本地的储蓄，那么该地区的储蓄和投资之间具有较强的相关性。但是该方法有严重的缺点，即无法消除宏观经济周期和汇率变化对储蓄及投资的影响。一些研究认为可以运用有条件的储蓄－投资检验方法，用 GDP 的波动排除宏观经济周期对储蓄及投资的影响，进一步完善该模型。魏清（2010）基于长三角地区中上海、江苏和浙江的存贷款数据，分析银行存贷款的相关性，因为地方政府对本地金融资源的控制和对金融的干预导致金融一体化进程受到阻碍，进而得出三地之间具有很强相关性的结论。翟爱梅等（2013）对全球性和区域性的金融一体化趋势加以区分，利用双变量 GARCH 模型测算了区域金融一体化的阶段水平与发展轨迹。高杰英和游蕊（2015）采用信贷增长率指标构建 SVAR 模型对长三角城市群和京津冀城市群的金融一体化程度进行分析比较。肖华东和常青（2013）在论述了三种测度城市群金融一体化的方法，即价格法、数量法、制度分析法的区别后，得出数量法也就是 F - H 模型更适用于我国城市群金融一体化程度的测度。李喆（2012）、张东辉和张艳丽（2010）、杨贵军等（2017）、齐昕和郭薛南（2019）均利用 F - H 模型来测度区域的金融一体化水平。王军和付莎（2020）运用社会网络分析方法（Social Network Analysis，SNA），通过构建金融资金引力矩阵考察城市群内部金融资金的流动性，以此来衡量城市群金融一体化程度。

2. 金融一体化水平的研究

随着区域经济的不断发展、理论研究的不断深入，人们逐渐开始定量分析区域金融一体化水平。张颖熙（2007）利用 F - H 模型对我国环渤海、长三角和珠三角三大地区的金融一体化进程进行实证和比较，进而得出结论：随着区域金融的发展，我国地区间金融一体化程度并没有明显提高，甚至在某种程度上呈下降趋势。崔远淼（2007）从跨境资本流动的角度，建立衡量我国金融一体化程度的流量和存量指标，进而分析得到1982 ~ 2004 年我国金融一体化水平逐年提高的结论。王志军（2009）通过对欧洲金融一体化的状态与效应分析，认为联合统一的行动机制是增强欧洲金融稳定性的重要因素。张峰和肖文东（2016）在对京津冀金融一体化发展水平进行测度后，认为地方政府在地区利益之间未能达成共识，现行金融体制的阻碍以及相关政策支持力度不足等问题，导致了三地的金融资源虽然有一定的流动性，但是金融一体化水平并不高。李俊强和刘燕（2016）通过构造固定效应变系数模型来研究京津冀金融一体化水平，认为金融一体化能够有效促进京津冀的经济发展，且京津冀金融一体化水平在逐步提高，但是各区域金融一体化水平差异较大。杨宗月等（2017）、邬晓霞和李青（2015）利用 F - H 模型，对京津冀地区金融一体化程度进行测算后发现，京津冀地区金融资本分布并不均衡，存在资本分配不均衡的问题，但是其金融一体化水平逐年提升。宋芳秀和宫颖（2017）从京津冀地区银行业的发展差异入手，得出核心城市对其他城市银行业的带动效应较弱，呈现出明显的虹吸效应，京津冀金融一体化程度较低。齐昕和郭薛南（2019）借助 Wilson 模型和 F - H 模型测度我国十大城市群金融中心城市辐射场域及其一体化发展程度，研究得出十大城市群均具有不止一个金融中心，这些金融中心的空间溢出效应为一体化发展奠定了物质基础。

### （二）城市群经济协调发展

由于城市群经济协调发展是城市群协调发展的重要组成部分，所以本节将从城市群协调发展的相关文献出发，进而对城市群经济协调发展的相关文献进行梳理。由于城市群经济协调发展相当于区域经济协调发展在空间尺度上的体现，本质上属于区域经济协调发展，所以本节在进行相关文献梳理时采用区域协调发展的概念。

多中心理论认为，随着城市的发展，城市中会出现多个商业中心，其中一个主要商业区是城市的核心，其余为次核心。Harris 和 Ullman（1945）通过对美国大部分城市的研究，对多中心理论进行了发展和完善，认为大多数城市的空间结构可能存在不止一个核心。美国经济学家 Williamson（1965）通过实证研究发现，随着区域经济的发展，区域之间的差异呈现出先扩大后缩小的趋势。Friedmann（1966）提出核心—边缘理论（Core and Periphery Theory），认为在一个完整的空间系统中具有核心区与边缘区，二者相互依存，且边缘区的发展方向主要取决于能产生和吸引革新力量的核心区，对指导区域经济协调发展具有重大意义。

廖重斌（1999）认为协调发展是系统或系统内要素在和谐一致、配合得当、良性循环的基础上由低级到高级、由简单到复杂、由无序到有序的总体演化过程。姚士谋等（1998）提出城市群的基本概念为，在特定的地域范围内具有相当数量的不同性质、类型和等级规模的城市，依托一定的自然环境条件，以一个或两个特大城市和大城市作为地区经济发展的核心，借助现代化的交通工具和综合运输网的通达性以及高度发达的信息网络，发生与发展着城市个体之间的内外联系，共同构成一个相对完整的城市群（区）。在此基础上，覃成林和周妓（2010）详细地论述了城市群的协调发展过程，这个过程包括三个方面：第一，城市群内部的各个城市之间相互开放，资源和要素自由流动；第二，通过竞争或者政府推动促成以产业分工和合作为主要内容的功能分化，进而提高各个城市间的经济联系和发展依赖程度；第三，在政府的安排下，共同解决跨区域公共领域的问题。同时，程玉鸿和李克桐（2014）科学地提出了城市群协调发展的内涵：在相互开放的条件下，以城市群内部要素流动与市场机制为基本动力，各城市逐渐形成日益密切的经济联系和发展互动，最终实现城市群整体和城市个体均衡、可持续发展的过程。

通过人们对城市群协调发展的定义以及内涵的发展和延伸，城市群经济协调发展的概念更加完善。蒋清海（1995）认为区域经济协调发展是指在各区域对内对外开放的条件下，区域间（区域内）各种结构和关系的协调，归根结底是区域利益关系的协调，并总结了区域经济协调发展的前提条件：一是要有较为合理的价格条件来保证资源配置和国民收入分配的合理性；二是要有合理的中央与地方之间的关系，通过对经济管理权限的合理划分来防止区域封锁、资源争夺等摩擦与矛盾；三是要有完善公平的区域经济政策体系，包括区域产业政策、区域布局政策、区域开放政策、区域市场政策、区域关系政策、区域补偿政策、区域调控政策，只有这些政策的相互协调，才能有效地促进区域经济的协调发展；四是中央政府要拥有较强的国民经济宏观调控能力。庄亚明等（2008）认为，区域经济协调发展的实质是区域社会、经济、资源和环境四大子系统的动态协调发展，并使用 GAH-S 评价体系对江苏区域经济协调发展程度做出评价，同时检验了该评价体系的合理性。彭荣胜（2009）、覃成林等（2011，2013）均认为区域经济协调发展是指在区域开放条件下，区域之间经济联系日益密切、经济相互依赖程度日益加深、经济发展关联互动和正向促进，各区域的经济均持续发展且区域经济差异趋于缩小的过程。

改革开放以来，我国为解决区域经济发展严重不平衡的问题，陆续实施了各项发展战略，使得区域经济发展获得一定的推动力。因此，近些年的实证研究大多表明我国的区域发展在逐渐趋于协调。刘德平（2006）通过对大珠三角城市群的综合分析，指出大珠三角城市群的协调发展程度不高但呈现向好趋势，各地区政府应积极联手，建立区域协调机构，统一布局重大战略以加快城市群的协调发展步伐。徐生霞等（2019）在对区域发展不平衡的测度上探索性地加入人口加权变异系数，得出 2004～2016 年我国区域发展不平衡的差异总体上在不断缩小，且造成区域发展差异大的主要原因是区域内部之间的差异大，而非区域之间。同时需要注意的是，区域经济协调发展会受到多方面的影响，其中分割效应对区域协调发展起到抑制作用。金祥荣和赵雪娇（2017）认为一定程度的市场分割短时间会促进地区的经济发展，但长期来看必然导致效率下降，抑制经济增长。李洪涛和王丽丽（2020）认为行政分割与文化分割等分割效应会导致要素在城市群内部各个地区之间的流通受阻，进而对城市群的协调发展起到显著的抑制作用。这与李健等（2017）对京津冀地区的综合测算所得到的京津冀内部协调能力不足，需要进一步加强政府交流合作的结论相同。除此之外，黄玲（2021）认为不同地区的政府以及相关主管部门应认识到金融对区域经济协调发展的重大促进作用，要积极推动地区之间的金融互联互动，充分发挥地区的发展优势，助推区域经济协调发展。因此，金融一体化水平势必会对城市群经济的协调发展产生影响。

**（三）金融一体化对城市群经济协调发展的影响**

随着城市群对我国区域经济影响力的不断增强，金融力量对城市群发展也会产生重要影响。郭永强（2009）基于实证分析得出，中原城市群区域金融（信贷）支持对区域经济增长有较强的促进作用，中原城市群经济增长与金融发展呈正相关关系。陈明华等（2016）基于 2003 ~ 2013 年五大城市群的金融相关率指标，分析得出各城市群内部的金融发展具有显著的非均衡态势，协调发展有待进一步加强。王立平和余小婷（2020）认为金融发展是推动地区经济增长的重要引擎。王军和付莎（2020）利用引力模型针对重点城市群进行实证研究，得出随着我国金融一体化水平的逐步提升，城市间的经济差距缩小，同时金融一体化对不同类型城市群的协调发展的影响存在显著差异，其中对发展型城市群的促进效应更为明显。

综上所述，学者们已经就金融与城市群发展有了一系列有价值的研究成果，但仍有一些问题未能涉及。一是，已有的研究大多关注金融发展对城市群经济增长的影响，而缺少针对金融一体化程度对城市群经济协调发展的影响研究。本章尝试从金融一体化和城市群经济协调发展关系着手，揭示金融一体化程度对城市群经济协调发展的影响。二是，本章从要素流动的角度来梳理金融一体化程度对城市群经济协调发展的影响机理，并通过实证分析对其进行检验。

# 第二节　理论基础

## 一　区域金融发展理论

区域金融发展理论包括区域金融差异理论、区域金融合作理论、金融抑制理论和金融深化理论、金融聚集理论等。

区域金融差异理论是指在国家经济发展过程中，区域之间经济发展水平存在差异，而且这一差异也会在金融领域有所反映，具体表现在金融市场的发达程度、金融资源的总量和结构、相关主体的金融行为等方面。区域金融差异主要源于区域资源禀赋以及各类要素的差异，比如区域金融的空间范围、区域金融资源的配置方式、区域资金的流动特点、区域相关主体的金融行为等要素差异都有可能导致区域金融产生差异。我国的经济发展具有独特性，这就导致我国区域金融差异具有独特的生成机理和发展规律，具体有以下表现。第一，中央政府对区域金融的差异性安排。由于资源的稀缺性，中央政府以及地方政府针对不同区域实施不同金融制度安排和不同的经济发展战略，造就差异化的区域金融环境，进而形成了区域金融差异。第二，中央政府由于转移部分或全部金融资源的配置权给地方政府从而造成差异化，同时地方政府将金融资源配置权下放给个人或者企业，进一步造成了区域间金融资源配置不均衡，使区域金融呈现差异化的特点。第三，由于我国各地区地理条件、经济基础、地方政府行为、信息交流等天然存在差异，各地区发展转型的实现路径也不尽相同，由此导致政府在经济金融方面的相关制度安排极大地影响着区域金融的发展。

区域金融合作理论是将区域间金融资源作为一种资本要素，研究其在区域间的流动规律和机理、资本要素在区域内自由流动的规律，进而盘活相关资源，提高金融资源的使用效率，从而达成区域内各个金融主体间的协调联动的区域金融理论。该理论探讨了金融资源在流动过程中所存在的规律以及分析金融资源跨区流动的路径，是推进金融一体化进程的重要措施，其具体含义分为以下方面。第一，区域金融差异是区域金融合作的前提。一般情况下，区域内部金融实力较强的城市会在市场机制的引导下，率先完成金融集聚，通过吸收各类有利资源发展自身，成为区域内部的金融核心，服务当地实体经济与金融产业，随后通过区域辐射效应来带动区域内金融欠发达城市的发展，从而实现区域整体的金融发展。第二，区域金融合作需依赖政府的制度安排。由于区域内金融资源分配的不均衡性，在市场机制的作用下，区域内金融集聚效应日趋明显，进一步加剧了金融资源分配的不稳定性和不均衡性。因此，政府应在保护市场在配置资源中的决定性作用的基础上发挥引导作用，制定相关制度，形成共识，明确发展方向，完善区域内金融行业各类要素流动，均衡各城市金融资源的配置，协调好各城市的金融合作，避免区域之间的金融发展水平差距过大，进而阻碍区域金融一体化进程。第三，区域金融合作与区域经济发展相辅相成。一方面，区域经济发展将提高居民支出及储蓄，为金融发展提供稳定的资金来源。另一方面，金融发展会进一步推动产业升级，创新产品，助力实体经济增长，推动区域经济发展。

美国经济学家爱德华·肖（Shaw，1973）和麦金农（McKinnon，1973）通过对发展中国家实际经济的研究首次提出金融抑制的理论。该理论认为之所以发展中国家的经济发展受到了抑制，是因为政府对金融体系的过度干预，致使市场自发形成的利率大大高于人为规定的利率水平，进而造成市场失灵与供求关系的失衡，从而抑制经济发展。发展中国家由于对存贷款的名义利率进行控制，人为压低存贷款利率，限制了国内储蓄的能力，造成资金的供给不充分；同时又刺激了对资金的过度需求，这又迫使政府进一步加强干预，造成恶性循环，严重制约了国家经济的快速发展。而金融深化理论是 Shaw 和 McKinnon 在阐述金融抑制现象的同时，为实现发展中国家经济增长而提出的。该理论认为货币和资本是相互补充的，提倡政府应减少对金融体系的干预，充分发挥市场的调节作用，使利率和汇率能够成为反映资金供求和外汇供求关系变化的信号。在这种情况下，人们的储蓄意愿增强，银行等金融机构对资金的供给增加，能够更好地满足资金需求，同时由于市场机制对金融市场的调节，金融市场的功能日益完善，进而市场中的资金流向更加合理，资金配置效率提升，从而对实体经济产生正向的促进作用，最终促进经济增长。

金融聚集理论作为经典的经济学理论被广泛应用于国际金融中心的研究中，是指导现阶段我国城市群金融中心建设的重要理论。从宏观来看，经济一体化加强了地方政府之间的沟通和合作，从而减小了地方政府干预对要素资源流动的影响，并促进了经济资源、要素的跨地区流动。而金融作为现代经济的核心，为经济发展提供强大动力，发挥着推动实体经济发展的作用。随着我国经济一体化水平以及产业结构的不断提高和优化，我国对金融资源的需求也日益增加，必然会导致金融资源的聚集。金融资源的流动，依靠的是金融市场与金融机构，因此金融聚集也随着金融市场和城市群金融机构的一体化而发展。城市群金融中心的形成是金融聚集的结果。其过程可以分为三个阶段。在初期阶段，由于区域经济的发展不需要金融的过多参与，金融在产业中的占比并不大，所以金融聚集的范围小、速度慢。但随着金融聚集效应的逐渐显现，此时便进入了金融聚集的中期阶段。在中期阶段，金融对区域的产业升级发挥了重要作用，金融聚集的覆盖面扩大，速度也变得更快。到了后期阶段，金融聚集功能十分强大，金融对周边地区金融资源的吸引力大大增强，对当地经济和产业有着极强的支持和推动作用。而当地的经济和产业发展也会促进金融中心的形成。当金融聚集达到一定程度后，金融中心对周边地区的金融辐射效应开始显现。金融中心通过对金融资源的聚集效应和辐射效应，促进了区域金融资源的流动、区域经济的发展。

当然，要成为城市群的金融中心，城市还需要其他的一些条件。第一，良好的基础设施、有利的地理区位是必不可少的，这是区域金融发展的基础，会直接影响到金融机构的进驻、业务的开展以及人们对金融业务可靠性的判断。第二，需要开放的金融政策、完善的金融系统以及适度宽松的公共政策服务作为支撑。第三，需要健全的法律体系作为金融中心形成和发展的保障。

城市群在提高金融一体化水平的过程中应多借鉴区域金融理论，尊重金融资源的流动规律，疏通金融资源的流通路径，处理好市场与政府的关系，防止资源配置错位，从而有效提升金融一体化水平。

## 二　区域发展理论

区域发展理论包括区域分工理论、区域经济发展梯度转移理论、城市群经济协调发展理论、增长极理论等。

1776 年，亚当·斯密在《国富论》中首次提出了分工的观点，并详细论述了分工对提高生产率和增加国民财富的巨大作用。由于各个地区之间的自然禀赋和经济发展条件不同，在资源和要素不能完全自由流动的情况下，为了提高自身生产能力以及满足自身生活需求，各个地区在经济交往中就必然选择发展具有优势的产业。于是，在区域之间就产生了分工。区域分工不仅能使各地区的资源要素得到充分利用，进行专业化的生产，还能推动新技术的产生，提高产品质量，有利于提高地区的总体效益。为了不断丰富区域分工理论，亚当·斯密在《国富论》一书中提出了绝对成本学说，认为每个国家都有生产某些特定产品的绝对有利的生产条件，如果所有国家都根据绝对有利的生产条件进行专业化生产，那么成本一定会下降，通过彼此交换产品就能使有关国家均获利。因此，他认为每个国家都应该生产具有绝对优势的产品，然后与其他国家进行产品交换，以此达到经济资源充分利用、社会整体福利增加的目的。

受亚当·斯密的影响，英国政治经济学家大卫·李嘉图在 1817 年出版的《政治经济学及赋税原理》中提出了比较成本学说。他认为，由于资本和劳动力在国家间不能完全自由地流动和转移，所以，不应该以绝对成本的大小来作为国际分工和贸易的原则，而是要依据比较成本来开展国际分工与贸易。在自由贸易的条件下，各国应该把生产资源和要素用于具有相对优势的产业部门，生产本国最有利的产品，利用国际分工和贸易实现互补，进而提高资源的利用效率，实现本国经济的快速发展。随后，赫克歇尔（E. Heck-scher）和俄林（B. C. Ohlin）提出了要素禀赋理论，该理论从国家之间要素禀赋差异的角度解释了分工的出现。同时，他们认为国家资源要素的多寡决定了产品价格，认为利用产品的价格差异代替生产成本的差异来分析国家贸易问题更加合理。在自由贸易的条件下，各个国家都根据要素禀赋条件进行分工和开展贸易往来，能更有利于提高各国的经济发展水平。20 世纪 80 年代，以保罗·克鲁格曼（Paul Krugman）为代表的一批经济学家提出新贸易理论，假定规模报酬递增和不完全竞争，修正了传统贸易理论最重要的两个假定，填补了传统贸易理论的逻辑空白。区域分工理论对城市群经济协调发展具有重大意义，城市群内部城市之间进行科学合理的分工协作和资源交换，不仅优化了资源要素的使用效率和产业结构，同时也提高了城市群的经济发展水平。

区域经济发展梯度转移理论是建立在美国哈佛大学弗农（Raymond Vernon）等人提出的工业生产生命循环阶段论基础上的。弗农认为，社会中的各工业部门和各工业产品都处在不同的生命循环阶段上，在发展过程中必须经历创新、发展、成熟、衰老四个阶段。随着经济学家对其研究的深入和拓展，他们逐步将生命循环论引入区域经济学，创造了区域经济发展梯度转移理论。该理论认为区域经济的发展是不平衡的，不同收入地区处在不同的阶梯上，高收入地区处于高梯度，低收入地区处于低梯度。在高梯度和低梯度之间仍存在几个中间梯度。新技术往往先在高梯度地区被应用，随着不断发展，逐步有序地从高梯度地区向低梯度地区推广。经济的不断发展会使推广的速度加快，使得区域间差距逐步缩小，最终实现经济分布的相对均衡。该理论主要内容有：区域内产业结构决定了区域经济的兴衰，而区域经济部门，尤其是主导部门所处的生命阶段又决定了产业结构的优劣。如果一个区域的经济部门处在创新阶段，往往意味着在今后一段时间内其经济发展的势头强劲，这种地区就是上面所提到的高梯度地区；反之，如果一个地区的经济部门处于成熟阶段后期或者衰退阶段，则意味着该地区的经济发展会受到抑制，表现为失业率上升、收入下降等，则该地区属于低梯度地区。高梯度地区由于经济发达，拥有低梯度地区无可比拟的信息优势、市场网络优势、人力资本优势、产业集聚优势，创新活动大多发源于高梯度地区，然后随着生命循环阶段的变化，按照顺序逐步由高梯度地区向低梯度地区转移。从区域经济发展的特征来看，区域经济发展具有长期性、产业结构的动态性和联系增强的持续性。城市群是区域经济发展研究的重要对象，区域经济发展梯度转移理论是其重要指导理论。

城市群经济协调发展理论主要体现在系统论中，指事物由小到大、由简单到复杂、由低级到高级的变化过程；反之则称为"逆发展"或者"负发展"；介于两者之间、维持现状不变的则称为"零发展"。与发展的内涵不同，协调更强调整体性、综合性、内在性的发展聚合，是系统内部各要素或系统之间的和谐一致、良性循环，为区域整体的正常运行打造良好的条件和环境。城市群协调发展包含两层含义。一是系统整体协调论。该理论强调将城市群看成一个系统，这个系统又分成若干子系统。该理论认为协调发展是指为实现系统总体发展目标，系统内各子系统或各元素之间相互衔接、相互协调、相互促进而形成一种良性循环态势。针对系统的划分大致有两类：一类是将其划分为环境、经济、社会、人口、资源五大子系统；另一类则将其划分为空间结构子系统、规模结构子系统、职能结构子系统、产业结构子系统、生态环境子系统、基础设施子系统、行政管理子系统的特殊地域空间系统。二是单体城市经济协调论。该理论强调城市群内部单体城市之间的产业分工与协作对整个城市群协调发展的重要性，主要从经济角度对城市群的协调发展进行界定，认为城市群中各个城市之间通过一定的产业分工及协作，承担不同的经济职能，进而畅通要素流动渠道，使要素能自由流动形成统一市场，推动城市群整体的发展和协调。区域经济协调发展不同于区域经济增长。区域经济增长是指区域内社会总财富的增加。而区域经济协调发展则主张在各区域内均衡使用资本，在遵循效率优先的基础上满足各方面需求，实现区域经济协调发展与高效统一，区域内经济交往日趋紧密，相互依赖程度日益加深，形成区域整体发展且经济差距逐渐缩小的良好局面。

增长极理论是由法国经济学家弗朗索瓦·佩鲁（Francois Perroux）在20世纪50年代首次提出，后来经过众多经济学家在不同程度上对该理论的丰富和发展，增长极理论成为区域经济研究的基石。该理论认为经济增长具有非均衡性，现实中一个国家或地区不可能实现均衡发展，区域经济发展主要依靠条件较好的少数部门或行业带动，成为部门和行业经济的增长极，然后通过向外扩散的方式，实现整体的经济增长。该理论主要包括两点特征：地理空间表现为一定规模的城市；具有极化效应和扩散效应。具体来说，该理论主要讨论资源的集聚和扩散两个过程。集聚过程是指区域内部的资源总是会被发展较好的中心城市吸引过去，使中心城市率先快速发展，成为该区域经济的增长极。扩散过程是中心城市在成为经济增长极之后通过投资等方式促使各种生产要素向欠发达地区扩散，进而带动欠发达地区经济增长，从而逐步缩小与中心城市的差距。极化效应在发展初期是主要的，当发展到一定程度之后，极化效应逐渐被削弱，扩散效应逐渐增强。虽然极化效应总是以牺牲外围地区经济利益为代价来换取中心城市自身发展，但从长期来看却成就了经济差距缩小、区域内部经济要素配置回归均衡的结果。实际上，城市群协调发展的过程也是一个先集聚后扩散、从非均衡增长到均衡增长的过程。因此，强化中心城市的集聚效应、扩散效应对城市群协调发展有着重要意义。

### 三　金融一体化对城市群经济协调发展的机制

本章通过对已有文献的归纳梳理，认为金融一体化对城市群内部收入差距的缩小路径为要素流动的促进效应。金融一体化通过消除地区之间的金融壁垒，加速金融资本的自由流动，进而提高金融资源的使用效率，盘活相关资源，从而形成区域内各个金融主体间协调联动的局面。

#### （一）直接影响渠道

金融一体化对城市群经济协调发展的直接影响渠道主要分为三个部分。一是增加储蓄。区域间实现金融一体化，可以聚集闲散金融资源，促进金融资源的积累，增加储蓄，为实体经济注入活力。二是优化金融资源空间配置。金融一体化会放松对资本的管制，因而能够使资本流向欠发达地区，加快欠发达地区经济的发展，实现欠发达地区经济水平向发达地区经济水平靠拢，从而缩小区域经济差距。三是增加资金筹措方式。金融一体化会极大地促进金融市场的发展，为企业提供更多筹措资金的途径。多样化的资金筹措方式，不仅可以降低企业筹措资金的难度，同时还可以优化企业的资本成本，使其达到最优资本成本，从而促进企业发展，最终促进城市群经济协调发展。

#### （二）间接影响渠道

金融一体化对经济发展的间接影响渠道也主要分为三个部分。一是促进区域生产技术的进步。新古典经济学表示，经济发展的主要动力之一是生产技术的进步。在实现金融一体化的过程中，会引发先进的生产技术向生产技术欠发达地区流动，有利于该地区企业发展，提高生产效率，同时也有助于优化区域的产业结构，进而促进城市群经济的协调发展。二是完善地区经济政策和制度。在实现金融一体化的过程中，地方政府不再各自为政，而是会促进政策层面的协调联动，使得城市群内部各个城市之间的合作趋于紧密，进而利用完善的经济制度加大中心城市对欠发达城市的帮扶力度，促进整体经济的协调发展。三是经济溢出效应。城市间产生的金融一体化经济溢出效应会传递给周边城市，从而进一步加强与周边城市的资源共享与经济合作，为周边城市提供投融资便利，提高资金的使用率，优化城市的产业结构，使得城市之间能够共同发展。

## 第三节　金融一体化对城市群经济协调发展的影响

### 一　金融一体化水平的测算

金融一体化是经济一体化理论机制演进的产物，指在市场经济条件下，金融资源能够自由流动，区域间金融活动以及资源要素相互渗透、融合，进而形成区域之间联动协调发展的趋势。金融一体化理论最初多用于国与国之间的金融合作研究。随着经济一体化的演进和金融市场自由度的提高，金融一体化内涵得以丰富，目前可用于区域经济发展研究。国际货币基金组织（IMF）将金融一体化定义为国与国（地区）之间通过一系列金融协作发展形成整体的态势，它具有两个层次：第一，金融资源的流动性，这意味着国家（地区）之间的金融资源可以不受限制地自由流动；第二，金融资源的替代性，这意味着国家（地区）之间的金融资源具有高度的替代性。此外，政府的金融活动等因素的干预，必然会影响金融资源的流动性，因此，完全的金融一体化是极难实现的。

由上文对金融一体化水平测度相关文献的整理可得，目前金融一体化水平的测度方法比较固定，主要有价格法、数量法以及制度分析法。而通过对肖华东和常青（2013）等前人研究的梳理和分析，发现价格法的理论基础是一价定律，导致该方法不适用于国内城市群金融一体化水平的测度；制度分析法偏重于国与国之间的金融一体化，只能反映国家之间资金流动水平而无法比较各国间差异，不适用于测度国内城市群金融一体化水平。相比之下，数量法虽在应用时需要的经济金融数据覆盖面广，但其优点是可利用市级数据考察城市群金融一体化水平，只需在模型处理时控制如地方政府财政支出、经济周期波动等变量。故此，数量法是测度城市群金融一体化水平最适合的方法。基于这一点，本节选择 F－H 模型对我国十大重点城市群的金融一体化水平进行测度。在实际使用中，F－H 模型可以分为无条件的 F－H 模型和有条件的 F－H 模型。

（1）无条件的 F－H 模型。无条件的 F－H 模型只研究某一区域的金融一体化水平，不考虑该地区内部的其他因素对金融一体化发展的影响。目前中国的主要融资形式为间接融资，且在各种信用形式中，银行信用占据主导地位，信贷市场较为发达。因此，本节用各城市金融机构年末本外币存款余额（$D$）来代替储蓄额（$S$），用各城市金融机构年末本外币贷款余额（$L$）来代替投资额（$I$）。

无条件的 F-H 模型表达式为：

$$(I/Y)_{it} = \alpha + \beta (S/Y)_{it} + \varepsilon_{it} \qquad (4-1)$$

公式（4-1）中，各个城市用 $i$ 来表示，年份用 $t$ 来表示，各个城市的投资用 $I$ 来表示，各个城市的储蓄用 $S$ 来表示，各个城市的地区生产总值用 $Y$ 来表示。$I/Y$ 表示各个城市的投资率，$S/Y$ 表示各个城市的储蓄率，$\varepsilon$ 表示误差项，$\beta$ 表示各个城市的储蓄－投资系数，即 F-H 系数。根据上文对相关文献的整理得出，F-H 系数可以衡量一个地区金融一体化水平的高低。若 F-H 系数越接近于 1，说明该地区的金融一体化水平越低；相反，若 F-H 系数越接近于 0，则说明该地区金融一体化水平越高。

（2）有条件的 F-H 模型。不同于无条件的 F-H 模型，有条件的 F-H 模型在其基础上，对影响金融一体化水平的因素做了进一步研究与处理。城市群发展不仅受投资和储蓄的影响，而且易受到经济周期和政府因素的影响。本章在无条件的 F-H 模型基础上，进一步剔除经济周期和政府因素对城市群金融一体化水平的影响。具体模型如下：

$$F_{it} = LFE / GDP_{it} \qquad (4-2)$$

$$y_{it} = HP[\ln(GDP_{it})] - HP[\ln(GDP_{At})] \qquad (4-3)$$

$$L_{it} = \beta_i + \beta_F F_{it} + \beta_y y_{it} + e_{it}^L \qquad (4-4)$$

$$D_{it} = \alpha_i + \alpha_F F_{it} + \alpha_y y_{it} + e_{it}^D \qquad (4-5)$$

$$e_{it}^L = \alpha + \beta' e_{it}^D + \varepsilon_{it} \qquad (4-6)$$

其中，$LFE$ 为政府财政支出；$GDP_{At}$ 为城市群整体的经济总和；用各个城市的经济变动减去城市群的经济变动得到 $y_{it}$。

为了控制政府因素对金融一体化水平的影响，本章用各地方政府财政支出（$LFE$）除以各地区生产总值得到 $F_{it}$，表示各地区财政政策对当地经济发展的影响。

对于经济周期波动的影响，本章采用 HP 滤波法（Hodrick and Prescott, 1997）。该方法是分析宏观经济变量时广泛应用的方法，Hodrick 和

Prescott 为了分析美国战后经济运行情况而首次使用，所以该方法出现的初衷主要用于分析宏观经济数据的波动性。

大多数宏观经济指标表现为不断的增长趋势加上周期波动，其中，这种在观测期内单调增长的路径被称为趋势项；在观测期内宏观经济指标对路径的偏离被称为经济周期。通过 HP 滤波能将所研究的宏观经济数据分离成频率不同的成分——经济增长趋势和经济周期，进而得到一个较为稳定的宏观经济指标。HP 滤波器原理就等同于高通滤波器，可以在频率不同的时间序列数据中分离出较高频率的成分，控制频率较低的成分，从而得到波动幅度可控、波动频率较大的波形，达到净化数据的效果。$y_{it}$ 表示各个城市在 $t$ 时期内去除掉经济周期波动的影响之后的生产总值。

得到 $F_{it}$ 和 $y_{it}$ 的序列之后，运用公式（4-4）和公式（4-5）进行回归，取其残差序列，进而得到剔除政府财政政策和经济周期的影响后的新储蓄 $e_{it}^{D}$ 和投资序列 $e_{it}^{L}$，按照公式（4-6）再次进行回归，最终得到的 $\beta'$ 就是有条件的 F-H 模型的储蓄投资相关系数。

关于城市的选择，本章以各城市群中心城市为圆心，以 150 公里为半径，在此范围内的城市即视为城市群整体，具体情况见表 4-1。

表 4-1  各城市群及所含城市

| 城市群 | 中心城市 | 周边城市 |
| --- | --- | --- |
| 长三角城市群 | 上海、南京、杭州、合肥 | 宁波、嘉兴、湖州、苏州、南通、宣城、芜湖、扬州、泰州、常州、滁州、马鞍山、金华、铜陵、安庆 |
| 中原城市群 | 郑州 | 洛阳、开封、许昌、平顶山、漯河、焦作、新乡、鹤壁 |
| 京津冀城市群 | 北京、天津 | 廊坊、保定、唐山 |
| 长江中游城市群 | 武汉、长沙、南昌 | 孝感、鄂州、咸宁、湘潭、株洲、娄底、益阳、常德、岳阳、鹰潭、抚州、新余、九江、景德镇、萍乡 |
| 珠三角城市群 | 广州、深圳 | 清远、云浮、中山、东莞、惠州、汕尾、河源 |
| 山东半岛城市群 | 青岛、济南 | 潍坊、日照、淄博 |
| 辽中南城市群 | 大连、沈阳 | 铁岭、抚顺、辽阳、盘锦、营口、本溪、鞍山 |

| 城市群 | 中心城市 | 周边城市 |
|---|---|---|
| 关中平原城市群 | 西安 | 宝鸡、咸阳、渭南、商洛、铜川 |
| 哈长城市群 | 长春、哈尔滨 | 绥化、大庆、松原、吉林、四平、辽源 |
| 海峡西岸城市群 | 福州、泉州、厦门、温州、汕头 | 宁德、莆田、漳州、龙岩、丽水、揭阳、梅州 |

本章使用 F – H 模型对以上我国十大重点城市群的金融一体化程度进行测度，选取 2009～2019 年为研究时间长度。结合 F – H 模型实际应用情况以及各城市数据的可得性，选取的面板数据包括各个城市群 2009～2019 年各个城市的地区生产总值（$Y$）、金融机构年末本外币各项存款余额（$D$）、金融机构年末本外币各项贷款余额（$L$）、地方政府财政支出（$LFE$），数据均来源于国泰安数据库（CSMAR）、各个城市的统计年鉴以及各地国民经济和社会发展统计公报。

根据 F – H 模型构建相关变量，用各个城市金融机构年末本外币各项存款余额（$D$）与各个城市的地区生产总值（$Y$）的比值表示储蓄率（$D/Y$）$_{it}$，用各个城市金融机构年末本外币各项贷款余额（$L$）与各个城市的地区生产总值（$Y$）的比值表示投资率（$L/Y$）$_{it}$，用各个城市一般财政支出（$LFE$）与各个城市的地区生产总值（$Y$）的比值表示财政政策对经济发展的影响（$F_{it}$），通过 HP 滤波法以及各地生产总值求得 $y_{it}$。

通过上文关于金融一体化对城市群经济协调发展的机制分析可以看出，金融一体化水平的提高将促进城市群金融资源的流动以及拓宽城市群融资渠道、提供多样化融资工具，这将提高金融资源的利用效率，对发展相对较差城市起到带动作用，使之更好发展，达到城市群内部城市发展趋同的效果，进而促进城市群经济协调可持续发展。

## 二 模型构建与数据来源

### （一）模型与变量

本章主要研究城市群金融一体化水平对城市群经济协调发展的影响，计量模型设定如下：

$$CD_{it} = C + \beta_1 Fi_{it} + \delta X_{it} + \alpha_i + \lambda_t + \varepsilon_{it} \qquad (4-7)$$

其中，下标 $i$ 代表城市群，$t$ 代表年份。$CD$ 为城市群经济协调发展程度，$Fi$ 为城市群金融一体化水平指数，$X$ 代表其他可能影响城市群经济协调发展的控制变量。$\alpha_i$ 和 $\lambda_t$ 分别表示个体固定效应和时间固定效应，$\varepsilon$ 为误差项。

1. 被解释变量

从过程与结果来看，区域经济协调发展最终将实现地区收入差距缩小并维持在合理的范围内。为此，本章通过收入水平差异系数的逆向转换方式来测度城市群经济协调发展状况。在此，本章采用基尼系数法对城市群内部收入差距进行测算，并据此构建城市群经济协调发展指数。公式如下：

$$CD = 1 - G = 1 - \left[ \sum_{i=1}^{n} \sum_{j=1}^{n} |y_j - y_i| / n(n-1) \right] / 2\mu \qquad (4-8)$$

其中，$G$ 为基尼系数，用于衡量区域收入差距，其值域为 $[0,1]$。该系数越小，表明城市群收入差距越小，进而说明城市群经济协调发展程度越高。$n$ 为考察的城市群内城市数量，$y_j$ 为 $j$ 城市的人均收入水平（人均GDP），$y_i$ 为 $i$ 城市的人均收入水平（人均 GDP），$\mu$ 为考察的城市群人均收入的均值。

2. 核心解释变量：城市群金融一体化水平（$Fi$）

出于对结果准确性的考虑，本章采用通过有条件的 F-H 模型截面回归得到的各城市群的金融一体化水平指数作为核心解释变量，其能够更为客观地反映城市群金融一体化水平。

3. 控制变量

由于在现实生活中有许多因素会对城市群经济协调发展产生影响，故本章在关注核心解释变量显著性的基础上，通过加入控制变量来控制其他可能对被解释变量造成影响的因素。出于数据的可获得性，本章选取城镇化率（$Urb$）、固定资产投资水平（$Inv$）、人力资本水平（$Hc$）、人均道路面积（$Rar$）、政府因素（$Gov$）作为控制变量。

（二）数据来源

本章的实证分析涉及全国 10 个重点城市群，包括长三角城市群、中原城市群、京津冀城市群、长江中游城市群、珠三角城市群、山东半岛城市群、辽中南城市群、关中平原城市群、哈长城市群、海峡西岸城市群。根据数据的可得性、持续性和完整性，各项指标的原始数据均来自国泰安数据库、各城市的统计年鉴以及国民经济和社会发展统计公报；固定资产投资数据、城镇人口数据来自中国研究数据服务平台（CNRDS）。各变量的汇总及说明如表 4 - 2 所示。

**表 4 - 2　变量汇总及说明**

| 一级指标 | 二级指标 | 说明 | 符号 |
|---|---|---|---|
| 被解释变量 | 经济协调发展程度 | 收入差距 | $CD$ |
| 核心解释变量 | 金融一体化水平 | $\beta'$值 | $Fi$ |
| 控制变量 | 固定资产投资水平 | 固定资产投资/GDP | $Inv$ |
| | 政府因素 | 政府收支/GDP | $Gov$ |
| | 城镇化率 | 城镇人口/总人口 | $Urb$ |
| | 人均道路面积 | 道路面积/总人口 | $Rar$ |
| | 人力资本水平 | 本科、大专生数量/总人口 | $Hc$ |

对上述被解释变量、核心解释变量以及控制变量进行描述性统计，结果如表 4 - 3 所示，城市群经济协调发展程度（$CD$）、金融一体化水平（$Fi$）、城镇化率（$Urb$）、固定资产投资水平（$Inv$）、政府因素（$Gov$）、人力资本水平（$Hc$）的均值、标准差均较小，表明波动性较小。而人均道路面积（$Rar$）的均值、标准差均较大，表明其波动性较大。由表 4 - 4 变量间的相关性统计结果可知，变量之间存在一定程度的相关关系。经济协调发展与金融一体化水平、固定资产投资水平和人力资本水平均呈正相关关系。

通过上文对 F - H 模型的介绍可知，F - H 系数的取值范围理论上应在 0 和 1 之间，但是表 4 - 3 的描述性统计中金融一体化水平存在负值的情况，这种情况在前人的研究中并不少见，学者们称之为 F - H 系数之谜。如 Dekle（1996）曾用 F - H 模型测度日本各地区之间的资本流动程度，实证分析结果却显示日本各地区间的储蓄率和投资率呈现负相关关系。对此，Dekle 对 F - H 系数为负值的解释为：具有较低的资本收入和税收收入的地区，其政府支出（如失业救济金）往往处于较高的水平，而私营部门的储蓄和投资行为会减弱这种负相关关系。

表4-3 描述性统计

| 变量 | 观测值（个） | 均值 | 标准差 | 最小值 | 最大值 |
|------|------|------|------|------|------|
| CD | 110 | 0.687 | 0.115 | 0.372 | 0.881 |
| Fi | 110 | 0.551 | 0.282 | -0.0167 | 0.910 |
| Urb | 110 | 0.428 | 0.0977 | 0.267 | 0.646 |
| Inv | 110 | 0.658 | 0.225 | 0.254 | 1.254 |
| Rar | 110 | 5.776 | 2.064 | 2.315 | 10.54 |
| Hc | 110 | 0.0304 | 0.00759 | 0.0122 | 0.0452 |
| Gov | 110 | 0.231 | 0.0460 | 0.146 | 0.367 |

表4-4 变量间的相关性统计

| 变量 | CD | Fi | Inv | Gov | Urb | Rar | Hc |
|------|------|------|------|------|------|------|------|
| CD | 1.000 | | | | | | |
| Fi | 0.162* | 1.000 | | | | | |
| Inv | 0.622*** | 0.207** | 1.000 | | | | |
| Gov | -0.257*** | -0.234** | -0.078 | 1.000 | | | |
| Urb | -0.133 | -0.277*** | -0.276*** | 0.689*** | 1.000 | | |
| Rar | -0.275*** | -0.098 | -0.456*** | 0.406*** | 0.720*** | 1.000 | |
| Hc | 0.423*** | -0.046 | 0.367*** | 0.218** | 0.267*** | 0.337*** | 1.000 |

注：*、**、***分别代表10%、5%、1%的显著性水平。

## 三　实证结果及分析

为了避免"伪回归"的出现，确保估计结果的有效性，要先对面板数据进行平稳性分析，即通过单位根检验来检验数据的平稳性。本章采用LLC、IPS、ADF-Fisher、PP-Fisher四种检验方法。检验结果如表4-5所示。

表4-5 单位根检验结果

| 变量 | LLC | IPS | ADF-Fisher | PP-Fisher | 平稳性 |
|------|------|------|------|------|------|
| CD | -3.7047<br>(0.0001) | -2.2223<br>(0.0131) | 42.4367<br>(0.0024) | 12.1621<br>(0.9104) | 平稳 |

续表

| 变量 | LLC | IPS | ADF-Fisher | PP-Fisher | 平稳性 |
|---|---|---|---|---|---|
| Fi | 1.3783<br>(0.9159) | −2.7678<br>(0.0028) | 35.5086<br>(0.0176) | 42.8852<br>(0.0021) | 平稳 |
| Urb | −3.0071<br>(0.0013) | −3.0668<br>(0.0011) | 25.7959<br>(0.1727) | 55.7826<br>(0.0000) | 平稳 |
| Inv | −5.7006<br>(0.0000) | −0.1438<br>(0.4428) | 31.9578<br>(0.0437) | 8.5704<br>(0.9874) | 平稳 |
| Gov | −8.1714<br>(0.0000) | 0.0680<br>(0.5271) | 66.6950<br>(0.0000) | 25.4458<br>(0.1849) | 平稳 |
| Rar | −3.1575<br>(0.0008) | −1.0618<br>(0.1442) | 109.6733<br>(0.0000) | 20.6422<br>(0.4185) | 平稳 |
| Hc | −5.8540<br>(0.0000) | −2.6072<br>(0.0046) | 31.4260<br>(0.0498) | 27.4021<br>(0.1243) | 平稳 |

注：括号内为 p 值。

由表 4−5 中的单位根检验结果可知，在上述四种单位根检验方法中，各个指标至少在两种方法下在 5% 的显著性水平下拒绝了非平稳的原假设，即各个指标均通过至少两种检验方法的检验。因此，我们可以认为所选指标均在 5% 的显著性水平下呈平稳状态，可以进行下一步操作。

回归模型主要分为三种：随机效应回归模型、固定效应回归模型和混合效应回归模型。至于模型的最终选择，可以通过 Hausman 检验来确定。Hausman 检验结果为 −11.18，为确保结果的可靠性，采用修正后的 Hausman 检验，结果如表 4−6 所示。

表 4−6　修正后的 Hausman 检验结果

| 统计量 | 修正后的 Hausman 值 | p 值 |
|---|---|---|
| 数值 | 16.43 | 0.0116 |

由表 4−6 修正后的 Hausman 检验结果可知，p 值为 0.0116，明显小于 5% 的显著性水平，即拒绝选择随机效应回归模型的原假设。因此，固定效应回归模型更优，将上述变量代入固定效应回归模型进行分析，结果如表 4−7 所示。

表 4 - 7    金融一体化对城市群经济协调发展影响的回归结果

| 变量 | 系数 | 标准误 | t | p > \| t \| | 95% 置信区间 | | 显著性 |
|------|------|--------|---|------------|------|------|--------|
| | | | | | 下限 | 上限 | |
| Fi | - 0.0582123 | 0.0277524 | - 2.10 | 0.039 | - 0.1134009 | - 0.0030237 | ** |
| Inv | 0.0816749 | 0.0188884 | 4.32 | 0.000 | 0.0441133 | 0.1192366 | *** |
| Gov | - 0.2277857 | 0.1293795 | - 1.76 | 0.082 | - 0.485071 | 0.0294997 | * |
| Urb | 0.0241769 | 0.0896836 | 0.27 | 0.788 | - 0.1541686 | 0.2025225 | |
| Rar | 0.0025497 | 0.0058782 | 0.43 | 0.666 | - 0.0091398 | 0.0142392 | |
| Hc | 0.4742705 | 1.281487 | 0.37 | 0.712 | - 2.074108 | 3.022649 | |
| 常数项 | 0.6736234 | 0.062378 | 10.80 | 0.000 | 0.5495778 | 0.7976689 | *** |
| 观测值 | | 110 | | $R^2$ | | 0.2794 | |
| F 值 | | 150.54 | | Prob > F | | 0.000 | |

注：*、**、*** 分别代表 10%、5%、1% 的显著性水平。

根据表 4 - 7 中的 $R^2$ 与 F 值可以看出，所选模型可以很好地解释变量之间的关系。由表 4 - 7 可知，金融一体化对城市群经济协调发展的影响通过了 5% 的显著性水平检验，且系数为负。因为其系数越小，金融一体化水平越高，所以，随着金融一体化水平的提升，城市群经济协调发展程度也在提高。这说明金融一体化对城市群经济协调发展具有显著的促进作用，本章的核心假设得到证实。金融一体化对城市群经济协调发展的影响系数为 - 0.0582123，这说明金融一体化水平每提升 1 个百分点，城市群经济协调发展指数将提升 0.0582123 个百分点。

在加入的控制变量中，固定资产投资的相关系数为正，且通过了 1% 的显著性水平检验，说明固定资产投资对城市群经济协调发展有着显著的促进作用，即固定资产投资的增加可以提高城市群经济的协调发展水平。政府因素的相关系数为负，并且通过 10% 的显著性水平检验，说明政府收支对城市群经济协调发展有着显著的抑制作用，即有些政府行为会降低城市群经济的协调发展水平。因此，应加快政府职能的转变，使政府行为更加契合城市群经济协调发展的需要。城镇化率、人均道路面积和人力资本的系数为正但并不显著，说明我国的城镇化发展、基础设施建设以及人力资本积累并未有效促进城市群经济的协调发展，因此需要加快城镇化建设、继续加强基础设施建设以及提升人力资本水平。

### 四　稳健性检验

为确保实证结果的准确性，本章进行以下两种稳健性检验：一是更换城市群经济协调发展指数的计量方法，即利用泰尔指数计算得出收入不平等指数，并将其视为被解释变量 $CD2$；二是分别缩短时间窗口以及选择子样本进行回归。为了缓解上文中金融一体化与城市群经济协调发展之间的内生性问题，本章将金融一体化做滞后一阶处理，结果如表 4 - 8 所示。

**表 4 - 8　稳健性检验结果**

| 变量 | 替换被解释变量 | 缩短时间窗口 | 选择子样本 | 内生性检验 |
|---|---|---|---|---|
| $Fi$ | 0. 1501108 **<br>(2. 42) | - 0. 1872996 ***<br>( - 4. 47) | - 0. 1286626 ***<br>( - 5. 23) | |
| L. $Fi$ | | | | - 0. 0660129 **<br>( - 2. 31) |
| 是否加入控制变量 | 是 | 是 | 是 | 是 |
| 观测值（个） | 110 | 60 | 88 | 100 |
| $R^2$ | 0. 2761 | 0. 5640 | 0. 4716 | 0. 3004 |
| F | 0. 0094 | 0. 0000 | 0. 0003 | 0. 0000 |

注：L. 表示一阶滞后。 ** 、 *** 分别表示 5% 、1% 的显著性水平，括号内为 t 值。

如表 4 - 8 所示，首先，在替换了被解释变量之后，金融一体化水平（$Fi$）与 $CD2$ 的影响系数为正，且通过了 5% 的显著性水平检验，说明金融一体化与 $CD2$ 呈正相关关系。由于泰尔指数越大，意味着城市群收入不平等程度越高，所以，金融一体化水平越高，$Fi$ 系数越小，$CD2$ 越小，城市群经济协调发展程度越高。故此，该稳健性检验总体上显示的金融一体化对城市群经济协调发展的促进作用与上文的实证结果是一致的，只是解释变量的系数有所不同，进而验证了本章实证结果的稳健性。其次，将时间窗口调整为 2009 ~ 2014 年以及剔除海峡西岸城市群和哈长城市群之后分别进行回归，此外，将金融一体化做滞后一阶处理，以上三种方法下回归系数的方向和显著性水平均没有发生根本性改变，这进一步说明本章得到的实证结果是稳健的。

# 第四节 结论与政策建议

## 一 结论

本章主要是对我国十大重点城市群 2009～2019 年金融一体化对城市群经济协调发展的影响效应的研究。首先，利用有条件的 F－H 模型对十大重点城市群金融一体化水平进行测度，在此基础上加入固定资产投资、政府干预、城镇化率、人均道路面积以及人力资本控制变量，分析金融一体化对城市群经济协调发展的影响，主要得到以下结论。金融一体化对城市群经济协调发展具有显著的促进作用，这可以合理地解释为区域资源能够快速流向欠发达地区，促进地区产业发展和要素流动，从而使得城市群经济协调发展。同时本章发现，固定资产投资对城市群经济协调发展也有显著的促进作用，即固定资产投资的增加，将增强城市群的生产能力，优化产业结构，城市群经济得以持续健康协调发展；政府干预对城市群经济的协调发展具有不利影响，可能的原因是受行政区划、地方保护等政府干预影响，城市间政策沟通以及协调不畅，不能有效地形成发展合力，使区域资源无法得到高效利用，致使城市群经济协调发展受阻；城镇化率、人均道路面积以及人力资本对城市群经济协调发展具有正向的促进作用但不显著，说明城市群良好的环境、便捷的交通以及较高的人力资本水平会促进城市群的基础设施建设和提高专业型人才的积累，进而转化为促进城市群经济协调发展的力量，但是要继续加快整体城镇化进程，加大对基础设施以及人力资本建设的支持力度。

## 二 政策建议

### （一）加强地方政府交流合作

目前，我国城市群经济一体化发展迈上新台阶，但跨区域问题大量涌现。由于地方政府对经济的作用举足轻重，所以，要充分发挥地方政府对区域经济协调发展的促进作用。一方面，政府应摒弃各自为政的发展理念。要引导地方政府充分认识到政府合作对构建新发展格局的必要性和重要性，增强地方政府自主合作的主动性，避免出现形式大于内容的现象。另一方面，要完善地方政府合作机制。合作机制是地方政府合作得以实现的关键和保障。随着经济一体化的发展，地方政府合作已经取得了一定的进展，但是仍未建立起成熟的合作机制，这就导致虽然政府合作的形式日益多样化，但是合作的实际效果却不尽如人意，这一点在发展型城市群中尤为突出。要健全这一机制，首先，要统筹设计合作机制，使其能够相互联动、互为补充、相互协调，进而充分发挥整体效应；其次，要搭建公平的交流合作平台，使各参与方能够平等地、自主地表达自身意愿与诉求；再次，要根据各自实际情况制定切实可行的合作方案，认真严格执行；最后，为确保合作的有效性，要健全监督机制，通过加大对合作协议执行的监督力度，维护合作方的合法权益，推进合作的持续、良性发展。

更重要的是，要明确合作的目的是使各地区均能得到发展，进而促进整体的协调发展。因此，要注重各地区的利益激励，因为地方政府的合作基础就是利益。在进行合作的过程中，要遵循互惠性原则和充分协商原则。互惠性原则要求各方应以互惠互利为核心，最大限度地实现公平合理地分配利益、科学明确地界定责任，真正做到风险共担、利益共享。而充分协商原则要求各方在合作的过程中拥有充分表达自身意愿的权利，尤其在规则制定时，各地方政府要充分协商、平等对话，这样才能更好地推进政策的执行，进而保证最终利益的公平分配。

### （二）发挥中心城市的辐射效应

从上文的论述中可以发现，城市群中心城市的发展离不开对周边城市资源的吸纳。因此，中心城市应负起带动周边城市经济发展的责任，充分发挥其对周边城市的辐射效应，促进区域整体的协调发展。在这个过程中，不仅要保持长三角城市群、京津冀城市群等发达城市群的高质量发展，同时还要加快中原城市群、关中平原城市群等发展型城市群的发展，加快培养城市群经济增长极，进而提高对周边城市的带动帮扶作用。除此之外，各城市要根据自身地理位置、自然禀赋和比较优势进行有计划、有目的的分工和合作，以便优化各地区的产业结构，进而实现更大范围的经济协调发展。

持续推进中心城市的高质量发展是其发挥带动作用的前提。为了达到协调发展的目的，部分城市群将其发展定位于积极发展中小城市，严格控制特大城市和大城市的发展规模。由此产生的问题则是特大城市和大城市的综合承载能力不足，无法有效地发挥带动引领作用。中心城市和城市群是"点—面"的关系，中心城市起着"提纲挈领"的作用。城市群整体的高质量发展有赖于中心城市的发展，同时要尊重城市群发展的客观规律，只有发挥中心城市对周边城市各类资源要素的虹吸效应和集聚效应，才能更好地发挥中心城市对其的辐射效应和回流效应。2019 年，中央经济工作会议明确指出，要通过完善区域政策和空间布局，发挥各地区比较优势，构建全国高质量发展的新动力源，让中心城市和城市群等发达区域增强经济、人口等的综合承载能力，而欠发达地区更多承担粮食安全、生态安全以及边疆安全等职责。通过不同地区间的优势互补，强化城市之间的有机联系，进而有效地促进城市群内部大中小城市和小城镇协调发展。

### （三）扩大人才队伍

专业型人才对行业的发展作用是不言而喻的，充足的人才储备对城市群经济的协调发展有着强大的支撑作用。目前，我国金融人才的全国性分布并不均衡，大多聚集在像长三角城市群、京津冀城市群、珠三角城市群这样的成熟型城市群中，这些城市群的金融一体化和经济发展也因此得到了快速推进，进而它们发展成为成熟型城市群。然而，这些成熟型城市群对人才的虹吸效应使得发展型城市群的人才储备严重不足，进而抑制了发展型城市群的发展。因此，政府和金融机构要加强对专业型人才的培养，像中原城市群、关中平原城市群这样的发展型城市群要努力营造尊重支持人才发展的良好环境。

第一，当地政府应为人才培养提供充足资源，搭建广阔平台，优化人才发展环境。吸引人才，关键在于人才与企业的发展前景是否高度契合。这就要求政府以及金融机构要处理好个人利益与地区发展、企业发展的关系，处理好当前利益和长远利益的关系；同时要做好引导，强化人才的认同感和归属感，尽力做到留得住人才。

第二，政府和金融机构要全面实施高层次人才培养计划。通过金融人才的分类培养，有重点地开展金融人才培养工作，全面提升其专业素养以及业务能力。针对高层次人才，要有计划地让其进入国家级乃至世界级的金融中心进行沟通学习；针对紧缺型人才，要专门开办一些培训班进行培养，同时根据自身实际，切实有效地落实人才引进计划，加速补齐相关领域的短板。一方面，要精准把脉梳理企业人才需求，助力企业引进人才、培养人才，在人才招聘、就业、培训等方面给予支持。另一方面，要出台相应的人才配套支持政策，激励人才更好地为当地的经济发展做出贡献。

第三，通过校企合作，发挥学校和企业的各自优势，共同培养所需人才。对于当前企业人才缺口状况，可以通过高校有针对性地开设专业课程并与企业签订就业协议。这不仅能有效扩充人才队伍，填补人口缺口，而且能通过产学研模式，发挥学校专业师资优势，加强校企合作研发，帮助企业解决相关科研难题，使专业建设与产业发展紧密结合。

### （四）加强基础设施建设

目前，"要想富，先修路"已经成为全民共识，可见基础设施建设对一个地区的经济发展的助推作用之大。2008 年，我国在面对雪灾、地震、奥运会等多重压力时，深刻认识到中国基础设施建设的薄弱。为刺激经济，避免大规模人员失业，国家紧急推出以基础设施建设刺激经济的战略。而这一战略不仅带动了就业，培养了众多技术人才，而且缓解了东西部地区的发展不平衡以及贫富差距问题。随着近些年我国在基础设施上的不断投入，不断完善的高速铁路网和高速公路网为加快城市群建设和发展提供了现代化的交通网络体系保障，加速了要素资源在城市间的流通，进一步加强了跨行政边界的城市合作。

### （五）搭建全国性的金融一体化平台

随着我国互联网金融的快速发展，目前，我国的互联网技术、资金等在全世界范围内具有明显优势。因此，合理利用互联网的便捷功能可以为搭建城市群金融一体化平台提供支持。在该平台中尤其要注重金融机构和企业所发挥的作用。

首先，利用互联网信息传递的高效性，将各地金融相关建设信息透明化，进而消除因金融信息不对称而产生的壁垒，使城市之间金融信息的互联互通更为顺畅，从而促进城市群之间要素资源的快速流动。但由于我国整体金融信息交流机制仍不完善，金融机构和企业，尤其是中小微企业信息不对称，使得区域金融一体化发展不畅。对于信用体系的建设，应从整体出发，制定统一标准，这可以促进城市间的信息共享，并且对不同金融机构对企业的评价标准进行统一。同时，应对信用中介机构进行统一管理，使得不同金融机构通过统一的管理评级，使评价结果更可靠，最大限度地避免跨城市贷款可能出现的障碍。

其次，要想区域金融一体化水平不断提升，离不开企业的参与。由于我国幅员辽阔，地理位置以及自然禀赋的差异性较大，城市群发展状况也有所不同。通过建立企业金融平台，能够让那些有融资需要的企业和能提供资金的个人或企业直接接触，进而使闲置资金方便快捷地流动起来，提高金融资源的使用效率。需要注意的是，平台要做好精细化服务，为不同种类的企业提供不同种类的服务。应根据具体情况，有计划、有目的地制定金融产品来满足企业的个性化需求。对于小微企业，在加强资格审查的同时，应充分考虑小微企业的实际情况，给予一定的政策倾斜，为那些无法提供有力担保的企业创新金融产品形式，彻底解决小微企业融资难问题。

# 第五章　人口迁移、市场潜能与城市规模

## 第一节　研究背景与文献述评

### 一　研究背景

城市是经济增长的引擎。优化城市空间格局和促进区域协调发展，推进新型城镇化是当代新发展理念中的重要内容。从 20 世纪 70 年代开始，经济体制改革放松了对区际人口迁移的控制，中国的城镇化因此得到了前所未有的发展，城市数量也从 1978 年的 191 个上升到 2019 年的 672 个。根据国家统计局报告，我国常住人口城镇化率从 1949 年的 10.64% 上升到 2018 年的 59.58%，年均提高 0.71 个百分点。[1] 因此我们可以看到，中国城市的数量和人口规模在不断增加，按照城市经济学的一般理论，城市规模越大，其所能容纳的知识外溢越大，产生的外部性越大，可以促进空间内的经济效率提升；当城市规模大到一定程度时，拥挤效应出现，城市的经济效率开始下降。这在亨德森（J. V. Henderson）的城市倒 U 形效用函数和胡佛（E. M. Hoover）的集聚最佳规模理论中均有所体现。但是，从实际情况看，我国城市在规模扩张的过程中也存在一个典型事实，即不同城市的规模变化存在明显的区域差异性或者个体差异性。处于东部沿海等地的城市，一般规模过大，由于经济和人口的过度集中，城市拥堵、住房困难、资源紧张等问题非常突出。反之，西部地区城市规模相对不足，劳动力流失较为严重，导致集聚效应不明显。

---

[1] 《新中国成立 70 周年经济社会发展成就系列报告之十七》，中国新闻网，2019 年 8 月 15 日，https://www.chinanews.com/gn/2019/08 - 15/8927976.shtml。

按照 2014 年国务院发布的《关于调整城市规模划分标准的通知》，对 2019 年 283 个城市的规模数据进行梳理，结果如表 5-1 所示。东中西部地区城市明显存在扁平化分布现象，在小于 50 万人口规模的城市中，西部地区城市就占据了 64.5%，有相当大一部分城市的规模偏小，难以发挥城市的规模效应；在 500 万以上人口规模的大型城市中，东部地区城市占比为 68.4%，并且东部地区沿海发达城市具有得天独厚的区位优势，在港口、气候、资源、交通等方面具有巨大优势，这些固有优势也使得东部地区城市的规模效应和中心地位不断循环累积加强。反观西部地区城市，仅有成都市、重庆市以及西安市达到二类城市标准，且大多数城市的规模不足。此外，东部城市群所产生的"黑洞效应"也在一定程度上影响了西部地区城市的政策效率，导致东西部地区经济差距拉大。再者从表 5-2 西部地区城市来看，城市规模排名前三的分别是四川省、云南省以及陕西省，而经济规模排名前三的分别是四川省、陕西省以及重庆市。无论是从人口规模的角度还是从经济规模的角度来看，四川省都占据着西部地区城市中的重要份额，研究四川省城市规模特点以及影响因素，对于揭示西部地区城市规模以及东中西部地区城市规模差异具有重大意义。并且对城市规模影响因素的探讨是城市分布结构研究、新型城镇化研究、区域均衡发展战略以及现代城市发展战略研究的重要内容。

表 5-1　2019 年东中西部地区城市规模分布

单位：个

| 区域 | ≥1000 万人 | 500 万~ 1000 万人 | 300 万~ 500 万人 | 100 万~ 300 万人 | 50 万~ 100 万人 | 20 万~ 50 万人 | <20 万人 |
|------|-----------|------------------|------------------|------------------|-----------------|----------------|----------|
| 东部 | 5 | 8 | 15 | 48 | 20 | 1 | 0 |
| 中部 | 1 | 2 | 5 | 41 | 37 | 9 | 1 |
| 西部 | 2 | 1 | 3 | 36 | 28 | 14 | 6 |
| 总计 | 8 | 11 | 23 | 125 | 85 | 24 | 7 |

资料来源：《中国城市统计年鉴 2020》。

表 5-2　2019 年西部地区城市人口规模和经济规模

单位：万人，亿元

| 指标 | 重庆 | 四川 | 贵州 | 云南 | 西藏 | 陕西 | 甘肃 | 青海 | 宁夏 | 新疆 |
|------|------|------|------|------|------|------|------|------|------|------|
| 常住人口 | 3124 | 8375 | 3623 | 4858 | 351 | 3876 | 2647 | 608 | 695 | 2523 |

| 指标 | 重庆 | 四川 | 贵州 | 云南 | 西藏 | 陕西 | 甘肃 | 青海 | 宁夏 | 新疆 |
|------|------|------|------|------|------|------|------|------|------|------|
| GDP | 23605 | 46615 | 16769 | 23223 | 1697 | 25793 | 8718 | 2966 | 3748 | 13597 |

资料来源：《中国城市统计年鉴2020》。

此外，从具体的城镇化水平来看，2019年我国常住人口城镇化率已经接近60%，也就是接近诺瑟姆曲线的第三阶段，即将进入稳定阶段。但是从区域具体数据来看，西部地区部分城市城镇化率仅为40%左右，处于第二阶段的加速增长期，城市规模的扩张直接推动区域经济增长和产业结构升级，并且存在大量的规模效益。如何促进西部地区城市规模的扩大，以及城市规模受何种因素的影响是本章研究方向所在。

而学术界对城市规模的探讨主要围绕三种思路：收益成本理论、规模-位序理论以及网络空间理论。第一类是阿朗索（Alonso，1964）提出的城市总成本-收益模型，随着城市的不断发展，城市成本和城市收益是不断增加的，但是收益曲线存在明显的边际递减倾向，而成本曲线存在边际递增倾向。而正是这两种不同的性质，才使得两段曲线的交点处为城市的最优规模解。第二类是规模-位序理论，在规模-位序理论中，城市规模和城市位序的乘积是一个常数，这就意味着城市规模分布是层级状的，而在此层级体系中，位序等级第一的大中心城市的规模最后将趋于收敛。通过规模-位序理论，当代学者也做了大量实证研究证实了大多数国家城市层级处于扁平化状态，也即"中间大、两头小"。第三类是网络空间理论，不同于城市经济学中的收益成本理论仅仅研究单一城市的成本和收益特征，单一城市的个体规模在空间网络如城市群、都市圈以及经济带区域中，受到地理邻接和经济邻接的个体城市的空间辐射，从而影响城市规模的变化。Yang和Hogbin（1990）通过分权的分层网络体系求解了最优城市规模值，并且认为城市层级是城市分工的函数，城市间的分工可以促进城市数量和城市内部的交易效率提升。

本章从市场潜能的角度研究城市规模问题。因为市场潜能体现的是一个城市对于市场的接近程度，而这种接近程度的刻画是通过城市网络中其他个体的距离加权实现的，一方面体现了城市网络理论思想，另一方面从古典区位理论和城市经济学角度来看，与市场中心的地理距离所产生的通勤成本是个体选址定居决策的重要依据。而靠近市场的便捷性又能够提升该市场区域内居民的效用水平，这也体现了收益成本理论的思想。Krugman 通过数字模拟出的单中心"倒 S 形"市场潜能曲线也告诉我们潜能值的动态变化，任何单中心都不可能通过集聚无限膨胀形成"黑洞效应"，也即城市的发展存在收敛区间，层级分布的城市体系是必然的，所以这也体现了规模 - 位序理论的思想。因此，市场潜能对研究城市规模意义重大，具有其理论和现实意义。

2014 年，中共中央、国务院印发的《国家新型城镇化规划（2014—2020 年）》指出，要进一步优化城镇布局，增强城市群集聚经济和人口的能力，促进区域协调发展。党的十九大报告也将实施区域协调发展战略列为建设现代化经济体系的主要内容之一，并提出"以城市群为主体构建大中小城市和小城镇协调发展的城镇格局"。党的十九届五中全会也提出："坚持实施区域重大战略、区域协调发展战略、主体功能区战略，健全区域协调发展体制机制。"在此背景下，如何对城市人口流动进行合理引导，加强对城市人口规模的调控，成为区域协调发展所面临的重要问题。这些讨论引出了如下三个问题。

第一，研究城市规模变化的关键影响因素。除了第一自然要素、投资、政府制度以及区域创新、人力资本等基本要素以外，研究市场因素对城市规模产生的影响，以及这种影响对推行区域协调发展战略的启示。

第二，由于省级行政边界和市场分割因素的存在，空间中相互作用的经济体和要素流会随着边界效应而产生变化。在这种条件下，研究不同区域边界下的市场要素对城市规模会产生何种影响。

第三，研究市场因素对城市规模的作用机制，以及影响城市规模扩大的路径。

市场潜能与城市规模之所以密切相关，是因为市场潜能在空间上影响了城市的集聚能力和可以发挥的外部性，导致选择不同城市作为居住地的效用水平发生改变。基于这一本质，市场潜能直观地影响了人口的跨区域决策行为，最终影响了城市规模水平。

从理论层面来讲，对市场潜能对城市规模影响机制的探究，有助于我们更为深入地了解城市规模的"黑箱"。在早期的区位理论、城市规模分布理论以及经济发展理论中，要么将城市中心归结为外生设定，要么是简单地从外部性的角度进行解释。而城市经济学和发展经济学的相关理论则认为城市规模越大，越可以容纳更大的外部性，从而增强城市的规模经济效应，提升要素的利用效率，进而提升城市的经济效率。因此，厘清城市规模的"黑箱"显得尤为重要。而本章借助新经济地理学理论下的工具，从市场潜能的角度正视城市规模问题，具有重要的理论意义。另外，在新经济地理学的理论框架中，仅简单提及"倒 S 形"市场潜能函数是新城市出现的根源，但对市场潜能直接决定工资水平和企业利润率的讨论尚不深入。如果区域外的厂商不会支付比原城市更高的工资水平，那么"单中心"的空间结构是稳定的。市场潜能会随着距离而变化，当其大于某个阈值时，较远的厂商会由于距离因素的存在，避免与原城市内厂商的激烈竞争；较远的人口也会由于原中心存在的极大拥挤效应而远离中心城市，并向其他城市转移。基于此，这种市场潜能使得规模要素跨区域转移的内在机理尚需深入探讨，以揭示市场潜能动态变化对区域内前后向关联的影响机制。

从现实层面来讲，在新型城镇化和区域均衡发展战略背景下，城市规模的收缩和扩大现象同时存在，经济发展水平在东中西部地区存在不均衡和两极化问题。西部地区城市存在明显的规模不足问题，难以形成对要素的集聚。集聚规模不足导致无法获得多样化服务和丰富的产品供给，也降低了城市对人口的吸引力。相应地，东部沿海地区部分特大城市规模过大形成拥挤效应，导致城区通勤时间过长、交通拥挤、物价上涨、竞争压力过大等，这些不利因素影响了城市的规模效率。探究城市规模的变动原因及其变化的内在机理有利于探究不同区域下发展的城市规模路径以及城市长期发展路径下的最优规模，本章在此背景下确定了市场潜能是影响城市规模的重要因素，通过工资水平、产业集聚以及市场分割程度三条路径对其产生作用，并以此为依据为城市规模的长期发展提供政策建议。

## 二 文献述评

### （一）城市规模的测度以及分布

1. 城市规模的内涵及测度

城市经济学家对城市的定义为：在相对较小的面积里居住了大量人口

的地理区域。城市是现代经济发展的引擎，也是优化要素配置、促进区域经济一体化的重要载体。《国家新型城镇化规划（2014—2020 年）》阐述了优化城市规模结构的战略任务，探索适合中国城市规模结构的演化路径，这对实践国家新型城镇化规划具有基础性的意义。

从城市规模的定义来看，根据《现代经济辞典》以及《财经大辞典》的内容，城市规模是衡量城市人口、城市用地以及各大经济要素在城市空间内的集聚程度，并且有广义和狭义之分。广义的城市规模指的是城市的人口规模、用地规模以及经济规模；而狭义的城市规模仅仅指的是城市的人口规模。

从城市规模发展的空间形态上来看，城市的规模变化可分为城市蔓延和城市收缩。其中，城市蔓延指的是城市发生超过其人口需求的空间扩张，表现为无序的跳跃性增长、土地的持续扩张、人口密度的降低、结构分散化等（洪世键、张京祥，2013；Glaeser and Kahn，2004）。而这种空间非规律性扩张的原因在于以政府土地财政为代表的制度推动（刘修岩等，2017b）、缓解交通等城市扩散力的作用导致城市密度的稀释（蔡翼飞、张车伟，2012）等。城市收缩则表现为城市人口的逐渐流出。Alves 等（2016）对葡萄牙城市的研究指出，城市收缩是城市发展的自然过程，并且存在随着经济转型以及经济结构变化产生的内陆城市的人口流失、郊区化，城市蔓延导致的人口流失、全球经济化以及经济转型导致的工业城市的人口流失等收缩类型。

从城市规模划分政策依据来看，国务院 2014 年发布的《关于调整城市规模划分标准的通知》对城市规模的划分办法有明确的规定，以城市常住人口为统计口径分为七类，分别为：20 万人口以下的城市为Ⅱ型小城市，20 万～50 万人口的为Ⅰ型小城市，50 万～100 万人口的为中等城市，100 万～300 万人口的为Ⅱ型大城市，300 万～500 万人口的为Ⅰ型大城市，500 万～1000 万人口的为特大城市，1000 万人口及以上的为超大城市。

综合现有城市发展文献、城市经济学等学科界定以及政策界定，可以总结出城市规模测度指标大致有三种：城市人口规模、城市区域规模和城市经济规模。虽然度量的角度各有不同，但在各研究当中，由于城市人口与城市经济规模、城市用地规模之间存在密切的关联，同时人口层面的数据较容易获得，便于动态比较且更具有客观性，所以一般从人口角度来对城市规模进行研究。而本章也将采用城市常住人口对城市规模进行代理测度。

2. 城市规模分布

事实上，第一自然的禀赋特性以及城市发展的空间异质性使得区域中城市规模大小不一。因此，一定区域内的城市规模分布问题一直是城市经济学探讨的焦点所在。Auerbach（1913）在对人口集中规律的研究中发现，城市的人口规模与该城市等级的乘积近似于一个常数，即服从帕累托分布，此观点被学术界广泛接受。而后 Zipf（1949）在其基础上研究美国城市规模后发现，规模分布的帕累托指数近似等于 1，该结论被称为 Zipf 法则，也被称为"规模 – 位序法则"。但此观点未得到全球样本的统一证实（Rosen and Resnick，1980；高鸿鹰、武康平，2007；Soo，2014；Peng，2010）。部分文献认为中国的城市规模分布和标准 Zipf 分布存在偏差（梁琦等，2013；Au and Henderson，2006），并且存在扁平化现象（Fujita et al.，2004；李松林、刘修岩，2017）；也有学者认为中国城市规模服从对数正态分布（Anderson and Ge，2005；魏守华等，2015）、二次项分布（Song and Zhang，2002）等。

而值得注意的是，他们所使用的城市样本具有显著差异，如高估部分城镇化水平不高地区的人口规模（梁琦等，2013），以及新城市的出现和辖区的更替使得常住人口的统计口径不一致（刘修岩等，2017a）等，这些都会影响城市规模分布的结果。

**（二）城市规模效率**

从理论逻辑层面来说，集聚产生于城市能够发挥出正的外部效应，这是新古典经济学所洞见的。Marshall（1920）将这个过程分解为劳动力池、投入品共享以及知识溢出三个方面，后来被 Arrow（1962）和 Romer（1986）发展并模型化，形成了 MAR 外部性。而后，大量实证认为城市中各要素集聚能够通过这三种途径促进区域生产效率的提高（Rosenthal and Strange，2001；Audretsch and Feldman，2004）。此外，城市规模扩张也会产生负的外部性，如受到要素边际递减规律作用影响，经济效益下降（Henderson and Becker，2000）；城市规模扩张导致资源倾向于维持城市拥堵下的生活质量，而非用于投资与创新（Black and Henderson，1999）；通勤成本增加（Mills，1967）；过度集中导致的失业（Guerra et al.，2019）；基础设施服务供给不足（Montgomery，1988）；等等。因此城市在发展过程中可能存在一个适度的规模（Alonso，1971）。

从发展历程的层面来看，最早对城市规模效率的思考可以追溯至古希腊哲学家们对理想城邦的探讨。柏拉图曾经通过计算城邦管理中产生的最低成本来推导出城邦时代的公民数量。直到 1898 年，埃比尼泽·霍华德（Ebenezer Howard）在《明日的田园城市》中提出的田园城市理论才形成了城市规模的概念雏形。他设想的田园城市是兼顾乡村和城市特点的理想城市，由六个单体田园城市围绕一个中心城市，形成行星层级特征，其中心城市最优规模限制为 58000 人。20 世纪初，德国学者韦伯于 1909 年出版的《工业区位论》从成本和运输费用的角度，开创性地运用最小费用区位原则探究了工业城市的集聚机制。瑞典经济学家帕兰德（Tord Palander）在韦伯的基础上分析了运费率随着远距离变化的区位布局，提出了远距离衰减理论。而后胡佛在 1948 年又更为全面地改进了韦伯的运费计算方法，将场站作业费和线路运输费纳入总费用曲线中，这也为后来城市经济学的兴起提供了理论借鉴。

直到 20 世纪 60 年代城市经济学的诞生，才将城市最优规模问题纳入经济学研究当中。在城市经济学发展初期，主要是通过以成本为核心的最小成本法从政府公共服务的平均成本（Gupta and Hutton，1968）、城市内部生产成本（Evans，1972）、通勤成本以及地租（Mills and Ferranti，1971）等角度考察城市最优规模，在地租和通勤思路的基础上从市场经济活动的成本出发，提出了城市土地竞租理论（Alonso，1964；Muth，1969；Mills，1972），也称阿朗索－穆特－米尔斯框架（AMM 框架），分析了城市内部规模的整体布局。这些基于古典范式分析的最小成本法单方面聚焦公共运行成本，却忽视了经济效益、规模经济以及集聚的外部性等问题。

而后城市经济学者将成本内涵逐渐扩展，相继提出了总成本—收益模型、边际成本—收益模型，这些模型主要聚焦社会净福利最大化、社会净产品最大化等角度（Miyao，1978）。例如，Mirrlees（1972）通过在综合构建社会福利函数的基础之上讨论了城市最优规模的问题，且认为在最优效用曲线上不同区位的同质居民获得的效用是异质的，这个结论也被称为"莫里斯不均衡"（Mirrless Inequality）。此外，城市经济学还创立了单中心城市模型，在空间均衡条件下确立城市边界，从而得出城市规模的最优边界。但其局限在于城市内部的很多因素一直被外生化，比如对城市内在结构、中心城市来源的探讨，成本收益的微观机制等，这些问题经常是被忽略的。Solow（1972）也认为，传统单中心城市模型由于不考虑城市内部的拥挤成本，会使中心城市的地价被高估，从而导致竞价曲线的偏误。直到以 Krugman 为代表的新经济地理学派以 D－S 模型为基础，指出城市规模内生于城市集聚，并且以产品多样性、冰山交易成本、非完全竞争为基点，计算出城市最优规模处于集聚和扩散力量的平衡处。

以上是理论层面的发展和探讨，而从实证和政策建议角度来看，早期实证研究过程中对城市规模效率的研究和讨论，主要是从优先发展大城市还是小城市的论述展开，包括城市发展的最佳规模、规模的时序预测、集聚和过度拥挤的效率比较等。饶会林（1989）从经济、社会、建设、文化四个方面分析城市的规模效益，认为无论从哪个维度来看，大城市的效益都要大于中小城市；而周一星（1988）却认为，城市产出水平和城市规模之间的关系不是很密切，不能笼统地提倡发展大城市。后来，学者们分别从城市规模不经济（Rosenthal and Strange，2001）、正外部性的总效应（王小鲁、夏小林，1999）、环境的容纳程度（许抄军等，2008）、产业结构（王垚等，2017）、最大化实际收入（安虎森、邹璇，2008）等角度研究城市发展过程中的最优规模。

**（三）影响城市规模的因素**

城市规模变动是城市规模分布以及城市规模效率研究的基础，而城市人口规模变化主要有三种路径：收敛变化、发散变化和平行变化。收敛变化指的是城市人口向着稳态规模靠近，具体表现为城市规模的增长速率变缓、对外来人口的吸引力降低、生活成本逐渐增加、城市拥挤效应开始发挥作用。发散变化指的是城市人口距离稳态规模较远，增长速率较大。而平行变化指的是各城市均以相同速度向稳态规模变化。

而对于城市规模及其结构等动态演变的理论研究，在经济学学科框架下主要有两种视角。第一种是以新经济地理学为代表的集聚经济理论，强调在区域内存在规模报酬递增（集聚力）以及拥挤成本（扩散力）两种力量对人口的内生决定，使得经济不是以均匀或者"黑洞"的极端形式存在，而是以块状经济也就是特定的规模方式存在；第二种是以城市经济学的单中心城市模型为基础，基于城市土地的空间均衡下的"城市边界地租等于农业地租"来确定城市规模的边界。

在城市规模的实证研究中，大量文献在产业结构、人力资本、制度、投资、生产效率以及创新能力等方面进行了相关研究。在基本生产要素方面，高春亮和李善同（2019）将人力资本纳入拉姆齐效用函数，得出人力资本积累的转换效应是城市规模的重要影响因素。此外，梁文泉和陆铭（2016）分别考察了人力资本对不同城市规模的影响效应。李力行和申广军（2019）通过实证研究发现，技能型劳动需求上升导致短期内的技术溢价是长期内城市规模扩大的原因。此外，梁婧等（2015）认为城市规模与劳动生产率之间存在倒 U 形关系。而城市劳动力跨部门流动约束则受到人事劳动制度的影响（马草原等，2020）。郑腾飞和柯善咨（2019）认为劳动技能的匹配效应是城市集聚的重要来源。梁琦等（2016）则将"熊彼特创新"纳入城市分析框架，发现企业创新成功率与城市规模呈现倒 U 形关系。此外，谭锐和王珺（2014）得出住房投资与城市规模也存在倒 U 形关系。

在宏观服务与产业化要素方面，韩峰和李玉双（2019）从产业集聚和公共服务供给的角度，综合比较得出专业化集聚显著优于多样化集聚对城市规模的影响。对于其中异质性影响因素的讨论和研究，Baum-Snow 和 Pavan（2013）发现了工资结构对城市规模具有重要影响，而这种影响是不同城市吸引力的根本所在。

在交流和文化要素方面，丁从明等（2020）从社会文化多样性的视角出发，通过实证发现：方言多样性产生信任分割，影响了要素的跨区域流动，进而影响了城市规模的扩张。徐现祥等（2015）也认为方言多样性导致区域间技术和知识的传播途径受阻，进而影响城市规模扩张。李光勤等（2017）发现语言的多样性对城市的开放程度有负向影响。朱力（2001）认为，个人和群体的偏见以及文化差异阻断了人口流向城市的路径。李荣彬和喻贞（2018）在此基础上建立了生活满意度指标，过高的生活满意度影响社会融合，从而影响人口流动。

**（四）市场潜能**

市场潜能是新经济地理学里一个核心概念，起初是由 Colin Clark 最先提出的一个类似于 Stewart（1947）的"人口潜能"的概念，用来描述市场之间的联系强度。后来 Harris（1954）对市场潜能的内涵进行修正。他认为在工业选址时，主要考虑的是区位的通达性（access），而对这种通达性的量化即为"市场潜能"。企业总是倾向于占据拥有最大市场潜能的区位，并采用市场潜能来衡量企业的市场接近度。也就是说，一个地区的市场潜能是所有周边地区（包含自身）对该地区的产品和服务需求的总和。用公式可以表示为：$MP_i = \sum_{j=1}^{n} \dfrac{M_i}{d_{ij}}$。这个推导方法是从物理学中计算电磁引力的方法演变而来的。

该度量方法也被称为 Harris 市场潜能，又被称为"名义市场潜能"，在 Harris 指标中可以直观地看到一个地区的市场潜能受两个因素的影响：一是市场份额，在他的研究当中 $M$ 代表一个地区的市场份额，用各地零售商品的总额来衡量市场大小，由于缺少两地市场之间的贸易数额，后被研究学者逐渐采用地区 GDP 等经济指标代替；二是运输成本，以两地之间的距离与单位运输成本的乘积表示，衡量两个地区之间产品的跨区域运输成本。因此，某一区位的市场潜能与周边地区的购买力成正比，与距离成反比。

Harris 通过美国的数据发现，美国的市场潜能值呈明显的带状分布，其中纽约市为最高值点。此后 Hummels（1999）、Gallup 等（1999）都基于此探究了 Harris 市场潜能对本地人均收入、贸易等的影响。Harris 市场潜能的优点在于测量简单、便于实证运用，在一定程度上能直观地体现厂商的区位决策以及市场潜能的影响因素。缺点在于缺乏内在的数理基础，只是简单考虑了市场总量以及运输成本和市场潜能之间的关系，却忽视了其内在的市场机制。

由迪克西特 – 斯蒂格利茨模型（D – S 模型）带来的技术热潮，冲击了传统经济学以完全竞争等为范式的分析框架，为主流经济学重新思考空间均衡以及区位的内生性问题提供了技术支撑。以 Krugman（1991）为代表的相关学者通过 D – S 模型建立了新经济地理学的工资方程，推导出了市场潜能的微观定义式。

此外，在城市层级模型中，新经济地理学派将 Krugman 市场潜能的含义再次拓展为区域要素报酬比，进而推导出倒 S 形的城市规模曲线。Krugman 市场潜能也被称为 "真实市场潜能", 由于其具有微观数理基础, 此方法被纳入大量的研究当中 (Overman et al. , 2001; Head and Mayer, 2006; 范剑勇、张雁, 2009)。

此外, 还有一类文献使用双边贸易流数据构建的消费市场接近度 (MA) 和产品生产地接近度 (SA) 指标对市场潜能进行测量。该方法虽然精度较高, 但数据难以获得, 且数据复杂性较高 (Redding and Venables, 2004; 赵永亮, 2012)。而 Head 和 Mayer (2006) 对各类市场潜能的度量方法进行比对发现, 更为复杂和精确的度量方法所得到的结果与 Harris 的名义市场潜能并无明显区别。

### (五) 简评

探讨城市规模变化的内在机制以及影响因素是城市经济学和新经济地理学研究的热门话题, 从以上文献综述可以看出影响城市规模因素的多样性, 包括制度、文化、资本以及要素禀赋等。Krugman (1991) 指出影响城市发展的要素可以归纳为两类: 第一自然因素, 主要与先天要素、自然特点有关, 包括气候、港口等地理位置以及自然禀赋; 第二自然因素, 主要因运输成本、不完全竞争以及规模报酬递增之间的相互作用而产生。

而新经济地理学认为, 市场潜能便是第二自然的一个代表性因素 (González-Val et al. , 2013)。一方面, 从经典的区际贸易理论研究中可以得出, 更大的市场潜能在一定程度上可以促进城市的发展, 由于附近较大的市场潜能为城市提供了较大的市场需求, 该地区产生的生产与服务能够得到更好的消费, 从而促进了城市的发展 (Davis and Weinstein, 2002; Hanson, 2005)。另一方面, 王春杨等 (2020) 的研究表明, 城市通达性的增强会导致通勤等交易成本降低, 有利于人力资本的跨区域流动, 也有利于城市创新。而 Dobkins 和 Ioannides (2001) 构建的城市层级理论则认为市场潜能的增大会对城市人口增长产生负效应。他们指出, 正是空间竞争力的存在使得区域内的大城市相互分离, 城市的规模越大, 其周边城市的规模越小。所以小规模城市周围巨大的市场潜能阻碍了小城市人口的增长。因此, 市场潜能对城市人口增长的效应依赖于城市最初规模的大小。

以上是现有研究理论上所存在的分歧, 对于实证研究而言, Dobkins 和 Ioannides (2001) 基于 1900~1990 年美国都市圈的数据实证发现, 城市人口增长符合 Simon 和 Krugman 的"块状经济"的特点，即处于城市集聚的块状区域中的城市比相对孤立的城市发展得更快。唐为（2021）也在研究中发现，同省域间城市一体化水平更高，有助于城市群经济的发展。Black 和 Henderson（1999）在此基础上进一步发现市场潜能对城市人口增长的非线性特点，市场潜能显然对城市人口增长具有促进作用，但是其二次项系数为负。当规模大于一定阈值时，空间竞争力开始占据主导作用。此外，市场潜能的时间效应也具有异质性。González-Val 等（2013）对 1860~1960 年西班牙的实证研究发现，城市规模最初与第一自然要素相关，而 1900 年以后，市场潜能对城市规模具有显著的促进作用。此外，Henderson 和 Wang（2007）、Mata 等（2007）、Liu 和 Meissner（2019）、刘修岩和宋萍（2015）都各自从实证研究中得出市场潜能对城市规模的积极促进作用。

从以往研究城市规模的文献来看，研究城市规模分布多从城市数据口径的一致性出发，研究城市规模是否遵从传统的规模－位序法则，又或者是特定形式下的分布。然后，探究这种分布的原因所在。

从城市规模的影响文献来看，学者们多从自然禀赋、产业结构、投资、创新能力、制度因素以及人力资本等角度出发，从城市的宏观福利函数、城市的效用函数等角度出发，思考要素、结构异质性所产生的差异性影响，忽略了微观个体的效用变动是导致人口跨区域迁移的本质。而人口流动行为可用人口迁移理论、"用脚投票"理论和集聚理论等三种理论进行解释，其本质是人口的微观效用发生了变化，导致迁移行为的产生，进而产生了城市规模的扩张和收缩现象。城市的形成以及经济活动的空间集聚具体体现在集聚力和扩散力的相互作用上，而如果从这两股力量的微观基础来看的话，正是城市中消费者对多样化产品的需求、对产品服务的偏好以及区域间的贸易活动所产生的交易成本等因素相互作用，导致了空间的集聚和分散，进而形成了中心—外围的城市结构。

从现有的市场潜能与城市之间的实证研究来看，大多极力探究市场潜能和城市经济增长两者之间的因果关系、区域之间这种关系的强弱以及市场潜能对城市经济增长的影响是否具有收敛和发散的性质，却忽略了市场潜能对城市规模的影响是发挥城市外部性和规模效益的重点所在，更加忽略了对市场潜能与城市之间内在作用机理的探究。此外，市场潜能对我国城市规模影响的实证研究也相当缺乏，大多研究忽略了市场差异性和区域特性的影响。

在传统的核心—边缘模型之中，出现过三种基本机制：第一种是市场接近效应，也称为本地市场效应，指的是需求大的地区往往会成为出口地，也就是说企业往往会集聚于靠近市场的区域，并形成产业集聚；第二种是生活成本效应，也称为价格指数效应，是指企业的集中会对当地居民的生活成本产生影响；第三种是市场拥挤效应，是指经济主体会规避竞争较为激烈的区域。前两种产生的是集聚力，后一种产生的是扩散力。而本章试图从这三种机制出发，探究不同区域下的市场因素对城市规模的影响以及市场潜能对城市规模的影响路径。

## 第二节　理论模型与研究假设

### 一　理论假设和模型推导

根据 NEG 有关模型，①考虑不同的城市经济中存在两个不同部门，即农业部门 A 与现代工业部门 M，两部门生产不同质的产品。②假定农业部门 A 具备规模报酬不变、完全竞争的市场结构以及生产同质产品；现代工业部门 M 处于规模递增、垄断竞争的市场结构下，生产差异化的产品。③劳动力流动方面：农业劳动力不具备流动性，且均匀分布在各个区域，工业劳动力可以在区域间自由移动。④农产品交易无成本，而工业品遵循冰山交易成本。具体而言，如果在某地区要销售一单位工业品，那么必须运到该地 $\tau$ 单位工业品，其中 $\tau \geqslant 1$，也就是说在运输过程中会有 $\tau - 1$ 单位被消耗掉。

不同城市的代表性消费者都具备相同偏好，代表性消费者对于农产品和工业品都具有相同的 Cobb-Douglas 偏好，城市代表性消费者效用函数 $U$ 以及工业品的子效用函数 $M$ 如式（5-1）所示：

$$U = M^a A^{1-a}, 0 < a < 1; M = \left[ \int_0^n q(i)^\rho di \right]^{\frac{1}{\rho}}, 0 < \rho < 1 \qquad (5-1)$$

其中，$M$ 和 $A$ 分别表示消费者消费的工业品和农产品数量；$q(i)$ 表示第 $i$ 种工业品的消费数量，因此，每一个消费者都显示出多样性偏好；参数

$\rho$ 代表差异化产品需求弹性的倒数，反映了消费者对产品多样性偏好程度，并有 $\rho = \dfrac{(\sigma - 1)}{\sigma}$。在给定城市消费者收入 $y$、农产品价格 $p_a$ 以及多样化工业品价格 $p(i)$ 的前提下，消费者的预算收入如下：

$$p_a A + \int_0^n p(i) q(i) \, \mathrm{d}i = y \tag{5-2}$$

因此给定子效用对一篮子工业品的最小费用，也就是代表性消费者消费某单位工业组合品的最小支出，即：

$$\min \int_0^n p(i) q(i), \text{s. t.} \left[ \int_0^n q(i)^\rho \mathrm{d}i \right]^{\frac{1}{\rho}} = M \tag{5-3}$$

对方程（5-3）进行拉氏函数求解可知，此最小支出问题的一阶均衡解可根据产品 $i$ 和产品 $j$ 之间的边际替代率之比等于产品间的价格之比求得，即 $\dfrac{q(i)^{\rho-1}}{q(j)^{\rho-1}} = \dfrac{p(i)}{p(j)}$，得出：

$$q(i) = q(j) \left[ \frac{p(j)}{p(i)} \right]^{\frac{1}{1-\rho}} \tag{5-4}$$

将式（5-4）代入约束方程式中可以得出给定消费子效用 $M$ 的前提下，产品 $j$ 的补偿需求函数为 $q(j) = \dfrac{p(j)^{\frac{1}{\rho-1}}}{\left[ \int_0^n p(i)^{\frac{\rho}{\rho-1}} \mathrm{d}i \right]^{\frac{1}{\rho}}} M$，进而最小工业品

费用为 $\int_0^n p(j) q(j) \, \mathrm{d}j = \left[ \int_0^n p(i)^{\frac{\rho-1}{\rho}} \mathrm{d}i \right]^{\frac{\rho-1}{\rho}} M$。其中 $\left[ \int_0^n p(i)^{\frac{\rho}{\rho-1}} \mathrm{d}i \right]^{\frac{\rho-1}{\rho}} = \left[ \int_0^n p(i)^{1-\sigma} \mathrm{d}i \right]^{\frac{1}{1-\sigma}} = P$。$P$ 为工业品的价格指数，表示购买一篮子工业品所花费的最小支出。将 $P$ 代入补偿需求函数中可得 $q(j) = \left[ \dfrac{p(i)}{P} \right]^{\frac{1}{\rho-1}} M$。

在城区中代表性消费者通过理性分析自身效用最大化来进行跨区域移动，因此在给定的收入水平和效用函数下，可建立如下方程：$\max U = A = M^a A^{1-a}$，s. t. $PM + p_a A = y$。通过计算得出消费者的间接效用函数为：

$$V = a^a (1-a)^{1-a} y P^{-a} (p_a)^{-(1-a)} \tag{5-5}$$

考虑两个城市（城市 1 和城市 2）纳入冰山交易成本。工业品如果在

本城市进行交易，则忽略城市间的运输费用。如果流向其他城市，就要支付冰山运输费用 $\tau$，通过补偿需求函数 $q(j) = \left[\dfrac{p(i)}{P}\right]^{\frac{1}{\rho-1}} M = \dfrac{p(j)^{-\sigma}}{P^{1-\sigma}} ay$，可以得出：

$$q_1 = q_{11} + \tau q_{12} = a p_1^{-\sigma}\left(\frac{Y_1}{P_1^{1-\sigma}} + \frac{\varphi Y_2}{P_2^{1-\sigma}}\right) \qquad (5-6)$$

其中，$Y$ 表示城市的总收入；$\varphi = \tau^{1-\sigma}$ 为贸易自由度，衡量的是两个区域之间的贸易通达程度。

从生产者角度而言，由于城市经济中现代工业部门具有报酬递增的特性，为了模型的简单化处理，假定城市内部所有企业具有相同的技术能力，所有企业的固定成本和可变成本分别为 $C_m$ 和 $C_f$，因此可以得到企业的利润函数为 $\Pi = pq - (C_f + C_m q)$。

根据 Krugman 模型假定，城市中现代工业部门的工业劳动力可以跨区域流动，假定工业生产过程中的固定投入为 $F$，边际劳动投入为 $\sigma$，如果城市 $r = (1, 2)$ 的工人工资为 $\omega_r$，那么根据生产者均衡和需求函数可以得到城市 $r$ 的均衡出厂价、均衡产量以及均衡劳动量分别为：

$$P_r = \omega_r, q_r = F\sigma, H_r = F\sigma \qquad (5-7)$$

因为，城市中的总需求量等于城市中企业的生产量，所以我们可以构建新经济地理学中的工资方程为 $q_i = a p_i^{-\sigma}\left(\dfrac{Y_i}{P_i^{1-\sigma}} + \dfrac{\varphi Y_j}{P_j^{1-\sigma}}\right)$，$p_r^{-\sigma} = \omega_r^{\sigma} = \dfrac{a}{q_r} \times (Y_r P_r^{\sigma-1} + \varphi Y_s P_s^{\sigma-1})$，所以可以得出：

$$\omega_r^{\sigma} = \frac{a}{q_r}(Y_r P_r^{\sigma-1} + \varphi Y_s P_s^{\sigma-1}) \qquad (5-8)$$

为了方便计算，设城市总工人数为 1，城市 1 中的工人数量比例为 $b$，因此构建如下方程组：

$$P_1 = \left[b\omega_1^{1-\sigma} + (1-b)\omega_2^{1-\sigma}\varphi\right]^{\frac{1}{1-\sigma}} \qquad P_2 = \left[b\omega_1^{1-\sigma}\varphi + (1-b)\omega_2^{1-\sigma}\right]^{\frac{1}{1-\sigma}}$$

$$\omega_1 = (Y_1 P_1^{\sigma-1} + Y_2 P_2^{\sigma-1}\varphi)^{\frac{1}{\sigma}} \qquad \omega_2 = (Y_1 P_1^{\sigma-1}\varphi + Y_2 P_2^{\sigma-1})^{\frac{1}{\sigma}} \qquad (5-9)$$

结合间接效用函数则可以最终推出：

$$V_1 = a^a (1-a)^{1-a} \omega_1 P_1^{-a} = a^a (1-a)^{1-a} P_1^{-a} (Y_1 P_1^{\sigma-1} + Y_2 P_2^{\sigma-1} \varphi)^{\frac{1}{\sigma}} = K P_1^{-a} M P_1^{\frac{1}{\sigma}}$$

$$(5-10)$$

其中 $Y_1 P_1^{\sigma-1} + Y_2 P_2^{\sigma-1} \varphi = MP_1$ 衡量的是城市 1 的市场潜能，表示的是城市 1 靠近市场的通达程度。由于城市间的人口流动主要由要素收益率来驱动，所以城市间流动人口会通过最大化自身在此城市居住的效用来决定是否选择居住于此。而城市人口规模在动态流动的情况下取决于其流动人口的效用函数，因此有：

$$N = f(v) = g(MP)$$

$$(5-11)$$

通过数学模型的相关推导，不难发现人口流动模型中的市场潜能构成了城市中流动人口的间接效应函数式（5-10），因而市场潜能与城市规模之间可能存在函数关系。这与范剑勇（2004）利用市场潜能构造区域内企业的利润函数从而探讨市场潜能与产业集聚的手法类似，也与新经济地理学中通过跨区域的要素回报率来解释集聚现象以及块状经济产生的思路是相符合的。具体而言，处于最初状态下的人口向城市集聚是由于靠近市场得到的便利性，从而可以节省交易成本和时空上的通勤成本，而不断积累的人口不断扩充着本地市场力量，更好地发挥了外部性，进一步提升了城市对人口的吸纳能力，扩大了城市规模。因此，市场潜能构成了城市规模的函数，可能会通过区域内的市场波动影响城市规模，基于此本章提出第一个研究假设。

假设 1：市场潜能能够显著影响城市规模的大小，能够促进城市吸纳流动人口，在一定程度上可以促进城市规模的扩张。

而我们把市场潜能指标进行拆解可以得到本地市场潜能、省内市场潜能、省外市场潜能以及国外市场潜能四个部分：

$$mp_i = \sum_{i \neq j} \frac{Y_j}{d_{ij}} + \frac{Y_i}{d_{ii}} = \sum_{j=j_i \cup j_r \cup j_e} \frac{Y_j}{d_{ij}} + \frac{Y_i}{d_{ii}} = \frac{Y_i}{d_{ii}} + \sum_{j \in j_i} \frac{Y_j}{d_{ij}} + \sum_{j \in j_r} \frac{Y_j}{d_{ij}} + \sum_{j \in j_e} \frac{Y_j}{d_{ij}} =$$
$$bmp_i + smp_i + zmp_i + fmp_i$$

由于地理学第二定律空间异质性定律的存在，受空间的隔离，各市场力量对城市规模的影响是异质性的，随着市场国际化和市场一体化的不断加深，加之本地市场效应和本地规模之间可能存在极大的内生性，基于此本章提出第二个研究假设。

假设 2：省内市场潜能、省外市场潜能以及国外市场潜能对本地城市规模的影响具有异质性。

## 二 市场潜能对城市规模的作用机理

通过上述理论部分的推理和计算，我们不难看出市场潜能微观理论的核心基础是新经济地理学的工资方程 $\omega = f(mp)$，也即一个地区的工资水平是该区域市场潜能的函数。从现实意义来讲，过高的市场需求在促进厂商迁移进该城市的同时产生了大量的就业岗位。而从劳动力市场的供求关系来讲，过高的劳动力需求导致了过高的工资率，从而提高了区域内的工资水平，而工资水平的提升又进一步提高了跨区域流动人口的效应水平，进而导致人口的不断流入，从而扩大城市规模。因此，我们接下来从实证和理论的角度把这个机制系统性地梳理一下。

### （一）工资路径

工资水平对城市规模具有促进作用。刘易斯－拉尼斯－费模型表明，因人口的空间转移而发生的城市规模变化是通过城市内部现代工业部门的不断扩张实现的。而现代工业部门的扩张需要传统农业部门为其提供丰富的廉价劳动力，现代工业部门通过区域工资率差异来吸引不同区域的人口向城市流动，而外来劳动力流入将改变边际生产率，从而调节区域内的工资水平，最后达到动态均衡。因此，区域间的工资水平在一定程度上会促进城市规模的扩张。而对促进城市规模扩张的工资激励的解释可以分为四类。一是就业机会。朱农（2002）的研究认为，在理性人假设前提下，决策行为是通过效用最大化或者收入极大化实现的，通过农业和非农业就业的工资差异从而影响了外出打工的概率。这与托达罗模型（Harris and Todaro，1970）中农业劳动者迁入城市的动机主要取决于区域间的收入差异相一致，而按照 Todaro 模型，人口流动模型是工资贴现净值的函数。Todaro认为工资贴现净值与迁入者在新城市部门的就业概率有一定关系，其中迁入者的就业概率也就是城市就业机会。在此基础上，陈浩和孙斌栋（2016）通过构建效用函数模型，利用分位数回归认为，工资水平和城市就业机会存在相互替代的关系，二者的替代程度决定了迁入人口的数量以及城市规模的大小。二是福利增加。叶静怡等（2014）认为政府采用最低工资制度保障工资率不仅可以提高劳动者的福利，也有助于提升资本所有者的福利，从而实现社会的帕累托改进，促进城市的扩张。三是人力资本外部性。新古典经济学对于块状经济的解释大多基于外部性提出。李成友等（2018）认为，高技能劳动力群体和低技能劳动力群体之间的工资水平的差异对城市的人力资本形成了激励作用，从而更好地激发了人力资本带来的外部性。四是创新激励。程文和张建华（2018）认为在经济发展的不同阶段，消费者工资差异和工资水平的不同组合影响了城市内资企业的自主创新行为，从而影响了城市发展和经济增长。

　　过高的工资率在一定程度上会抑制城市规模的扩大。工资水平与城市规模呈显著的倒 U 形关系（杨晓锋，2017）。一方面，随着城市区域内工业化程度的不断高级化、技术水平的不断提升、创新程度的不断提升，城市规模的外溢效应开始显现，城市居民的实际工资率增速持续下降并趋向收敛。区域内的大规模城市、高工资水平的城市将不再成为理性人的居住选择地，因为高工资带来的高城市通勤成本、高额物价水平以及居住成本将影响人口的居住地效用，从而影响其居住决策。因此，选择长期适合居住、功能完善、环境适宜和通勤成本低的居住城市将成为常态。原来较大的中心城市和首位城市规模将出现相对收敛和停滞趋势，甚至会出现由产业滞后、拥挤效应突出导致城市收缩的情形。另一方面，蒲艳萍和顾冉（2019）认为劳动报酬和劳动生产率之间的偏差所产生的工资扭曲会维持城市内在位企业的竞争优势，不仅损害了市场机制的资源配置功能，而且将产业发展定位于价值链的低端，不利于城市经济转型和城市发展。

　　同时，市场潜能影响工资水平。Fujita 等（1999）认为，产业的规模报酬递增特性发挥出的循环累积因果效应表现为需求的空间分布差异，也就是区域间市场潜能的差异对收入起了决定性作用。其内在原因有以下两种极端情况（范剑勇，2004）。其一，由于外界对支出水平的冲击，以及外生的户籍制度障碍下，供给方制成品的价格指数没有下降，从而提升了区域内的市场潜能，在新经济地理学工资方程式下表现为工资水平的上升，这也被称为劳动力要素价格调节（Head and Mayer，2006）。其本质是受本地市场效应驱动的。其二，在流动完全没有障碍的情况下，由于城市企业可以迅速产生，集聚区内的多样化生产通过价格指数效应使得价格指数下降，从而抵消外生支出水平的增加，使得各城市的市场潜能值保持不变，导致工资水平不变，这也被称为数量调节（Combes et al.，2008）。而真实的情况往往介于两者之间，市场潜能通过提升区域内市场的通达性和接近市场的便捷程度，通过本地市场效应和数量调节效应影响区域内的工资水平。此外，相关实证也表明，市场潜能对区域间以及区域内的收入不平衡产生了重要影响（张泽义、何春丽，2017）。不同地区市场潜能和产业间协同程度不同，导致了工资增长路径存在区域差异性（陈建军等，2016）。因此其市场潜能的工资中介理论机理如图 5-1 所示。

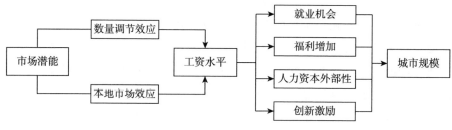

**图 5-1　工资路径**

因此，在市场潜能对城市规模产生影响的过程中，工资水平可能起到中介机制的作用。基于此，本章提出第三个研究假设。

假设 3：市场潜能通过促进工资水平的提升从而扩大城市规模。工资水平是市场潜能对城市规模产生影响的一条内在路径。

**（二）集聚路径**

产业集聚对城市规模具有重要影响。产业集聚是以市场为导向，并且在市场的作用下理性的企业会依照最大化效率原则，选择最优的区域自发形成集聚（尹靖华、韩峰，2019）。在此过程中，产业的集聚注重企业之间的内在关联性，以及企业自身行为与当地比较优势的适宜性，从而有效地激发集聚效应，实现城市的经济效应和对人口的吸纳能力，从而促进城市规模的扩张。而在形成的集聚效应中，专业化集聚和多样化集聚扩张了城市规模，并且随着效应的扩大，城市的集聚会对周边城市产生外溢效应（韩峰、李玉双，2019；陈强远等，2021）。王媛玉（2019）将产业集聚对城市规模的影响机制分为空间因素、产业因素、制度因素、环境因素四个方面，并且在此基础上做出了较为详尽的解释。基于此分类和对近年来学术界集聚文献的梳理，产业集聚主要可从以下几个方面作用于城市规模扩大。

第一，空间网络增进。企业集聚在一定程度上推动了城区内空间节点和布局，在各类要素的跨区域流动下不断加强了城区和产业园区的物流网络系统，促进了要素的流动，加强了空间内经济的联结性，从而促进了城市的扩张。第二，生产效率增进。以规模报酬不变、完全竞争为框架的新古典经济学忽略了空间因素，因而在其理论体系里，世界是呈现无城市状态的。而其忽视的规模报酬递增的地方化是产业集聚和城市发展的关键因素（范剑勇，2006）。具体而言，规模报酬递增体现在厂商水平上的内部规模经济、地方化经济（块状经济）、城市化经济（共享城市区域内效益）三个层次上。随着规模的不断扩大，企业的平均成本曲线开始向下弯曲，从而提升生产率水平，增强城市对经济和人口的吸纳能力。第三，企业竞争增进。对于区域内来说，波特的钻石理论指出，企业通过生产要素、需求条件、辅助行业以及企业战略四大要素建立起自身的竞争优势。因此，在一定市场条件下，区域内的企业集聚以产业集群的形式提供辅助行业和生产要素，从而能够更好地制定企业战略。而企业在竞争的过程中，通过竞争效应不断提升要素使用效率以及成本投入效率，促进了企业产品质量的提升（苏丹妮等，2018），从而促进了城市内部的生活品质提升，促进了城市规模的扩张。第四，环境效应。集聚会对环境造成一定影响。Virkanen（1998）利用芬兰的数据发现，工业集聚会造成环境污染。Verhoef和 Nijkamp（2002）通过对欧洲城市数据的研究发现，产业集聚程度与城市的空气污染指数呈正相关关系。陈建军（2008）通过研究长三角城市群得出产业集聚可能促进技术进步从而优化区域环境的结论。因此，产业集聚对环境具有重要影响。产业在集聚过程中可能影响城市环境，进而影响城市内人口的效用函数和居住获得感，进而影响人们对城市居住地的效用判断，从而影响城市规模。

此外,市场潜能对产业集聚具有重要影响。第一,较高的市场潜能代表着较高的市场接近程度和市场通达性,表示具有较高的需求条件,从而引发本地市场效应。理性的企业开始将高市场潜能的城市地区作为要素区位选择和投资区位选择,以便获得更高的资本回报率和要素回报率。第二,较高的市场潜能代表着具有较大的劳动力池,可以减少劳动力对工作的搜寻时间以及企业岗位和劳动力技能之间的匹配时间,有助于集聚的形成。第三,新经济地理学理论告诉我们,集聚中心一旦产生,在区域中就会形成循环累积因果效应,不断地增强集聚效应,从而使得集聚中心更加稳固。周伟林等(2011)、赵增耀和夏斌(2012)也从中国城市数据的实证研究中得出了市场潜能和产业集聚之间存在显著关系的结论。

梳理相关研究,得出市场潜能对城市规模的集聚中介理论机理如图5-2所示。

基于此,本章提出第四个研究假设。

假设4:市场潜能会通过产业集聚路径影响城市规模,过高的市场潜能能够促进形成更高集聚程度的产业集中,从而促进城市规模的扩大。

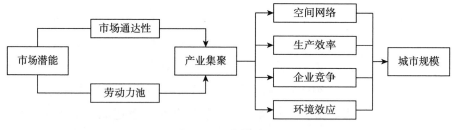

图5-2 集聚路径

## (三)市场分割路径

市场分割对城市规模具有重要影响。对此学术界有两种观点。第一种观点认为,区域间存在的市场分割不利于区域规模的扩大。斯密-杨格定理指出,通常市场规模的扩大会促进区域内的专业化分工,从而实现区域经济规模的扩大。因此,市场分割的出现会破坏市场一体化的格局,从而抑制城市间的专业化分工和空间互动（王许亮，2020），从而限制城市的发展。而后，为了探究市场分割的内在机理，相关学者把视角聚焦到了政治因素。邓明（2014）认为，地方官员在以政治晋升为首要利益的激励作用下，造成了区域间的市场分割，并且以区域间的市场分割为基础进行策略互动和策略博弈，从而在空间溢出效应下影响了其他城市的发展。周黎安（2004）对于政治晋升激励下政府官员的不合作行为做了更详细的解释，在嵌入经济竞争中的政治晋升博弈中，由于区域内晋升机会的有限性和提升人数的限制，一个区域官员的晋升将直接减少其他地区官员的晋升空间和晋升机会。这使得博弈参与人不仅会做有利于本地区经济发展的行为，还会做不利于竞争对手所在地区经济发展的事情。而产生的这种"逐顶竞争"不仅影响了城市间的区域一体化进程，还影响了城市经济增长的长期动力。

还有部分学者将市场分割抑制城市规模的相关机制研究聚焦到了要素效率角度。魏楚等（2020）认为市场分割的存在显著影响了城市之间的技术效率和配置效率，从而使得城市内部能源效率的降低。而能源效率决定了城市经济增长的长久动力和绿色经济下的可持续发展，从而影响了城市经济质量，此外还有资本积累效率（计小青等，2020）、租值耗散（朱凯等，2019）、人力资本投资（张军等，2018）等。

第二种观点认为，市场分割的存在对城市经济增长的促进和抑制作用是同时存在的。从时间序列的角度来看，市场分割对城市经济增长的作用是先促进后抑制的（陆铭、陈钊，2009）。具体而言，短期内地方政府通过加强贸易壁垒、利用地方化产业保护发展当地特色产业，通过掌握当地城市的商品定价权获得市场优势，从而促进城市经济增长。但是从长期角度来看，随着对外开放程度的不断提升、要素流动性的不断增强，政府为了保护地方经济而实施的市场分割政策的机会成本不断增加，从而不利于地方经济发展。从局部和整体的角度来看，刘小勇（2013）通过空间杜宾模型发现，市场分割对经济增长具有显著的促进作用，但是空间滞后项的系数为负。这说明局部的市场分割有利于本地城市的发展，但是由于区域贸易的恶性竞争，不利于全国规模效应的实现。从空间异质性角度来看，宋冬林等（2014）的研究发现，市场分割对经济增长具有空间异质性，东部和中部城市里市场分割对经济规模的影响呈倒 U 形，在西部城市呈现 U 形特点，而在东北部城市不具有显著的关系。

市场潜能对市场分割具有显著影响。Ahlfeldt 等（2015）以德国城市为样本，指出由于存在市场潜能的跨边界阻力，在西德和东德之间的"柏林墙"倒塌之后，两德之间的经济一体化并不明显。我国学者赵永亮（2012）也从研究中得出，市场潜能的边界效应越小，对城市集聚发展的效果越好。蔡宏波等（2015）基于 Samuelson 的"冰川成本"模型，采用了相对价格法构造了我国国内的市场分割指数，实证得出了市场潜能越大的地区，地方政府保护本地经济的成本越高，从而有利于降低市场分割的程度。因此，我们不难得出，某城市潜能过大的情况下，一方面由于市场可达性程度的降低、城市间交易成本的下降，加速了区域之间的要素流动和对外开放；另一方面由于市场潜能所产生的地方政府实行市场分割政策的机会成本不断增加，加深市场分割程度的策略博弈受到了影响，从而缓解了市场分割程度。具体市场分割的中介理论机理如图 5-3 所示。

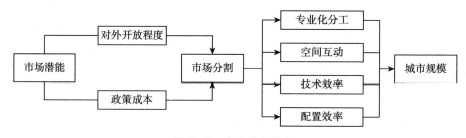

图 5-3　市场分割路径

基于此，本章提出第五个研究假设。

假设 5：市场潜能能够通过影响市场分割路径影响城市规模，过高的市场潜能能够抑制市场分割水平，从而促进城市规模的扩大。

# 第三节　市场潜能对城市规模影响的实证分析

## 一　数据来源、模型设定

### （一）数据来源

本章所使用的数据主要来源于 2010~2019 年的《四川统计年鉴》《中

国城市统计年鉴》，以及中国经济社会大数据研究平台等。基于数据的可获得性以及统计口径的一致性，剔除并选取了四川省范围内 20 个样本城市 10 年的面板数据。

### （二）模型设定

基于上述理论部分的推理，并结合当前学术界已有的研究基础和四川省的现实特点，构建如下计量模型：

$$N_{it} = \beta_0 + \beta_1 mp_{it} + \beta_2 rain_{it} + \beta_3 X_{it} + u_i + \varepsilon_{it}$$

其中，$i$ 表示四川省区域内的样本城市，$t$ 表示 2009～2018 年中的某一年。$u_i$ 为个体效应，用来控制计量方程中不随时间变化的异质影响；$\varepsilon_{it}$ 为随机误差项。$N$ 为城市的常住人口数，为本实证研究的被解释变量。采用常住人口数据替代城市户籍人口数据是因为考虑到外来非户籍人口迁移也会对城市规模产生影响。同时，根据有关新经济地理学基础理论以及现有研究梳理，将人力资本（$edu$）、固定资产投入（$fdi$）、产业结构包括第一产业占 GDP 比重（$first$）以及第三产业占 GDP 比重（$three$）、第一自然要素降雨量（$rain$）、政府干预（$gov$），以及交通基础设施（$road$）等变量作为控制变量纳入回归模型当中，尽可能地使结果满足误差项均值为零的假设，尽可能减少选择性偏误，从而得到无偏一致的估计结果，对核心变量的回归系数赋予因果解释。

## 二　变量说明

### （一）被解释变量

城市规模（$N$）：如上所述，本章采用 2009～2018 年城市年末常住人口作为城市规模的代理变量，国内外学者多采用该指标来衡量城市规模（Glaeser et al.，1995；Liu and Meissner，2019；章元、王驹飞，2019；李力行、申广军，2019）。此外，为使估计结果具有一定的稳健性，基于统计口径的一致性以及数据的可获得性，特采用年末户籍人口数作为城市规模的替代指标（刘修岩、宋萍，2015）。

### （二）解释变量

市场潜能（$mp$）：本章关注的核心自变量。在新经济地理学的实证文献中，有几种不同的度量方式，最为常见的是 Harris 提出的市场潜能指标、Krugman 的真实市场潜能以及 Redding 基于双边贸易流数据下的消费市场接近度（*MA*）和产品生产地接近度（*SA*）指标。虽然后两种指标更具有数理理论的支持，但是由于数据难以获得，鲜有实证采用此类方法。此外，Head 和 Mayer（2006）在对度量市场潜能的各种方法进行比对之后，发现其与运用 Harris 的方法度量的市场潜能在实证结果中没有明显的区别，因此，本章也采用 Harris 的度量方法来衡量各地区的市场潜能（*mp*），其计算公式为：

$$mp_i = \sum_{j \neq i} \frac{Y_j}{d_{ij}} + \frac{Y_i}{d_{ii}}$$

其中 $Y$ 表示一个区域的国内生产总值，$d_{ij}$ 表示城市 $i$ 与城市 $j$ 之间的实际距离，本章采用百度地图工具测度的两个城市之间推荐的最短公路距离作为 GDP 的地理权重。另外 $d_{ii}$ 表示各个城市自身的内部距离。根据 Redding 和 Venables（2004）的处理方式，我们用公式 $d_{ii} = \frac{2}{3}\sqrt{\frac{S}{\pi}}$ 来衡量，其中 $S$ 为城市的自身面积。通过加总样本城市和 285 个地级市间的市场作用关系得出潜能值。考虑到回归过程中自身市场部分可能与城市规模之间产生双向因果的内生性，因此后面借鉴 González-Val 等（2013）的方法剔除自身市场规模，仅考虑其他城市对本地形成的市场潜能之和。需要强调的是，本章考虑四川省的市场因素和国内其他省份的市场因素时，将 *mp* 拆分成以下几个部分：

$$mp_i = \sum_{i \neq j} \frac{Y_j}{d_{ij}} + \frac{Y_i}{d_{ii}} = \sum_{j = j_i \cup j_s \cup j_f} \frac{Y_j}{d_{ij}} + \frac{Y_i}{d_{ii}} = \frac{Y_i}{d_{ii}} + \sum_{j \in j_i} \frac{Y_j}{d_{ij}} + \sum_{j \in j_s} \frac{Y_j}{d_{ij}} + \sum_{j \in j_f} \frac{Y_j}{d_{ij}} =$$

$$bmp_i + smp_i + zmp_i + fmp_i$$

市场潜能包括该城市内部需求产生的 *bmp*、所在省内城市需求产生的 *smp*、其他省外区域城市产生的 *zmp* 和国外城市产生的 *fmp*。

人力资本（*edu*）：较高的人力资本可以提高区域内工资水平，从而吸引劳动力的流入。夏怡然和陆铭（2019）的研究发现，继承了历史人力资本的沿海城市，人力资本回报率高于内陆地区，吸引了更多高技能人力资本的流入，使得人力资本在人口集聚和城市发展中发挥着重要作用。人力资本在城市的积累和集聚是城市经济发展的基础，也是现代经济增长的重要来源（Glaeser et al.，2014）。基于此，本章采用每十万人中普通中学的专职教师数来衡量该城市的人力资本。

固定资产投入（*fdi*）：从主流经济学的观点来看，投资支撑了城市经济增长。固定资本投资作为资本要素通过乘数效应直接引致经济增长（Valla et al.，2014）。其间接作用主要是通过影响产业结构和生产率促进城市经济增长。但是也有部分学者认为投资会降低社会福利（成定平，2015）。所以，城市规模可能受到固定资产的影响，因此本章将固定资产投资放入回归当中作为控制变量。

产业结构（*first*、*three*）：在配第 - 克拉克定理下，随着城市不断发展，劳动力从第一产业逐渐转移到第二、第三产业。而产业结构优化可以在一定层面提升要素的利用效率以及劳动生产率，进而使城市发挥出更大的外部性。颜色等（2018）从需求结构的视角得出产业结构对生产率的重要性，因而产业结构升级会推动城市发展的结论。柯善咨和赵曜（2014）也认为产业结构、市场规模以及城市生产率之间具有协同关系。因此本章将第一产业比重、第三产业比重作为产业结构变量。

交通基础设施（*road*）：早在德国古典区位理论就揭示了交通或者通勤成本对生产分工和区位布局的重要性，而交通便利性可以极大改善城市内部的通勤成本，从而使得经济活动效率提高，促进城市经济的增长。因此，交通运输条件是影响城市规模的重要变量，本章将每平方公里公路长度作为交通运输的代理变量。

降雨量（*rain*）：将降雨量作为第一自然的代理变量，在 González-Val 等（2013）定义的第一自然概念中提到。地理学家将自然要素（如距离港口的距离）和气候等影响某区域经济的要素称为第一自然要素。而四川省位于青藏高原和中部平原过渡区，跨越青藏高原、云贵高原、横断山脉以及四川盆地，地势多样复杂。从气候类型来看，四川省拥有三种不同类型的气候，分别为川西北高山高原高寒气候、川西南山地亚热带半湿润气候以及四川盆地中亚热带湿润气候，降水差异明显。此外，在气象局统计的四川省各城市的年降水量中明显发现四川盆地和川西北地区的降水量差异明显。而降雨量又代表一个地区的自然禀赋特征，具有第一自然要素特性，降水量往往衡量的是一个地区的宜居程度以及某些行业所必须依赖的重要指标。降水量充沛的地区往往具有更好的居住环境和生产环境，有利于人口的集聚。所以本章考虑将降雨量纳入控制变量当中。

政府干预（gov）：政府干预和自由放任经济思想一直都是经济学者研究的重点，这两股经济思潮推动了整个西方经济学说的发展。从学术研究以及事实经验的共识中可以知道，既要深化市场取向的改革，又要提高政府对市场经济的宏观调控能力。市场力量和政府调控力量是决定城市经济效率的核心力量。基于此，本章将政府财政支出占 GDP 比重作为政府干预程度的代理变量。

### （三）变量描述性统计

表 5 - 3 为变量的描述性统计。

**表 5 - 3　变量的描述性统计**

| 变量 | 样本量（个） | 均值 | 标准差 | 最小值 | 中位数 | 最大值 |
|---|---|---|---|---|---|---|
| $N$ | 200 | 385.30 | 286.00 | 89.9 | 328.7 | 1633 |
| $mp$ | 200 | 604.93 | 197.06 | 211.3367 | 592.9149 | 1108.667 |
| $edu$ | 200 | 111.02 | 23.11 | 55.03663 | 109.1648 | 164.9491 |
| $fdi$ | 200 | 0.95 | 0.45 | 0.4479109 | 0.7951118 | 3.205585 |
| $gov$ | 200 | 0.31 | 0.30 | 0.1175431 | 0.1933836 | 1.535312 |
| $road$ | 200 | 1.19 | 0.57 | 0.1078824 | 1.196135 | 2.629701 |
| $first$ | 200 | 0.16 | 0.06 | 0.0324754 | 0.1573426 | 0.3178919 |
| $three$ | 200 | 0.32 | 0.07 | 0.2065457 | 0.3127517 | 0.5412315 |
| $rain$ | 200 | 1040.09 | 265.29 | 537.7 | 991.75 | 2161.3 |

### （四）变量的相关性检验

为了直观了解变量之间的多重共线性对研究结果的实质影响，本章给出了各变量之间的相关性矩阵，从表 5 - 4 中可以看到与核心解释变量市场潜能共线性的可能，可以看出除了交通基础设施变量与市场潜能值之间的相关系数大于 0.45 外，大部分变量之间不存在严重的共线性关系。此外，从变量之间两两相关关系我们不难看出，城市规模与市场潜能正相关，与第一自然要素降水量负相关。但是由于模型的设定，以及遗漏变量、双向因果可能产生的一系列内生性问题，这个相关矩阵的系数结果并没有任何实际意义，要得到确切结论还需要通过正式的模型分析进行验证。

表 5 – 4　变量的相关系数矩阵

| 变量 | N | mp | edu | gov | road | first | three | rain | fdi |
|---|---|---|---|---|---|---|---|---|---|
| N | 1.0000 | | | | | | | | |
| mp | 0.3143 | 1.0000 | | | | | | | |
| edu | 0.0528 | 0.3152 | 1.0000 | | | | | | |
| gov | – 0.3636 | – 0.3105 | – 0.1469 | 1.0000 | | | | | |
| road | 0.3645 | 0.4863 | 0.1256 | – 0.5853 | 1.0000 | | | | |
| first | – 0.2972 | – 0.2798 | – 0.2075 | 0.4059 | 0.0560 | 1.0000 | | | |
| three | 0.4693 | 0.4194 | 0.1941 | 0.2342 | – 0.1151 | – 0.2027 | 1.0000 | | |
| rain | – 0.0215 | – 0.0215 | – 0.1047 | – 0.0870 | – 0.0660 | 0.0772 | 0.0103 | 1.0000 | |
| fdi | 0.2886 | – 0.1411 | 0.1341 | 0.8123 | – 0.428 | 0.3219 | 0.2973 | 0.0177 | 1.0000 |

## 三　实证结果及分析

### （一）基础回归结果

为了使实证结果具有可对比性，在表 5 – 5 所示的基础回归中加入混合最小二乘法（POLS）估计方程（5 – 1），从模型（1）的回归结果中可以看到，市场潜能对城市规模的影响是负的，这与 Hanson（2005）、刘修岩和宋萍（2015）的估计结果是相左的。但是 POLS 中去除了方程中的年份效应以及个体效应，因此该结果可能是不准确的。因此在模型（2）和模型（3）中估计了第二自然因素，也就是本章的核心解释变量市场潜能 mp 对城市规模的影响，并分别采用了固定效应（FE）以及随机效应（RE）进行回归。且在模型（4）和模型（5）中加入传统的第一自然因素，对市场潜能对城市规模的影响做比较。但是考虑到在计量过程中可能存在遗漏变量所产生的偏误，进一步对模型（6）以及模型（7）进行了 Hausman 检验，检验结果在 1% 的水平下拒绝所有解释变量均为外生变量的原假设，即采用固定效应估计的结果是更为有效的，因此应该选择模型（7）。模型（7）显示，市场潜能可以促进城市规模的扩大，而第一自然对城市规模的影响是不显著的。而在对此结果进行详细解释之前，还应该进一步进行结果的稳健性检验和内生性处理，以确保结论的可靠性。

表 5 – 5　基础回归结果

| 变量 | 混合回归 | 第二自然 | | 第一自然 | | 总和效应 | |
|---|---|---|---|---|---|---|---|
| | (1) POLS | (2) RE | (3) FE | (4) RE | (5) FE | (6) RE | (7) FE |
| mp | - 0.450 *** ( - 4.14) | 0.131 *** (4.46) | 0.146 *** (5.50) | | | 0.132 *** (4.39) | 0.147 *** (5.35) |
| rain | 0.0395 (0.66) | | | 0.0117 (0.98) | 0.0124 (1.14) | - 0.000276 ( - 0.02) | - 0.00103 ( - 0.10) |
| edu | - 1.136 ( - 1.58) | - 0.752 * ( - 2.51) | - 0.700 * ( - 2.56) | - 0.354 ( - 1.17) | - 0.242 ( - 0.86) | - 0.749 * ( - 2.51) | - 0.700 * ( - 2.55) |
| road | 219.2 *** (5.35) | 21.75 (1.35) | 13.49 (0.92) | 47.65 ** (2.99) | 41.05 ** (2.76) | 21.21 (1.33) | 13.43 (0.91) |
| first | - 773.6 * ( - 2.32) | 499.1 ** (3.01) | 597.6 *** (3.92) | 76.27 (0.52) | 121.1 (0.89) | 506.0 ** (3.02) | 600.4 *** (3.86) |
| three | 2805.4 *** (11.66) | - 164.1 * ( - 2.51) | - 197.7 ** ( - 3.34) | 34.68 (0.69) | 24.10 (0.52) | - 166.5 * ( - 2.55) | - 198.3 ** ( - 3.33) |
| fdi | - 70.92 ( - 1.17) | 12.40 (1.06) | 15.29 (1.45) | - 2.736 ( - 0.23) | 1.697 ( - 0.15) | 12.61 (1.08) | 15.41 (1.44) |
| gov | - 219.8 ( - 1.95) | - 39.41 ( - 1.25) | - 36.14 ( - 1.26) | - 4.949 ( - 0.15) | 4.009 (0.13) | - 39.28 ( - 1.25) | - 36.42 ( - 1.26) |
| 常数项 | - 169.6 ( - 1.34) | 337.8 *** (5.19) | 323.7 *** (6.88) | 336.6 *** (4.97) | 323.8 *** (6.33) | 337.1 *** (5.11) | 324.2 *** (6.82) |
| 观测值(个) | 200 | 200 | 200 | 200 | 200 | 200 | 200 |
| Hausman 检验 | | 42.36 *** | | 38.94 *** | | 40.08 *** | |

注：*、**、***分别表示在10%、5%、1%的水平下显著，括号内为t值。

## （二）稳健性检验

之前采用常住人口度量城市规模指标，本部分为了使上述结果更具有稳健性，采用替换度量指标的方法进行稳健性检验，即采用城市户籍人口。在城市规模的实证文献中，大多学者采用过此类方法。同样，城市户籍人口的增加，本质上也代表了城市更大的人口规模，具有较高的普遍适用性。表 5 – 6 在表 5 – 5 的基础回归结果之上将被解释变量城市规模从城市常住人口替换为城市户籍人口，同样分别采用忽略个体效应的混合回归、固定效应以及随机效应对结果进行检验。检验结果发现，核心解释变量市场潜能 mp 对城市规模的影响系数依然是显著为正的，且第一自然要素对城市规模的影响依然是不显著的。多数变量系数变化不是十分明显，因此基础回归的结果是较为稳健的。但是由于市场潜能内部加入了本地市场需求，而这一需求可能与本地人口规模之间存在严重的互为因果的内生性问题，为了得到更为可靠的因果推断关系，还应该进行内生性处理。

表 5 - 6　稳健性检验：替换城市规模指标

| 变量 | 混合回归 | 第二自然 | | 第一自然 | | 总和效应 | |
|---|---|---|---|---|---|---|---|
| | （1）<br>POLS | （2）<br>RE | （3）<br>FE | （4）<br>RE | （5）<br>FE | （6）<br>RE | （7）<br>FE |
| *mp* | − 0.305 **<br>（− 3.02） | 0.165 ***<br>（5.21） | 0.180 ***<br>（6.09） | | | 0.165 ***<br>（5.10） | 0.180 ***<br>（5.89） |
| *rain* | 0.0292<br>（0.53） | | | 0.0156<br>（1.19） | 0.0164<br>（1.34） | 0.000519<br>（0.04） | − 0.0000493<br>（− 0.00） |
| *edu* | − 0.363<br>（− 0.54） | − 0.795 *<br>（− 2.46） | − 0.764 *<br>（− 2.51） | − 0.287<br>（− 0.87） | − 0.202<br>（− 0.64） | − 0.793 *<br>（− 2.46） | − 0.764 *<br>（− 2.50） |
| *road* | 205.0 ***<br>（5.38） | 50.40 **<br>（2.91） | 40.96 *<br>（2.50） | 83.35 ***<br>（4.79） | 74.84 ***<br>（4.45） | 49.83 **<br>（2.89） | 40.96 *<br>（2.49） |
| *first* | 121.2<br>（0.39） | 740.1 ***<br>（4.15） | 823.0 ***<br>（4.85） | 213.7<br>（1.33） | 235.2<br>（1.52） | 744.0 ***<br>（4.12） | 823.1 ***<br>（4.76） |
| *three* | 2197.7 ***<br>（9.82） | − 328.0 ***<br>（− 4.65） | − 361.9 ***<br>（− 5.50） | − 77.62<br>（− 1.40） | − 89.07<br>（− 1.71） | − 329.9 ***<br>（− 4.67） | − 361.9 ***<br>（− 5.45） |
| *fdi* | − 69.11<br>（− 1.23） | 15.26<br>（1.20） | 17.91<br>（1.52） | − 3.711<br>（− 0.28） | − 3.066<br>（− 0.25） | 15.38<br>（1.21） | 17.91<br>（1.51） |
| *gov* | − 272.8 *<br>（− 2.60） | − 59.04<br>（− 1.74） | − 52.65<br>（− 1.65） | − 16.04<br>（− 0.45） | − 3.061<br>（− 0.09） | − 58.49<br>（− 1.72） | − 52.66<br>（− 1.64） |
| 常数项 | − 202.5<br>（− 1.72） | 350.1 ***<br>（5.19） | 341.6 ***<br>（6.52） | 345.7 ***<br>（4.86） | 341.1 ***<br>（5.90） | 349.3 ***<br>（5.12） | 341.7 ***<br>（6.46） |
| 观测值<br>（个） | 200 | 200 | 200 | 200 | 200 | 200 | 200 |

注：*、**、*** 分别表示在 10%、5%、1% 的水平下显著，括号内为 t 值。

## （三）内生性处理

众所周知，内生性的存在会影响模型估计结果的无偏和一致性，对内生性问题的处理是因果推断部分的重要环节。基于 González-Val 等（2013）提出的自身市场潜能可能引发的内生性问题，本部分特将自身市场部分剔除，计算不包括本地市场需求在内的 *gmp* 对城市规模的影响，结果如表 5-7 第（1）列和第（2）列所示。第（1）列表示剔除本地市场后 *gmp* 对常住人口衡量的城市规模的影响，第（2）列表示剔除本地市场后 *gmp* 对户籍人口衡量的城市规模的影响，且均与基础回归结果的显著性和系数符号一致。而第（3）～（6）列分别从常住人口规模以及户籍人口规模的角度对原方程进行了固定效应两阶段最小二乘估计（FE-TSLS）和固定效应广义矩估计（FE-GMM），同时解决了方程中遗漏变量以及随时间变化的内生影响所导致的内生性问题，且采用市场潜能的滞后一期作为工具变量。此外，我们可以直观地观察到，无论是在剔除本地市场的情形下度量指标还是采用工具变量法处理内生性问题，核心解释变量市场潜能对城市规模的影响系数符号以及显著性依然不变，基础回归所得到的实证结果依然成立，可以作为正式结论并对其进行进一步解释。

表 5-7 内生性处理

| 变量 | 去除本地市场 | | 常住人口 | | 户籍人口 | |
|---|---|---|---|---|---|---|
| | （1）<br>FE | （2）<br>FE | （3）<br>FE-TSLS | （4）<br>FE-GMM | （5）<br>FE-TSLS | （6）<br>FE-GMM |
| *gmp* | 0.097***<br>(0.03) | 0.124***<br>(0.04) | | | | |
| *mp* | | | 0.144***<br>(0.03) | 0.144***<br>(0.03) | 0.174***<br>(0.03) | 0.174***<br>(0.03) |
| *rain* | 0.00495<br>(0.45) | 0.00691<br>(0.56) | -0.00075<br>(-0.07) | -0.00075<br>(-0.07) | 0.000580<br>(0.05) | 0.000580<br>(0.05) |
| *edu* | -0.541<br>(-1.85) | -0.584<br>(-1.78) | -0.691*<br>(-2.52) | -0.691**<br>(-2.58) | -0.743*<br>(-2.43) | -0.743*<br>(-2.49) |
| *road* | 25.53<br>(1.65) | 55.03**<br>(3.16) | 13.98<br>(0.95) | 13.98<br>(0.97) | 42.25*<br>(2.57) | 42.25**<br>(2.63) |
| *first* | 423.0*<br>(2.51) | 620.4**<br>(3.27) | 590.8***<br>(3.79) | 590.8***<br>(3.88) | 800.7***<br>(4.61) | 800.7***<br>(4.72) |
| *three* | -113.8<br>(-1.75) | -265.0***<br>(-3.63) | -193.9**<br>(-3.23) | -193.9***<br>(-3.31) | -351.5***<br>(-5.27) | -351.5***<br>(-5.39) |
| *fdi* | 8.617<br>(0.76) | 10.09<br>(0.80) | 15.06<br>(1.41) | 15.06<br>(1.44) | 17.11<br>(1.44) | 17.11<br>(1.47) |

续表

| 变量 | 去除本地市场 | | 常住人口 | | 户籍人口 | |
|---|---|---|---|---|---|---|
| | (1)<br>FE | (2)<br>FE | (3)<br>FE－TSLS | (4)<br>FE－GMM | (5)<br>FE－TSLS | (6)<br>FE－GMM |
| gov | －20.93<br>（－0.69） | －34.88<br>（－1.02） | －35.62<br>（－1.24） | －35.62<br>（－1.26） | －50.77<br>（－1.58） | －50.77<br>（－1.62） |
| 常数项 | 322.3***<br>（6.44） | 339.3***<br>（6.04） | 324.2***<br>（6.82） | | 341.6***<br>（6.46） | |
| 观测值（个） | 200 | 200 | 200 | 200 | 200 | 200 |

注：*、**、***分别表示在10%、5%、1%的水平下显著，括号内为t值。

### （四）分区域效应

考虑国内国外市场效应的差异性，而且这种区域市场分异可能会导致整体样本回归系数的不准确性，基于此，本部分将整体市场潜能分成省内市场潜能 smp、去除四川省的省外市场潜能 zmp、代表国外市场的国外市场潜能 fmp，并且采用固定效应模型以及随机效应模型分别度量国外市场、省内市场以及省外市场三种市场效应对城市规模的具体影响（见表5－8），以消除地区差异性对回归结果的影响。

表5－8　区域市场效应

| 变量 | 国外市场效应 | | 省内市场效应 | | 省外市场效应 | |
|---|---|---|---|---|---|---|
| | (1)<br>RE | (2)<br>FE | (3)<br>RE | (4)<br>FE | (5)<br>RE | (6)<br>FE |
| fmp | －79.20<br>（－0.68） | －237.1*<br>（－2.22） | | | | |
| smp | | | 0.399***<br>（5.73） | 0.408***<br>（6.39） | | |
| zmp | | | | | 0.141**<br>（3.02） | 0.173***<br>（4.04） |
| rain | 0.0122<br>（1.02） | 0.0140<br>（1.30） | －0.00283<br>（－0.26） | －0.00261<br>（－0.26） | 0.00405<br>（0.35） | 0.00296<br>（0.28） |
| edu | －0.361<br>（－1.19） | －0.247<br>（－0.89） | －0.454<br>（－1.66） | －0.372<br>（－1.47） | －0.738*<br>（－2.31） | －0.726*<br>（－2.47） |
| road | 49.15**<br>（3.05） | 45.31**<br>（3.05） | 18.06<br>（1.19） | 12.89<br>（0.91） | 29.68<br>（1.81） | 20.46<br>（1.35） |

续表

| 变量 | 国外市场效应 | | 省内市场效应 | | 省外市场效应 | |
|---|---|---|---|---|---|---|
| | (1)<br>RE | (2)<br>FE | (3)<br>RE | (4)<br>FE | (5)<br>RE | (6)<br>FE |
| *first* | 83.60<br>(0.56) | 151.9<br>(1.12) | 488.0 **<br>(3.26) | 535.0 ***<br>(3.84) | 390.8 *<br>(2.24) | 510.2 **<br>(3.14) |
| *three* | 25.10<br>(0.48) | -5.826<br>(-0.12) | -169.2 **<br>(-2.95) | -182.0 ***<br>(-3.46) | -108.5<br>(-1.61) | -150.5 *<br>(-2.44) |
| *fdi* | -1.986<br>(-0.16) | 0.758<br>(0.07) | 15.64<br>(1.39) | 16.92<br>(1.64) | 7.193<br>(0.60) | 10.55<br>(0.97) |
| *gov* | -5.516<br>(-0.17) | 2.767<br>(0.09) | -38.56<br>(-1.29) | -32.93<br>(-1.19) | -29.53<br>(-0.91) | -27.96<br>(-0.94) |
| 常数项 | 340.2 ***<br>(5.00) | 331.6 ***<br>(6.54) | 326.8 ***<br>(5.08) | 315.9 ***<br>(6.85) | 340.4 ***<br>(5.06) | 327.6 ***<br>(6.68) |
| 观测值（个） | 200 | 200 | 200 | 200 | 200 | 200 |

注：*、**、*** 分别表示在10%、5%、1%的水平下显著，括号内为 t 值。

### （五）实证结果解释

本章通过上述实证研究的估计结果和相关处理，可以得到如下结论。

第一，在控制其他条件不变的情况下，市场潜能系数在1%的显著性水平下为正，且为0.147。这表明在四川省范围内，从城市规模的角度来说，周围城市的潜在需求对城市规模具有显著影响，换句话来讲，周围地区对城市产品的需求越大，潜在购买力越强，其城市规模越大，越有利于城市规模的扩张。这证实了本章的第一个假设：市场潜能能够显著影响城市规模。而细究其背后原因，从新经济地理学的角度而言，市场规模的变化会导致区域间的前向关联和后向关联，而这两种关联效应会促使经济向靠近消费市场以及原材料市场份额大的地方集聚，促进区域内的分工和优化区域经济效率。再者，这两种关联又会产生本地市场效应以及价格指数效应，而这两种效应是导致新经济地理学中块状经济产生的集聚力量。且它们都具备循环累积的因果关系，因此会在自然条件下不断发挥正反馈机制的作用。

第二，年降雨量代表的第一自然变量对城市规模的影响并不显著，四川地处亚热带，虽然受到地形和不同季风环流的交替影响，气候复杂多变，东部的四川盆地属于亚热带湿润气候，其年降水量大多为900～1200

毫米，而川西部分地区虽然降水量少，但除去凉山州以外，降水量也为800~1000毫米。因此，从样本区域来看，四川地区年降水量的分布差异可能不足以影响城市规模，该系数不显著的原因可能在于样本的空间分布的差异性不足。当然作为第一自然的因素还有很多，比如光照强度、矿产资源以及邻近的港口、湖泊、河流等，都会在一定程度上对城市的人口吸纳能力产生一定影响。

第三，从人力资本的角度来看，人力资本对城市规模的影响显著性不是很强，并且系数为负。这与内生增长等理论所持有的观点相反，且与部分学者得出的实证结果相反。这可能是因为对人力资本要素的度量比较粗糙，仅采用每十万人中中学专职教师数来衡量。一般来讲，人力资本是通过人力资本外部性作用于城市主体，从而增强城市对要素的吸附能力。从人力资本外部性而言，一个人受教育水平的提高不仅提高了自己的私人收入，还在与其他人的社会互动中产生了知识外溢，个人能够从其他人受教育水平的提高中获得收益，包括收入提高、就业机会增加、生活质量改善等（陆铭，2016；Glaeser and Lu，2018），从而吸引更多的人力资本流入城市当中，进而促进城市规模的扩张（Eeckhout et al.，2014；梁文泉、陆铭，2015；Diamond，2016）。

第四，从产业结构角度来讲，第一产业系数和第三产业系数在5%的显著性水平下分别为正和负，信息化推动下的经济结构的服务化是产业结构升级的一种重要特征，鉴于在"经济服务化"过程中的一个典型事实是第三产业的增长率要快于第一、第二产业的增长率（吴敬琏，2008），从配第-克拉克定理的角度来看，城市产业结构优化调整过程是一个三产比重逐渐提升、一产比重逐渐降低的过程。这种优化型结构是城市规模扩大的核心动力，但是也有部分学者如刘伟和张辉（2008）、干春晖和郑若谷（2009）的研究表明，产业结构对经济增长有积极的影响，但他们也指出这种"结构红利"随着改革的推进在逐步减弱。吕铁（2002）、李小平和卢现祥（2007）对中国制造业的研究发现，产业结构变化带来的"红利"并不显著。而本章的实证结果表明，产业结构中一产促进了城市扩张而三产却抑制了城市的扩张。这说明结构红利并没有在四川地区取得正向的影响作用，原因可能在于现阶段四川区域的产业结构还停留在三产很低，一产、二产很高的阶段。如2018年川南地区的攀枝花市、泸州市、内江市，川东地区的雅安市、资阳市等的三产比重低于 30%，服务业产能不足，产业结构的不合理导致难以释放结构红利、提升城市的吸附能力。

第五，从分区域市场效应的结果来看，四川省省内市场潜能的作用系数为 0.408，在 1% 的水平下显著，四川省省外的市场潜能作用系数为 0.173，也在 1% 的水平下显著。这说明无论是省内市场潜能还是省外市场潜能都对城市规模具有正向影响，但是省内市场的影响系数显著大于省外市场的影响系数。这可能是由两个原因导致的。一方面，由于空间溢出效应和距离衰减效应，省外市场距离较远，需要承担较高的运输成本和交易识别成本，对于省外市场而言，川内厂商相对于省外本土厂商来说不具备竞争优势，因此省外市场潜能作用相对较弱。刘冲等（2020）在研究中提出，市场潜能能够影响运输成本从而影响行业间的资源配置，进而调整企业的竞争优势。另一方面，由于省域行政边界和市场分割边界的存在。唐为（2019）从行政分权的角度探讨了这种边界效应对城市经济发展的影响。由于空间层级网络也是自成体系的，所以特定区域内城市间的交流尤为明显，其影响也尤为显著。从行政分权和官员的晋升机制来看，省域行政边界下各城市群体之间可能存在竞争关系，从而削弱了市场潜能的跨区域影响。最后，国外市场潜能显著性较弱，仅在 10% 的水平下显著为负，这个显著性水平下的结果可能是不具备稳健性的。此外，从空间角度来看，四川省位于西南边陲区域，其进出口国家和地区主要集中于美国、东盟、欧盟、日本和中国台湾，出口主要依赖集成电路、笔记本电脑等机电产品，占比约为 87.7%，可能挤占了一定的本地市场，导致其存在的遮掩效应影响了系数。由此也证明了本章的第二个假设：分区域市场下的市场潜能对城市规模的影响具有异质性。

**（六）中介效应检验**

上述部分已经表明，市场潜能有利于促进四川省城市规模的扩大。并且，在区域划分的样本条件下，省内市场潜能、省外市场潜能以及国外市场潜能对城市规模的影响作用具有异质性，省内市场的作用大于省外市场。本部分基于前文对市场潜能影响城市规模的作用途径和内在机理的理论文献分析，对四川省城市样本下市场潜能促进城市规模扩大的内在机制进行检验，并且使用依次检验、Bootstrap 等中介检验模型对本章所论述的市场潜能—工资—城市规模、市场潜能—产业集聚—城市规模、市场潜能—市场分割—城市规模三种机制进行检验，并且通过控制变量、核心变量替代、部分内生性检验等方法尽可能得出较为稳健的中介检验结果。

1. 工资中介效应

对于广义的城市规模而言，城市规模的扩张最直观的表现就是人口要素的跨区域流动。发展经济学下的刘易斯-拉尼斯-费模型强调的是工资水平随着市场因素的动态调整，决定了劳动力要素的流动。城市经济学下的工业城市理论强调的是要素价格的调整决定了区位均衡，而工资水平的变动直接影响了代表性企业的生产曲线，从而影响了均衡条件下的边界值，影响了市场范围和城市规模。新经济地理学下的核心—边缘模型以及自由企业家模型和自由资本模型的共同特点是强调区域内的集聚效应是通过要素回报率的差值来驱动的。简而言之，两地区的工资率差异，影响了某区域的人们是否离开家乡前往新城市工作的决策。此外，劳动经济学中的补偿性工资差异理论告诉我们，企业为了吸引潜在的工人流入，还必须支付涉及分工和个人需求在内的工人的补偿性额外工资。因此，各理论的共性是不难发现的，也就是说，要想实现城市规模的扩张这种空间内的集聚效应，作为人口跨区域流动的工资激励是极其重要的因素。

而市场潜能对工资水平的影响体现在新经济地理学的工资方程中，过高的市场潜能代表了过高的市场接近度。Hanson（1996）分析了1965～1988年墨西哥城市的数据，发现各区域内的工资水平与其距离墨西哥中心市场的距离呈反比关系。为了进一步论证市场因素和区域工资水平之间的实际关系，Hanson（2005）基于新经济地理学的理论模型建立了市场潜能层面的工资方程，分析了美国3075个县域数据，并且以同心圆的处理方法，得出了市场潜能对工资水平的促进关系，其弹性系数为0.28，并且得到这种关系的作用边界是1800公里。这种促进关系被学者们广泛证实（Mion and Naticchioni，2005；Kiso，2005；葛晶等，2016）。

因此，针对工资效应，本部分将采用中介效应中的依次检验进行分析，首先中介效应是通过分析自变量 $X$ 对因变量 $Y$ 的影响过程，如果发现自变量对因变量的影响是通过中间变量 $M$ 实现的，那么我们称变量 $M$ 是自变量 $X$ 和因变量 $Y$ 之间关系中的中介变量（见图5-4）。接下来，就 Baron 和 Kenny

(1986)、温忠麟等（2004）的依次回归检验思想做简要介绍。

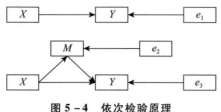

图 5 - 4    依次检验原理

第一步检验 $Y = cX + e_1$ 的路径系数 $c$，系数 $c$ 表示了自变量 $X$ 对因变量 $Y$ 产生影响的总效应。第二步检验方程 $M = aX + e_2$，其中系数 $a$ 表示自变量 $X$ 作用于中介效应 $M$ 的效应。第三步检验方程 $Y = CX + bM + e_3$，检验系数 $C$ 和系数 $b$ 的大小。其中系数 $b$ 表示中介变量作用于被解释变量 $Y$ 的效应，$ab$ 构成了上述过程关系中的间接效应，也称为中介效应；而系数 $C$ 表示的是，在控制了中介变量 $M$ 之后，自变量 $X$ 对因变量 $Y$ 的作用影响，也就是自变量和因变量之间的直接效应。因此，我们将直接效应和间接效应相加就得出了总效应 $ab + C$，而中介效应的分析实质上就是要检验 $ab$ 中介效应是否存在，以及它在总效应当中的占比程度。

基于此，在以上部分的因果分析基础上，加入城市工资水平变量（$wage$），数据来源于 2010 ~ 2019 年《四川统计年鉴》，样本是四川省包括成都市、资阳市、攀枝花市在内的 20 个地级市的面板数据，将工资水平变量作为中介变量，借鉴温忠麟等（2004）的研究，构建如下中介效应模型：

$$scale_{it} = \alpha_1 mp_{it} + \alpha_2 Z + \mu_i + \varepsilon_{it} \qquad (5-12)$$

$$wage_{it} = \beta_0 + \beta_1 mp_{it} + \beta_2 Z + \mu_i + \varepsilon_{it} \qquad (5-13)$$

$$scale_{it} = \gamma_0 + \gamma_1 mp_{it} + \gamma_2 wage + \gamma_3 Z + \mu_i + \varepsilon_{it} \qquad (5-14)$$

其中，$scale_{it}$ 表示的是城市规模的测度指标，采用城市 $i$ 在 $t$ 年的常住人口指标衡量，$mp$ 和 $wage$ 表示的是城市市场潜能水平和城市就业人员的平均工资。控制变量 $Z$ 依次加入气候要素、人力资本、交通基础设施条件、产业结构、固定资本投资等，以排除其他因素对工资效应的干扰。这些变量的定义与前文一致。经检验，工资水平的中介效应依次检验结果如表 5 - 9 所示。

表5-9  工资中介效应检验

| 变量 | (1) scale | (2) wage | (3) scale | (4) scale | (5) wage | (6) scale |
|---|---|---|---|---|---|---|
| mp | 0.0243 ** (0.0116) | 0.6984 *** (0.0152) | -0.0077 (0.0417) | 0.1470 *** (0.0274) | 0.6680 *** (0.0313) | 0.0598 (0.0521) |
| wage | | | 0.0458 (0.0573) | | | 0.1306 * (0.0663) |
| 控制变量 | 否 | 否 | 否 | 是 | 是 | 是 |
| 固定效应 | 是 | 是 | 是 | 是 | 是 | 是 |
| 观测值（个） | 200 | 200 | 200 | 200 | 200 | 200 |
| $R^2$ | 0.0239 | 0.9221 | 0.0274 | 0.1948 | 0.9511 | 0.2126 |

注：* 、** 、*** 分别表示在10%、5%、1%的水平下显著，括号内为标准误。

表5-9中第（1）~（6）列报告了上述模型的检验结果，其中第（4）~（6）列对应的是上述公式（5-12）~公式（5-14）。此外，为了保证中介检验结果的有效性和稳健性，第（1）~（3）列是去除控制变量的依次检验结果，并且与加入控制变量的第（4）~（6）列结果形成对比。此外，为了控制个体和时间效应的影响，本章纳入了固定效应来去除可能存在的两方面偏误，从而得出较为稳健的中介效应检验结果。

可以很直观地看到，和因果关系的部分结果一致，市场潜能显著地影响了四川省的城市规模，影响系数为0.147。此外，第（5）列也表明了市场潜能和工资水平之间具有十分显著的正向关系，也在一定程度上检验了新经济地理学工资方程的有效性。这和之前理论梳理的结论是一致的。第（6）列表明了当控制 wage 对城市规模的影响时，工资水平的影响系数依然显著。这说明，工资水平是市场潜能与城市规模之间关系的中介变量，也意味着过高的市场潜能可以提升区域内的工资水平，从而促进城市规模的扩大。这也证实了本章的假设3：市场潜能通过影响城市内的工资水平进而影响城市规模。

2. 集聚中介效应

从产业集聚理论发展的沿革来看，区域内各种产业和各种经济活动形成的空间集聚，是使得城市规模不断扩张的核心要素。世界上极具规模的城市都具有自身特征，比如美国加利福尼亚北部的硅谷集聚了大量的 IT 巨头和高科技企业；日本东京是日本章化教育的中心，也拥有世界规模最大的铁路交通枢纽；洛杉矶集聚着全球规模顶尖的工商业企业，也集聚着美国石油化工、航天的大型基地。再比如我国科技创新中心、国家物流枢纽上海，号称以金融业迈入发达国家行列的新加坡，以及集聚着全国工商业半壁江山的墨西哥城。

佩鲁的增长极理论更是强调了这种主导产业的集聚力量下驱动的关联效应和波及效应，而这种区域内的关联效应是通过理论部分所梳理的空间网络增进形成的。这种区域内的空间网络一旦形成就会产生艾萨德的产业综合体理论中所提及的网络外部性，而这种网络外部性分为消费者互相依赖的直接外部效应和产品之间技术互补性的间接外部效应，从而促进城市规模的扩张。而随着城市规模的扩张，越大规模的城市所能容纳的知识外溢越大，所能产生的外部性也越大，反过来越能加剧空间内的产业集聚现象。这就形成了缪尔达尔所提出的循环累积因果效应。因此，从理论和实际的角度都不难得出，一城市规模与其城市内部的产业集聚有紧密联系。

上文的理论梳理也说明了市场潜能对产业集聚的影响，因此本节将针对这种可能存在的产业集聚中介效应进行检验。由于传统的依次检验中介效应存在一定的局限性，其依靠系数 $c$ 的显著性，但当直接效应和间接效应对冲产生遮掩效应时，中介效应会被依次检验法忽视掉（MacKinnon et al.，2000），对此本节将采用检验效力更强的 Bootstrap 检验。值得注意的是，温忠麟和叶宝娟（2014）提出，依次检验是中介效应检验中检验力最弱的。但是如果依次检验能得到显著结果，那么其结果的可靠性是优于 Sobel 检验和 Bootstrap 检验的。而本章的三个机制检验也统一按顺序采取依次检验、Bootstrap 检验进行。

对此，本节简要介绍了系数乘积检验法中的 Sobel 检验和 Bootstrap 检验的相关原理。系数乘积检验法不同于依次检验，是通过直接针对 $H_0 = ab = 0$ 的原假设进行的。其中 Sobel 检验的统计量 $Z = \dfrac{\hat{a}\hat{b}}{s_{ab}}$，其中 $\hat{a}$ 和 $\hat{b}$ 分别表示的是 $a$ 和 $b$ 的估计值，并且其标准误为 $se\ (ab)\ = \sqrt{\hat{a}^2 se_b^2 + \hat{b}^2 se_a^2}$。但是 Sobel 检验虽然检验力强于依次检验，但是其局限于假设 $ab$ 的估计值服从整体分布，这一点是很难满足的。因此，Bootstrap 检验也是基于 $ab = 0$ 的原假设，但是其根据标准误的理论概念对样本进行有放回的抽样，进而得到更加准确的标准误。此外，温忠麟和叶宝娟（2014）认为 Bootstrap 检验可以取代 Sobel 检验的系数乘积检验法。

因此，为了考察市场潜能通过产业集聚程度来影响城市规模，参照苏丹妮等（2018）、陈国亮和陈建军（2012）的做法，以制造业区位熵来衡量城市内的产业集聚程度。

$$maggli = \frac{\frac{E_{im}}{E_i}}{\frac{E_{km}}{E_k}}$$

其中，$maggli$ 表示的是城市 $i$ 的制造业区位熵，$E_{im}$ 表示的是城市 $i$ 制造业的就业人数，$E_i$ 表示的是城市 $i$ 的总就业人数，$E_{km}$ 表示的是全国范围内的制造业就业人数，$E_k$ 为全国的就业人数。而通过抽样 500 次，Bootstrap 检验结果如表 5 - 10 所示。

表 5 - 10　集聚中介效应检验

| 变量 | （1）去除本地市场效应 | （2）去除本地市场效应 | （3）常住人口 | （4）常住人口 | （5）户籍人口 | （6）户籍人口 |
|---|---|---|---|---|---|---|
| 间接效应 | 0.1894 *** (0.0686) | 0.1264 ** (0.0646) | 0.2286 *** (0.0715) | 0.1860 *** (0.0702) | 0.1958 *** (0.0614) | 0.1228 ** (0.0544) |
| 直接效应 | - 0.0002 (0.1125) | - 0.2080 (0.1273) | 0.2276 * (0.1203) | 0.1287 (0.1442) | 0.2671 *** (0.1018) | 0.0788 (0.1249) |
| 中介因子 | 正 | 正 | 正 | 正 | 正 | 正 |
| 控制变量 | 否 | 是 | 否 | 是 | 否 | 是 |
| 固定效应 | 是 | 是 | 是 | 是 | 是 | 是 |
| 观测值（个） | 200 | 200 | 200 | 200 | 200 | 200 |
| 抽样数（次） | 500 | 500 | 500 | 500 | 500 | 500 |
| Bootstrap 中介占比（%） | 100 | 100 | 50.11 | 100 | 42.30 | 100 |

注：* 、** 、*** 分别表示在10%、5%、1%的水平下显著，括号内为标准误。

由 Bootstrap 检验报告，我们可直观地根据间接效应的显著性判断中介效应的存在。表 5 - 10 第（1）～（2）列去除本地市场效应以解决可能产生的互为因果的内生性问题，第（3）～（6）列将常住人口、户籍人口纳入检验以确保检验结果的稳健性。而第（2）列、第（4）列、第（6）列均纳入控制变量，值得注意的是，由于原控制变量中产业结构对产业集聚的中介检验可能存在一定的内生性影响，所以将第三产业占比、第一产业占比两个控制变量剔除。从结果上可以明显看出，市场潜能能够依靠促进区域内的产业集聚进而促进城市规模扩张。也就是说，产业集聚是市场潜能促进城市规模的一个正向中介。这也符合前文对集聚中介理论梳理下的预期，证实了本章的假设4：过高的市场潜能能够通过促进区域内的产业集聚，从而促进城市规模的扩张。

3. 市场分割中介效应

为了探究市场潜能可能引起的空间溢出效应和空间交互影响，根据斯密－杨格定理所提出的市场规模会加剧区域内的市场分工，可以更好地促进区域间的市场一体化。其内在理论机制也在理论部分进行了阐明和梳理。而本部分将纳入市场分割指数进行市场潜能影响的中介机制检验，目的是检验在市场潜能促进城市规模扩张的过程中，区域间的市场分割程度是否起到重要作用。

目前学术界对于市场分割指标的衡量大致有生产结构法（Young，2000；白重恩等，2004）、贸易流量法（Naughton，1999）、经济关联法（Xu，2002）、价格指数法（Parsley and Wei，1996；桂琦寒等，2006）等四类方法。前三种由于存在市场整合评价层面的局限性，难以形成与现实数据相匹配的整合度指标（桂琦寒等，2006），因此学术界多采用价格指数法进行测度。价格指数法的理论基础是萨缪尔森1954年提出的"冰川成本"理论。该理论认为，尽管在市场间套利机制存在的情况下，区域间价格会产生波动，但只要相对价格处于一个区间内，那么便可认为两地之间的市场是整合的，并以此来解释两地之间"一价定律"的失效性。而价格指数法能够更准确地反映国内市场分割的程度，基于此，本部分依据价格指数法来进行四川省各地级市的市场分割程度的测算。

本节数据来源于2012～2019年《四川统计年鉴》，由于数据缺失且为保证指标口径的统一性，借鉴相关学者的研究（付强，2017；桂琦寒等，2006；王许亮，2020），本章采用了食品类、饮料烟酒类、服装鞋帽类、中西药品类、燃料类、日用品类以及家用电器类等7类销售价格指数，测算了 2011～2018 年包括成都市在内的 10 个地级市的市场分割指数，具体过程如下。

首先，计算 $k$ 类商品的相对价格指数的绝对值，以自然对数作差的形式实现，公式如下：

$$\Delta Q_{ijt}^{k} = \ln(p_{it}^{k}/p_{jt}^{k}) - \ln(p_{i,t-1}^{k}/p_{j,t-1}^{k}) = \ln(p_{it}^{k}/p_{i,t-1}^{k}) - \ln(p_{jt}^{k}/p_{j,t-1}^{k})$$

其中，$\Delta Q_{ijt}^{k}$ 为第 $k$ 类商品的相对价格指数，$p_{it}^{k}$ 和 $p_{jt}^{k}$ 分别表示城市 $i$ 和城市 $j$ 在 $t$ 年时第 $k$ 类商品的价格指数。

其次，通过均值法去除包括自身价格影响在内的固定效应，其公式为：

$$q_{ijt}^{k} = |\Delta Q_{ijt}^{k}| - |\Delta Q_{t}^{k}|$$

最后，计算两个城市之间 7 类商品相对价格变动的方差，并且通过组合值基于各城市进行合并，求出波动方差的组内均值即为城市 $i$ 的市场分割指数。以同样的方法进行 Bootstrap 检验，通过更换被解释变量以及控制其他因素影响来得到较为稳健的中介效应检验结果，具体结果如表 5-11 所示。

表 5-11　市场分割中介效应检验

| 变量 | （1）去除本地市场效应 | （2）去除本地市场效应 | （3）常住人口 | （4）常住人口 | （5）户籍人口 | （6）户籍人口 |
|---|---|---|---|---|---|---|
| 间接效应 | 0.364 *** (0.1338) | 0.254 *** (0.0912) | 0.273 *** (0.0974) | 0.333 *** (0.1160) | 0.228 *** (0.0819) | 0.311 *** (0.1158) |
| 直接效应 | 0.087 (0.3075) | 1.403 *** (0.2699) | 1.036 *** (0.2999) | 0.964 *** (0.3198) | 0.815 *** (0.2619) | 0.699 ** (0.2843) |
| 中介因子 | 负 | 负 | 负 | 负 | 负 | 负 |
| 控制变量 | 否 | 是 | 否 | 是 | 否 | 是 |
| 固定效应 | 是 | 是 | 是 | 是 | 是 | 是 |
| 观测值（个） | 80 | 80 | 80 | 80 | 80 | 80 |
| 抽样数（次） | 500 | 500 | 500 | 500 | 500 | 500 |
| Bootstrap 中介占比（%） | 100 | 15.33 | 20.86 | 25.67 | 21.86 | 30.79 |

注：** 、*** 分别表示在 5%、1% 的水平下显著，括号内为标准误。

表 5-11 中第（1）~（6）列为中介效应检验结果，第（2）列、第（4）列、第（6）列均控制了其他因素对中介检验的影响，我们可以很直观地看到，间接效应在 p 值小于 0.01 的水平下显著，且报告中 Bootstrap 检验的间接效应置信区间没有经过 0 值，表明市场分割中介效应是存在的。在总效应为正的情况下，间接效应为正且中介因子系数为负。这表明，在市场潜能促进城市规模扩大的过程中，市场潜能是通过降低区域间的市场分割程度起到促进城市规模扩大的作用，这与之前理论部分的结论是相符合的。因此，在市场潜能促进城市规模扩大的过程中，市场分割程度是它的一个内在机制，也证实了本章的最后一个假设：市场潜能通过改变市场分割水平从而影响城市规模。

# 第四节　结论与政策建议

城市经济和城市规模一直是区域发展的核心，也是当前城镇化工作的重点。而随着经济结构和城市体系的不断变化，城市规模也不仅仅局限于传统的城乡二元结构。所以说探究城市规模影响因素十分重要，对于当代城市治理也具有极其重要的意义。而本章基于新经济地理学的视角，以四川省城市数据为依托，重点关注了不同区域间的市场力量对城市规模的异质性影响，以及这种影响的内在机理。通过混合最小二乘法估计、随机效应模型、固定效应模型以及工具变量法中的两阶段最小二乘法和广义矩估计对这种关系进行了实证检验。对于内在机制的中介分析，采用了依次检验、Sobel 检验以及 Bootstrap 检验验证了三类市场潜能影响城市规模的假设中介。

## 一　结论

本章运用理论和实证分析相结合的方法，得出如下主要研究结论。

第一，市场潜能能够显著促进城市规模的扩大。具体而言，更高的市场潜能代表着更高的市场可达性。首先，由于本地市场效应的存在，市场潜能产生的需求影响着厂商的选址决策，从而有利于区域内形成产业专业化和多样化集聚，形成的产业集聚能够更好地发挥外部性，进而促进城市规模的扩张。其次，更高的市场潜能能够促进区域内对劳动力的需求，从而通过影响劳动力市场的供求均衡来影响城市内的工资水平，以此来吸引人口向区域内流入，进而扩大城市规模。最后，更高的市场通达性会直接抑制市场分割水平，也就是增加城市网络间的交互行为，使得市场一体化形成，这也有助于城市规模的扩大。

第二，不同区域下的市场潜能对城市规模的影响具有异质性。通过四川省城市面板数据的实证分析，我们可以清晰得出省外市场潜能的作用力明显小于省内市场潜能的作用力。原因在于对于省外市场而言，四川省城市间的市场交互更为频繁，区域内的要素交流更为紧密，也更有效率，能够直接通过本地市场效应产生的集聚力量来获得多样化的产品和服务，提升该城市的居住效用。此外，由于省域行政边界的存在，各省政府存在的晋升激励和业绩对比产生的边界效应，也削弱了省外市场力量对于省内城市规模的促进作用。

第三，市场潜能通过提升区域工资水平来促进城市规模的扩大。对于人口迁移理论而言，选择该城市的净效用函数是决定跨区域人口流动的核心要素。城市想要通过吸引流入人口来扩大城市规模需要提升城市的吸引力。而对于劳动力而言，最直接的激励便是工资。更高的工资水平能够使劳动力拥有更高的生活质量和消费水平，从而提升城市人口的效用水平，吸引人口的跨区域流入。

第四，市场潜能能够通过提升区域内产业集聚程度来促进城市规模的扩大。市场潜能通过本地市场效应促进产业集聚的发生，而产业集聚一旦发生便会直接推动城区内空间节点和城区布局。在市场力量的促进下，各类要素在区域内流动，从而不断加强城区内的网络系统和空间内经济的联结性，提升了经济效率，也直接促进了城市的发展。而在不断加强的城市空间网络和雅各布斯外部性下，城市内企业的长期平均成本曲线开始下移，促进了全要素生产率的提升。而相互集聚的企业不断形成的知识外溢和企业竞争，也在一定程度上提升了区域内的创新水平，使得城市经济效益不断提高，最后提升了城市吸纳人口的能力。

第五，市场潜能能够通过降低区域内的市场分割水平来促进城市规模的扩大。具体而言，市场潜能的提升会导致对外开放水平的提高以及政府改革的政策成本增加，从而抑制市场分割水平。而抑制市场分割水平又可以通过促进区域内的专业化分工、空间互动、技术效率以及资源配置效率的提高来促进城市规模的扩大。

## 二 政策建议

第一，重视国内市场在促进城市规模方面发挥的重要作用，通过刺激需求端来提高城市的市场潜能。在当今以国内大循环为主体、国内国际双循环相互促进的新发展格局下，扩大需求端能力、释放内需是促进城市规模扩大的关键所在。从四川省格局来看，处于边缘地区的巴中、广元、攀枝花以及甘孜、阿坝等地区市场潜能较低，内需不足，难以发挥本地市场效应来带动当地经济发展。

第二，加强邻近区域的经济联系，加强成都平原城市群、川南城市群、川东北城市群以及攀西城市群等城市群的内部经济联系。从市场潜能对城市规模的实证分析中可以直观看出，四川省内市场潜能高的城市集中于成都平原、川东南一带。成都平原城市群主要以成都—德州—绵阳为轴线。川东北主要以南充、达州为双核心，川南五市乐山、内江、自贡、宜宾以及泸州较为平均。但经济实力最强的宜宾由于地处四川、云南、贵州三省的结合处且离川渝双核心城市距离较远，在川南地区拥有最低的市场潜能。而地处川西的攀枝花、甘孜以及阿坝地区边缘化严重。

第三，培育产业集群，提升城市竞争优势。依托区位特性，打造智能化、数字化、集群化、特色化的产业集群。加强对城市内部增长极的培育，以核心产业为基础、省内市场为核心带动区域经济发展，更好地发挥省内市场力量对城市规模的促进作用，打破一城独大的格局。

# 第六章　人口集中与城市群经济的增长效应

## 第一节　研究背景与文献述评

### 一　研究背景

党的十九大报告把区域协调发展战略列为全面建成小康社会、开启全面建设社会主义现代化国家新征程的重大战略之一。这是在我国社会主要矛盾转化为人民日益增长的美好生活需要和不平衡不充分发展之间的矛盾的基础上提出来的，区域发展不平衡不充分在我国经济社会发展中长期存在，也是新时代社会主要矛盾的主要方面。2017年，中央经济工作会议对区域协调发展有更详细的阐述，明确提出了实施区域协调发展战略的方向和目标，而且对我国一些重大的区域发展战略的内容做了阐述，如京津冀协同发展强调以疏散北京首都功能为重点推进长江经济带发展是以生态优先、绿色发展为引领。并进一步提出，要提高城市群质量，推进大中小城市网络化建设。2018年，中央经济工作会议又进一步把统筹推进西部大开发、东北全面振兴、中部地区崛起和东部地区率先发展综合到一个体系中，并提出要推进城镇化发展，提高大城市的精细化管理水平。这表明，推进区域协调发展已经形成了包括战略、目标、内容和路径的全面战略体系，而其中以城市群为增长极带动中西部地区和东北地区发展，推动城市群地区成为引领高质量发展的重要动力源，实现区域协调发展已经成为经济社会发展战略的重点。

我国的城镇化经过新中国成立以来70余年的发展，特别是改革开放40多年的快速发展，已经从早期的以人口城镇化为主要内容的粗放城镇化向以现代产业为内容的城镇化发展，这一过程随着城镇体系的现代化，形成了以中心城市为核心的城市群，并在空间上成为带动区域发展的增长极。《国民经济和社会发展第十四个五年规划和 2035 年远景目标纲要》描述了 19 个国家级城市群，优化提升五大城市群，即京津冀、长三角、珠三角、成渝、长江中游等城市群，发展壮大五大城市群，即山东半岛、粤闽浙沿海、中原、关中平原、北部湾等城市群，培育发展九个城市群，即哈长、辽中南、山西中部、黔中、滇中、呼包鄂榆、兰州—西宁、宁夏沿黄、天山北坡等城市群。如果对上述 19 个国家级城市群进行分析会发现，从四大板块分布来看，东部地区 5 个、中部地区 3 个、西部地区 9 个、东北地区 2 个，既体现出东部地区先行发展的优势，也体现出西部落后地区的快速发展势头。值得注意的是，在优化提升城市群中，包含了东部、中部、西部三大地带，表明我国的城市群发展整体上进入了成熟期。城市群发展规划与区域发展六大战略是相辅相成的，其中京津冀协同发展、粤港澳大湾区建设和长三角一体化三大战略分别依托京津冀城市群、珠三角城市群和长三角城市群建设，而长江经济带又囊括了长三角、长江中游和成渝三个优化提升的城市群，从而形成了推进区域协调发展的总体框架。

实际上，在这一过程的背后，人口的空间流动起了重要的作用。改革开放初期，人口的城乡和区域迁移突出的表现是从农村到城市，从中西部地区向东南沿海流动。如果从宏观的视角来看，这些人口的流动都是围绕大城市进行的，特别是近年来，新增的人口流动几乎都是围绕都市圈进行的。2016～2019 年，长三角城市群年均人口净流入为 69 万人，较上一个五年的年均 3 万人扩大了 20 倍有余；西部的成渝城市群也由 2001～2010 年的年均 63 万净流出，变为净流入，2011～2015 年年均净流入为 19 万人，近 4 年更是增长到 27 万人。[①] 进一步，省会城市在过去 4 年中人口流入趋势明显，更体现了中心城市的吸引力，可见从人口集中的结构和性质来考察城市群的发展，能够深入地理解区域发展的性质。

## 二　文献述评

### （一）区域协调发展的研究

区域的概念最早为地理学所用（陈秀山、张可云，2003），它并没有

---

① 任泽平：《中国人口大迁移的新趋势》，第 1 财经网，2021 年 7 月 14 日，https://www.yicai.com/news/101110019.html。

严格的范畴和位置。它虽然客观存在，但更多的是存在于人们的抽象观念中。当我们讨论或研究区域时，我们就会根据研究对象或问题来界定区域。美国经济学家胡佛（E. M. Hoover）于 1970 年给出的定义是："区域是基于描述、分析、管理、计划或制定政策等目的而作为一个应用性整体加以考虑的一片地区。它可以按照内部的同质性或功能一体化原则划分。"目前来看，区域主要包括如下特征。首先，区域是一个既抽象又具体的空间，其边界是模糊的（刘鹤，2007）。其次，区域具有层级性，这可根据其发展阶段来考察，也可根据其市场发育程度来划分（魏江、郑小勇，2012）。最后，区域是开放的，虽然在一定范围内进行要素和生产的组织，但它在不停地与外界进行交流，包括要素和产品，并在这一过程中促进自身的变动（张永凯，2014）。可见，我们研究的区域不是一个静止的概念，因而存在不同阶段不同程度的不平衡，平衡是暂时的，不平衡才是常态。

区域不平衡只是表现，不平衡的背后是区域利益的差异。区域发展的最终追求是实现经济效益最大化，是区域经济中各主体的利益创造和利益分配问题。如果区域利益协调出现问题，就会出现区域利益主体为避免利益损失而进行区域竞争或拒绝合作的现象，导致区域经济发展出现失衡（马桂兰，2012）。另外，由于区域具有等级性和层次性，当矛盾和冲突在不同层级发生时，为了保证更大范围的利益也会容许适当的失衡（陆玉麒、董平，2013），从而引起发展不平衡。要在真正意义上推进区域经济协调发展，应对区域内各主体之间的需求进行合理分配（卫鹏鹏，2009）。

区域经济发展差异问题由来已久，且具有长期性、广泛性和普遍性，西方学者对发展差距的认识主要基于均衡发展理论（Balanced Growth）和非均衡发展理论（Unbalanced Growth）展开。区域经济均衡发展理论又包括莱宾斯坦的临界最小努力理论（1957 年提出）、纳尔逊的低水平均衡陷阱理论（1956 年提出）、罗森斯坦—罗丹的大推进理论（1943 年提出）和纳克斯的贫困恶性循环理论（1953 年提出）等。非均衡发展理论主要包括缪尔达尔的循环累积因果论、赫希曼的不平衡增长论、弗里德曼的中心—外围理论以及威廉姆森的区域经济梯度推移理论。但总体而言，区域经济均衡发展理论是建立在新古典经济增长理论基础上的（李晓蕙，2009）。在自由市场机制作用下，要素在区域间的流动能够自动消除区域差异，并最终实现区域经济增长的均衡。这些理论也得到了部分实证研究的支持

（Williamson，1965）。Baumol（1986）最先利用工业化国家的数据证实了收敛现象的存在，但 De Long（1988）却发现该结果样本选择有偏，如果把样本扩展到非工业化国家，则不存在收敛现象。收敛还是发散未能在理论上取得共识。

更多的文献则旨在提出促进区域经济协调发展的政策，一种观点强调了政府政策的作用，如江世银（2003）认为市场调节成本过高，实现区域经济协调发展必须依靠政府的力量。谢濛和魏如山（1999）通过比较国际上三种不同性质的区域经济协调发展模式后认为，政府干预型区域经济协调发展政策符合各国的政策要求。另一种观点则强调应该从发展战略的高度来强调区域协调发展，如陈栋生（1989）提出体制发展下的区域整体发展问题，蔡玉胜（2006）则提出东、中、西、东北四大区域在更高层面的协调发展战略。目前来看，学者们更强调区际利益与合作问题。魏后凯（1993）论证了区域利益存在的客观性，并认为正确处理区际利益是建立区域经济协调机制的关键。覃成林（1996）认为应该由中央政府来强化区域经济管理，以协调区域发展中的各种经济计划、政策和措施，建立新型区际关系。

## （二）人口集中与城市群经济

随着我国区域经济发展重心的不断转移，区域经济发展的不平衡状况也发生了变化，由原来的东中西呈带状分布开始变为块状分布。这种变化是以国家区域经济发展战略为导向的，改革开放初期是以促进东部地区先行先试为政策导向，而从"十一五"开始，我国的区域经济发展重心已经调整为以城市群为核心的块状区域，从而形成了新的区域发展格局（张学良，2013）。从世界上来看，经济高度向城市群地区集中也已经成为不可逆转的趋势。据世界银行统计，世界上一半的经济活动集聚在不到全球土地面积1.5%的范围之内，美国生产效率最高的城市区域仅占全国总面积的3%，却集中了2.43亿人口，日本则是在不足国土面积4%的土地上集中了3500万人口。城市群经济的核心来源于专业化和规模效应，城市群经济能够提高城市整体的资源配置效率，从而在城市群空间范围内组织资源要素以提高生产率，形成经济社会发展水平、生态发展和环境承载力的协同（张学良、李培鑫，2014）。

当前，全球正经历最大规模的城镇化进程，根据联合国的预测，人口向城市的集中主要表现在亚洲。万广华等（2014）的研究认为，城镇化进程仍然主要受经济增长的影响，经济每提高 1 个百分点，城镇化会增长 0.9 个百分点。但他们基于跨国数据的研究发现，我国的城镇化是滞后的，即人口向城市集中的速度和规模都是不足的。前期简新华和黄锟（2010）也对我国的城镇化滞后情况进行了讨论，认为我国的城镇化不但滞后于工业化和经济增长，和国际上的其他国家相比也存在滞后的情况。他们提出我国的城镇化率在 2020 年应达到 60%，实际上我国在 2020 年的城镇化率达到了 63.89%。但即使这样，仍然有大量的文献认为我国的城镇化是滞后的。倪鹏飞等（2014）研究了 40 余个未完成工业化国家的数据，以探求城镇化滞后的原因，即城镇化发展水平远低于工业化的原因。他们从贸易的角度进行了解释，认为城镇化滞后的原因与净出口比例显著相关，进一步研究发现，市场化水平和城市失业率影响了人口向城市地区集中的性质，这提供了进一步探讨城镇化滞后的空间。上述研究结论提出了一系列需要深入思考的问题，如为什么人口向城市的集中会跟不上工业化的发展。根据踪家峰和周亮（2015）的研究，大城市存在工资溢价的逻辑，对于我国而言，这一逻辑能够有效地吸引劳动力特别是高技能劳动力向大城市集中，并从大城市的发展中获益，而城市集聚经济所具有的学习机制会产生推进内生的高人力资本积累的结果。另外的学者则认为，从空间角度来看，我国的地区差距表现为人口与产业的分布不匹配，改革开放以来，东部地区集中了大量的产业，但人口的集聚没有同幅度增长，而内陆地区的产业集聚少但人口集中得多，从而导致了区域发展的差异，他们用人口与 GDP 份额的变化印证了这一点。

### （三）城市群经济的增长效应

区域不平衡的研究已经开始向城市群发展不平衡转化，目前大量的文献是基于因素分析，或基尼系数和泰尔指数来展开的，但结果多表明我国的不平衡问题普遍存在，但处在相对合理的范围之内。王青和金春（2018）认为城市群经济对增长的效应从现实来看是明显的，城市群发育水平较高的地区，如长三角地区、珠三角地区和京津冀地区的经济发展水平总体也比较高。周正柱和李瑶瑶（2022）研究了长三角城市群对经济增长的影响，发现城市群市场一体化是促进本地区经济增长的主要原因，但其市场一体化对周边地区经济增长的促进效应不明显。在城市群自身增长方面，张国俊等（2021）对中国"十三五"规划的 19 个城市群进行了分析，以增长率和人均 GDP 增长率为指标，从经济效率等七个维度度量城市群的增长质量，结果表明，东部地区城市群的经济增长在质量和数量上均优于中西部地区城市群，而且总体来看，城市群增长的数量和质量协调度较低。但对于城市群的创新集聚效应而言，它并不是一定能够产生。一些研究认为中心城市的经济密度对中心城市的外溢效应起决定性作用，而且中心城市对周边地区的带动作用也有一定的范围（万陆、翟少轩，2021）。

城市群具有典型的集聚效应，而且对于我国的城镇化进程而言，向中心城市集聚的趋势仍将持续（李佳洺等，2014），而且经济集聚度高于人口集中度，这说明人口的集中仍然具有滞后的性质，二者之间没有必然的规律性特征。张云飞（2014）利用山东半岛城市群的数据实证研究了产业集聚与增长的关系，认为城市群对增长的推动作用是依靠城市群内的产业集聚来实现的，而且具有倒 U 形的门槛效应。这样看来，促进增长应该蕴含不同的机制，刘乃全和吴友（2017）以长三角城市群扩容对整体城市的影响为研究对象，讨论了城市群扩容的经济效应，对经济联系机制、产业分工机制等的分析表明，长三角城市群的扩容对区域经济增长具有促进作用，不但对原有城市具有促进作用，而且对新进城市有更重要的经济增长促进作用。

这些作用的一个重要前提是人口流动，张国俊等（2018）以国家"十三五"规划的 19 个城市群为对象，研究了城市群视角下的人口分布特征，认为人口向城市群流动是过去 10 年人口流动的总趋势，也是大城市群与其他地区经济差异的重要原因。实际上，城市群集聚对城市发展具有明显的推动作用，特别是在集群程度较低的地区效应就更明显，这也提出了中西部地区人口集中的意义（原倩，2016）。尹德挺和史毅（2016）利用人口普查数据，分析城市群的人口协调发展问题，发现世界上的城市群在发展过程中具有阶段性特征，人口分布向多极化转变明显。城市群经济发展水平存在显著差异，这与城市群的专业化集聚和多样化集聚有关。随着人口规模的扩大，集聚经济效应被抑制，人口集中易于发挥产业集聚对经济的促进作用，这应该是促进区域协调发展的重要途径（张凤超、黎欣，2021）。

## 第二节　人口向城市群集中的总体趋势

### 一　人口向城市的集中

城镇化过程本身就是人口向城市集中的过程，但我国人口城镇化由于户籍制度和土地制度的限制具有特殊的性质，这也使得我国的城镇化具有鲜明的政府主导特征。城镇化率从 1949 年的 10.64% 增长到 2019 年的62.71%（见图 6-1）。但我国的城镇化主要是在改革开放后快速增长的，1978 年中国常住人口城镇化率仅为 17.92%，比新中国成立初提高了 7.28个百分点。从户籍人口城镇化率来看，2019 年为 44.38%，这表明，未能完全享受城镇化待遇的城市人口比重仍然比较高。

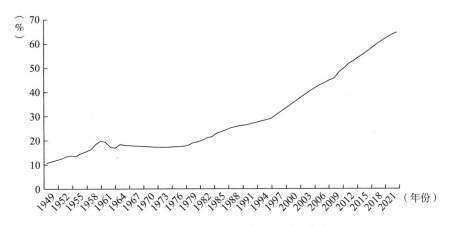

**图 6-1　1949～2021 年我国的城镇化率**

资料来源：1949～2008 年数据来源于《新中国 60 年统计资料汇编》，2009～2021 年数据来源于国家统计局网站。

我国的人口城镇化大致经历了三个阶段。第一个阶段是从新中国成立到改革开放前，由于人口的城乡流动受到户籍政策的严格限制，农村劳动力向城市的转移速度很慢，特别是 20 世纪 60 年代一部分地级市降格为县级市，虽然城市在增加，但城镇化进程缓慢。第二个阶段是从改革开放到2011 年，是城镇化的快速发展阶段，城镇化率年均提高 1.01 个百分点，到 2011 年末常住人口城镇化率达到 51.83%。这主要缘于市场经济的推行，乡镇企业崛起，人口从农村向城市、从中西部地区向东南沿海大流动。这一阶段长三角、珠三角等一系列城市群逐步形成。第三阶段则是自2012 年党的十八大提出走中国特色新型城镇化道路以来，我国的城镇化进入提质发展阶段，城镇化在增速持续加快的同时，质量也同步提升。

我国的城镇化进程呈现以下几个显著的特点。一是城市数量的快速增加，新中国成立前期，我国城市不足百个，新中国成立后随着大批县城的建市，1949 年末全国有城市 132 个，其中地级城市仅有 65 个。到 2018 年全国城市数量已经达到 672 个之多，地级以上城市 297 个，其中还有一些如上海、北京、深圳等已经成长为世界级的特大城市。二是城市规模迅猛扩大。新中国成立初期，我国的城市规模普遍较小，非农业人口在 100 万人以上的城市仅有 5 个，北京和上海两个大城市的非农业人口分别为 178.7 万人和 467.75 万人。1981 年城区人口超过 100 万的城市有 18 个，到 2006 年增长到 57 个，到 2018 年则增长到 88 个，其中上海、北京、重庆、广州和深圳 5 个城市城区人口超千万。三是建成区面积快速扩大。新中国成立初期，北京的城区只到目前的二环路，现在已经扩大到了七环，其建成区面积在 1949 年仅为 109 平方公里，到 2010 年拓展到 610 平方公里，到 2018 年增长到 1469 平方公里。1981～2017 年，我国城市的建成区面积增长了 6.6 倍。

城市人口的增长有两个过程，即人口的自然增长和社会增长。如果仅考虑城市人口的增长过程，则我国的城镇化率从新中国成立初期 1949 年的10.64% 增长到 2021 年的 63.88%，城镇人口从 1949 年的 5765 万人增长到2021 年的 91425 万人，增长了 14.86 倍。

## 二 人口向城市群的集中

过去 10 年间，我国城市群发展迅猛，已经形成了 19 个具有真正意义的城市群。2020 年，19 个城市群的土地面积占全国的 25%，却集聚了75% 的人口，创造了 88% 的国内生产总值（姚一雯，2022）。城市群不但集聚了大量的人口和产业，而且成为支撑经济社会发展的主要平台。从城市群地区吸引人口的趋势来看，其呈现以下几个与城镇化不同的特征。一是吸引人口增长的速度更快、规模更大，城市群由于已经形成了规模效应，产业结构完善，区域经济发展水平较高，集聚人口的能力较强。以长三角城市群为例，2019 年长三角城市群人口为 1.55 亿，占全国的比重达到 11.1%。如果从长三角三省一市的总体规模来看，该区域总面积为 35.8

万平方公里，占全国国土面积的 3.72%，总人口 2.27 亿，已达全国人口的 16.22%。从长三角城市群的发展历程来看，1982 年提出"以上海为中心建立长三角经济圈"，仅是上海经济区的概念，其范围也仅是上海、江苏和浙江两省一市以内的 9 个城市。1984~1988 年，长三角城市群的概念出现了较大范围的变动，纳入了安徽、江西和福建三省的部分城市，后来又由于上海经济区划办公室的取消，五省一市格局也难以维系，此后基本上是以苏浙沪 16 个城市为主。1992 年，长三角城市群 16 个城市所在区域的总人口为 7328 万，占全国的比重为 6.48%。而这 16 个城市的人口为 2026 万，占全国城市人口的比重为 6.3%。2016 年，国家发改委、住房和城乡建设部发布《长江三角洲城市群发展规划》，通过调整原有的苏浙两省的城市，并纳入安徽 6 个城市后形成当前的 26 个城市版本。如果以这 26 个城市为基础，2019 年长三角城市群总人口占全国的比重为 11.1%，26 个城市的市辖区人口占全国的比重为 7.39%。显然，城市群在通过中心城市的快速增长吸引要素流入的同时，也吸引了更大规模的人口流入。

城市群区域内人口增长以外来人口为主。通过考察三大城市群户籍人口的情况发现，过去 10 年其增长相对稳定，京津冀城市群、长三角城市群、珠三角城市群在 2008~2018 年的户籍人口均有不同幅度的增长（见图 6-2），但城市群内户籍人口的增长速度相对于区域城镇化而言是缓慢的，同时也比全国城镇人口增长的速度慢，这表明城市群地区的人口增长更多地依赖于外来人口。

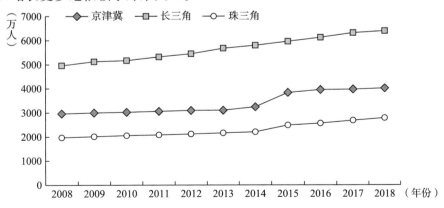

图 6-2　2008~2018 年京津冀、长三角、珠三角三大城市群户籍人口
资料来源：笔者根据国家统计局数据整理计算。

一个重要的结论就是，城市群地区吸引人口集中的趋势与城镇化吸引人口的机制有所不同，城镇化源于单个城市本身的发展对人口的吸引，从而形成人口向城市的集中。而城市群增长的效应不但吸引人口向城市群中的城市集中，也吸引人口向城市群地区集中，从而形成更大范围的集聚效应。

### 三　城市群人口集中的性质

为深入讨论城市群人口集中的性质，进一步考虑人口进入城市的经济行为，下面从就业和收入两个角度分析人口向城市集中的性质。在以往的研究中，人们用滞后城镇化来对人口向城市集中的性质进行解释，即城镇化滞后于工业化。2020 年，我国工业部门就业比重（即工业化率）为 28.14%，这是自 2013 年的 30.46% 以来第 7 年连续下降（见图 6 - 3）。从新中国成立以来的工业化率来看，除 1958 年由于"大跃进"而快速升高和随后的 1959~1961 年快速回落外，其他年份基本呈现缓慢上升的趋势，直到 2013 年的高位。可见我国的工业部门就业比重在 1952 年以来的近 70 年间基本在 7.38% 和 30.46% 之间。但如果以非农就业比重（即非农化率）来衡量我国的就业状况，除"大跃进"和三年困难时期的波动外，其在长期内呈现快速上升的趋势，1952 年为 16.46%，到 2020 年达到最高的 75.28%（见图 6 - 3）。如果仅以工业化

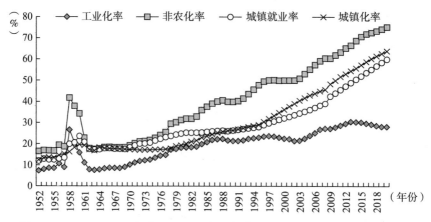

**图 6 - 3　1952~2020 年我国工业化率、非农化率、城镇就业率和城镇化率**
资料来源：笔者根据国家统计局数据整理计算。

率和城镇化率的差值来考察我国滞后城镇化的性质，则在大部分年份，我国的城镇化率是高于工业化率的，1952 年相差 5.07 个百分点，到2020 年我国的城镇化率达到 63.89%，工业化率为 28.14%，二者差值达到 35.75 个百分点。但若以非农化率来观察滞后工业化的性质，则滞后是真实存在的，并呈现先升后降的波动趋势，滞后非农化率在 1996 年达到 19.02%，随后总体呈下降趋势，2020 年为 11.39%（见图 6 - 4）。

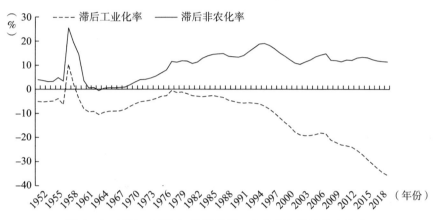

**图 6 - 4　1952 ~ 2020 年我国滞后工业化率和滞后非农化率**
资料来源：笔者根据国家统计局数据整理计算。

　　观察非农化率和城镇就业率两个指标会有一些重要发现，这两个指标有着几乎相同的变化趋势，虽然非农化率一直高于城镇就业率，但在改革开放以前，二者的差值一直非常小，从 20 世纪 70 年代后期开始，二者的差值开始快速扩大，非农化率快速上升，城镇就业率的曲线相对于非农化率曲线来说比较平坦。这一时期正是乡镇企业大发展时期，1984 年中央 4号文件正式提出发展乡镇企业，到 20 世纪 90 年代初期在乡镇企业发展迅猛的长三角、珠三角地区，乡镇企业从产值和利税来看已经占有 GDP 的1/3。这一时期乡镇企业的高速发展是建立在低技术劳动密集型产业的基础上的，吸引了大量的农村剩余劳动力。但乡镇企业更多分布在城市以外的地区，虽然在一定时期通过扩大农村剩余劳动力的就业，以及由于生产的产品在城乡间的自由流动，其规模的扩大对增加农民收入、缩小城乡收入差距产生了有益的影响。在改革开放到 1995 年这一时期，大量的非农就业发生在城市以外的地区，从而出现城镇就业率增幅不大而非农化率快速增长的情况。经过十余年的高速增长，乡镇企业发展速度开始趋缓，企业整体效益下降，部分企业生存出现困难，出现了关停并转的情况。自 20 世纪 90 年代中期开始，苏南地区的乡镇企业开始改制，乡镇企业吸引非农就业的能力也开始下滑，特别是在 1997 年后，随着乡镇企业改制从过去以转换经营机制为核心的改革转向主要以产权制度为重点的改革后，乡镇企业快速转型，非农就业又以城镇地区就业为主，非农化率和城镇就业率的差值再次趋于缩小。

城镇就业率和城镇化率的关系也具有一些重要的特征，1988 年以前，城镇就业率在大多年份大于城镇化率，而 1988 年后城镇化率始终大于城镇就业率，且二者均呈现逐年递增趋势，从而体现为快速城镇化进程中的就业增长趋势。但城镇化率高于城镇就业率的事实仍然反映出我国城镇化增长过快，就业不足。

为进一步讨论上述人口集中性质在城市群地区的表现，以长三角、珠三角、京津冀、山东半岛、辽中南、中原、武汉、海峡西岸和川渝九大城市群为对象，分析了 2008~2018 年 11 年间其人口和就业状况，以城市群内市区人口占全市人口比重作为人口集中的指标，以市区职工人数占全市职工人数的比重作为就业集中的指标，讨论城市群人口集中的性质，结果显示，九大城市群呈现出就业高度向城市集中的趋势，即就业集中度远高于人口集中度（见图 6-5）。此外，城市群人口集中还呈现如下特征。一

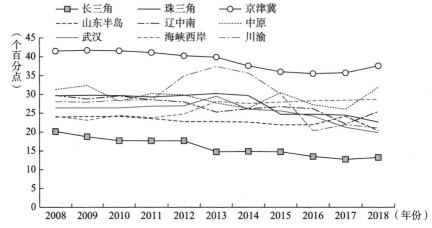

**图 6-5　2008~2018 年九大城市群就业集中度与人口集中度之差的变化趋势**
资料来源：笔者根据国家统计局数据整理计算。

是二者的差距存在缩小的趋势，虽然部分城市群在个别年份有上升趋势，但总体上呈下降趋势，即 2018 年的人口比重与职工比重的差距与 2008 年相比在缩小。二是各城市群之间的情况相对稳定，除个别城市群如川渝城市群和中原城市群波动较大外，其他城市群二者的差值均呈现稳定性质。在这 11 年间，京津冀城市群的差值总体上较高，而长三角城市群总体上较低，2008 年，京津冀城市群市区职工占比为 81.80%，人口占比为 40.32%，差值达 41.48 个百分点，为九大城市群中最大的；到 2018 年，差值有所缩小，其职工占比上升到 88.89%，人口占比上升到 51.34%，差值为 37.55 个百分点。差值最小的长三角城市群在 2008 年的差值为 20.10 个百分点，其市区职工占比为 70.65%，人口占比为 50.55%；到 2018 年差值进一步下降到 13.25 个百分点，市区职工占比上升到 75.62%，人口占比上升到 62.37%。可见，随着时间的推移，九大城市群的市区人口及职工人口均具有进一步集中的性质。

## 第三节　城市群经济发展与区域不平衡

### 一　城市群地区的经济增长

世界银行的研究表明，人均 GDP 的增长与一个国家的城市群人口集聚存在内在的关联。对于世界上的著名城市群如北美的沿大西洋城市群、五大湖城市群，日本的沿太平洋城市群，以及西欧环大西洋城市群等，根据世界银行的研究结论，城市群人口集聚程度越高的经济体人均 GDP 也越高，这体现了城市群经济增长的普遍意义。过去 10 年间，我国城市群发展迅猛，城市群地区的经济发展水平大幅提升，发展规模大幅扩大，长三角地区 GDP 占全国的比重较高，2018 年长三角 16 个城市的 GDP 占全国的比重为 15.66%，市辖区 GDP 占全国的比重也达 11.15%。实际上，由于城镇化的进程不断加快，人口集聚对非农产业劳动生产率也产生了较大的影响。周玉龙和孙久文（2015）的研究表明，1978～2015 年，随着我国城镇化率由 17.9% 上升到 56.1%，非农产业劳动生产率也发生了变化，但这种影响呈现倒 U 形趋势，即在集聚的前期具有促进作用，到一定时期会带来负面效应，目前我国的人口集聚还处在对非农产业劳动生产率具有促进作用的阶段。这一过程的机制主要来源于人口在向城市集聚的过程中，会产生对商品和服务的需求，从而极大地拓展了城市空间，并推动了产业的发展、升级和集聚，进而使城市群区域形成较大规模的综合体。但由于人口集聚的性质和空间结构存在差异，城市群也存在核心和非核心区域的梯度差异（许庆明等，2015）。

2018 年，284 个地级及以上城市的经济增长率最高为崇左的 14.94%，另外，晋城、宁德等也在 13% 以上。另外一些城市，如本溪、抚顺、白城、马鞍山等矿业城市经济增长率较低，不足 2%。北京、上海经济增长率与全国相同，为 6.6%，其他省会城市如郑州、杭州、广州也在 6% 以上。总体上看，多数城市的经济增长率高于全国经济增长率（见图 6-6）。考察九个主要城市群内 89 个城市的经济增长率可见，主要城市群内城市的经济增长率总体高于全部地级及以上城市经济增长率，有 31 个城市的经济增长率低于全国水平，占比为 30%。

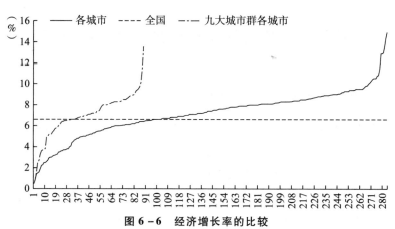

图 6-6　经济增长率的比较

注：横轴数字指代各城市。
资料来源：笔者根据国家统计局数据整理计算。

进一步观察九大城市群所在地区的经济增长情况，发现其也一直处于领先的地位。这九大城市群所在的省市包括北京市、天津市、河北省、广东省、上海市、浙江省、江苏省、山东省、辽宁省、湖北省、河南省、福建省、四川省、重庆市 10 省 4 市，其地区生产总值为 265513 亿元，占全国的比重为 64.03%，到 2021 年为 720860 亿元，占比仍然高达 63.36%。从人均地区生产总值指标来看，2010 年全国人均生产总值为 30807.9 元，高于全国平均值的省份有 10 个，其中 9 个属于上述 10 省 4 市；到 2021 年，全国人均生产总值为 80976 元，高于全国平均值的省份为 11 个，其中 10 个属于上述 10 省 4 市。

## 二　城市群发展与区域不平衡的实证研究

从上述分析可见，九大城市群所在省市的总体经济规模占全国的比重较高，同时，这些省市的人均国内生产总值也总体高于全国平均水平。以各地区经济发展水平为研究对象，考察这种发展差距背后的影响因素，特别关注城市群的作用，本章拟建立实证模型对其进行检验。在柯布－道格拉斯生产函数的基础上，将城市群的相关变量视作与资本和劳动等同的投入量，得到：

$$Y(t) = K(t)^{\alpha} \left[ A(t) URB(t) CON(t) L(t) \right]^{\beta} \qquad (6-1)$$

式中，$Y$ 为产出，$K$ 和 $L$ 分别为资本和劳动投入。$URB$ 为体现城市群的相关变量，$CON$ 则是控制变量，$t$ 为时间。对式（6－1）进行变换和线性处理，转化为如下线性模型：

$$\ln GDP_{it} = \beta_0 + \beta_1 \ln CAP_{it} + \beta_2 \ln LAB_{it} + \beta_3 URB_{it} + \beta_4 CON_{it} + \varepsilon_{it} \qquad (6-2)$$

上述模型中，$i$ 为地区，$t$ 为年份，$\varepsilon_{it}$ 为随机误差项。$GDP$ 为被解释变量，即各地区经济发展水平，在本章中，为讨论区域发展水平和发展差距，使用两个变量来讨论：一是各地区的经济发展规模，即地区 GDP，以代表各地区在全国经济体中的地位；二是人均地区 GDP，以考察经济发展差距。$CAP$ 为资本，本章以各地区投资水平来替代。$LAB$ 为劳动，以各地区人口来代替。$URB$ 为解释变量，体现各地区城市群的作用，根据通行的方法，主要考虑三个指标：一是城市群的结构指标，用城市群的城市首位度来表示；二是城市群的规模指标，用城市群市区人口比重来代替；三是城市群的经济指标，用城市群市区的就业比重来代替。$CON$ 为控制变量，考虑各地区发展差距的其他影响因素，包括地区对外开放情况，以吸引外商直接投资来代表；考虑各地区经济联系程度，以各地区交通客运量及货运量来代表。各指标具体内容如表 6－1 所示。

表 6 – 1   变量说明

| 符号 | 变量 | 变量说明 |
|------|------|----------|
| GDP | 人均国内生产总值 | 各地区人均国内生产总值 |
| CAP | 资本 | 各地区固定资产投资额 |
| LAB | 劳动 | 各地区人口数 |
| PRI | 城市首位度 | 城市群首位城市和二位城市的人口之比 |
| PEO | 城市群规模 | 城市群各城市市区人口占比 |
| EMP | 城市群经济 | 城市群各城市市区职工人口占比 |
| FDI | 对外开放度 | 各地区吸引 FDI 占 GDP 的比重 |
| REI | 经济联系程度 | 各地区客运量及货运量 |

对式（6 - 2）进行回归，结果如表 6 - 2 所示。第（1）列和第（2）列是对全国 31 个省份总体样本的回归，第（1）列是以各省 GDP 为被解释变量，因为做了取对数处理，可以将其作为地区经济增长的替代；第（2）列则是以各省人均 GDP 为被解释变量，可作为人均收入增长的替代。从表 6 - 2 中可见，对外开放对地区经济增长具有正的促进作用，且显著，但对于人均收入的影响不明显。地区间经济联系对地区经济增长和人均收入的增长均具有显著的促进作用。

表 6 - 2 第（3）~（6）列则是对九大城市群中包含的 14 个省市的回归，第（3）列和第（4）列分别是对 14 个省市地区经济增长和人均收入增长的解释，对比第（1）列和第（2）列可见，不论是全国层面还是区域层面，地区对外开放和地区间经济联系对经济增长的作用都是显著的，而且具有相同的方向和性质，稍有差异的是这 14 个省市对外开放度对人均收入的影响也是正向的。在第（5）列和第（6）列中我们加入了城市群相关变量，PRI 是城市群结构，即城市群的城市首位度，从回归结果可见 PRI 的系数为负，说明城市群首位城市过大对地区经济增长和人均收入增长均具有一定的负面影响，城市群在其发展中要强调人口集中和资源集聚，从而实现规模效应，但要注意城市群发展的平衡性，过于强调首位城市的发展对区域整体发展不利。PEO 和 EMP 分别是城市群市区人口占比和职工人口占比，体现了人口和经济活动向城市中心地区集中的性质，从回归结果来看，人口和经济活动向城市群中心地区集中，对地区经济增长以及人均收入增长均具有一定的正向促进作用，而

1

且这两个指标的作用方向和程度也具有一致性。

表 6－2　回归结果

| 变量 | （1）FE | （2）FE | （3）FE | （4）FE | （5）FE | （6）FE |
|---|---|---|---|---|---|---|
| 观测值（个） | 341 | 341 | 154 | 154 | 154 | 154 |
| 常数项 | 0.0512<br>(0.07) | 1.6385***<br>(0.00) | 0.4013***<br>(0.12) | 1.6640***<br>(0.57) | 0.4144***<br>(0.18) | 1.6899***<br>(0.57) |
| CAP | 0.6010***<br>(0.02) | 0.4759***<br>(0.01) | 0.5336***<br>(0.02) | 0.4805***<br>(0.01) | 0.5149***<br>(0.03) | 0.4537***<br>(0.02) |
| LAB | 0.3912***<br>(0.04) | 0.2810**<br>(0.14) | 0.3402***<br>(0.04) | 0.2922**<br>(0.16) | 0.3555***<br>(0.04) | 0.2717***<br>(0.16) |
| FDI | 1.1438***<br>(0.08) | －0.0652<br>(0.05) | 1.8687***<br>(0.12) | 0.2401*<br>(0.16) | 1.7311***<br>(0.20) | 0.1964<br>(0.17) |
| REI | 0.0785***<br>(0.02) | 0.0359***<br>(0.01) | 0.0978***<br>(0.02) | 0.0098<br>(0.02) | 0.0868***<br>(0.03) | 0.0443*<br>(0.03) |
| PRI | | | | | －0.0028<br>(0.00) | －0.0765**<br>(0.02) |
| EMP | | | | | 0.0633*<br>(0.13) | 0.1878*<br>(0.12) |
| PEO | | | | | 0.0622*<br>(0.13) | 0.0265<br>(0.14) |
| 调整的 R² | 0.9950 | 0.9725 | 0.9091 | 0.9724 | 0.9109 | 0.9746 |
| Hausman<br>检验 p 值 | 0.0001 | 0.0096 | 0.0005 | 0.0004 | 0.0000 | 0.0104 |

注：括号内的值是标准差，***、**、*分别表示在1%、5%、10%的水平下显著。

# 第四节　结论与政策建议

## 一　结论

本章研究了城市群经济的增长及不平衡效应。党的十九大报告把区域协调发展战略列为全面建成小康社会的重大战略之一，但区域不平衡现象的持续存在给区域协调发展带来了阻碍。随着城镇化进程的加快和城市群经济的形成，中心城市对人口和资源的吸引已经使其成为区域经济发展的重要增长极。从城镇化进程来看，我国的城镇化呈现以下几个显著的特点，即城市数量增长速度快，城市规模迅猛扩大，建成区面积快速增长。城市经济增长的核心是人口向城市的集中。从人口向城市集中的过程来看，一是人口本身的集中，即城市中心地区所吸引人口的比重提升；二是以人为载体的经济活动的集中，即中心地区提供的岗位数量，以城区职工比重来表示，呈现经济活动更向中心城市集中的趋势。从长三角等九个主要城市群的数据分析发现，市区职工占比远高于人口占比，这也符合我国滞后城镇化的性质。

我国的区域经济增长和区域发展不平衡与城市群发展具有内在的对应关系，从全国层面看，东部沿海地区经济增长速度快、发展水平高，同时这些地区的城市群发育水平也较高，长三角城市群、珠三角城市群和京津冀城市群是我国发展时间早、规模大、发展速度最快的地区。而发展水平低的中西部地区的城市群数量较少，发展水平也较低。进一步，从经济增长来看，城市群发展水平高的省市在全国的增长也较快，位于城市群内的城市的经济增长也快于一般城市。

以 2008~2018 年的数据为依据，实证研究城市群对区域经济增长以及地区人均收入的影响，结果表明，城市群对地区经济增长和人均收入增长均具有积极的促进作用。城市群的结构对地区经济增长和人均收入增长有负向作用，即城市群首位度的增加倾向于阻碍地区经济增长，这也暗示了城市体系与经济增长的关系，中心城市规模过大，会形成不均衡结构，进而对增长不利。城市群总体规模的扩大对地区经济增长有利，这表明人口和资源向中心地区流动的增长效应。

## 二 政策建议

### （一）推进人口和资源向城市群地区集中，形成区域经济增长极

从全国层面来看，区域发展不平衡是客观存在的，在发展基础好、发展水平高和发展潜力大的东部沿海地区已经形成了较为成熟的城市群，在中西部地区也已经形成了一些具备地区意义的城市群，这些城市群是推进区域发展的增长极，承担着推动全国经济发展的重任。当前，人口和产业向优势地区集中的趋势还待强化，要加快交通基础设施建设，建强中心城市。同时，要加强区域间的联系，特别是城市群所在省份与邻近省份的经

济联系,把人口和资源集中的优势转化成增长带动优势。

### (二) 增强城市群内部经济联系,形成良好的产业体系

当前我国的城市群内部经济存在一些问题,包括产业联动能力差、城市群内部产业同构程度较高、产业关联性差和产业分工不足等问题。以长三角城市群为例,上海与江苏、浙江的产业结构相似系数非常高,分别为0.82 和 0.76 (张雨,2010)。城市群在吸引人口和促进产业集中的同时,如何有效地组织资源要素的合理配置和优化使用是重点,增强城市群内部经济联系,特别是城市与城市之间、产业与产业之间的联系,依托比较优势,引导区域分工,共享基础设施,形成城市群内的产业发展共享平台,促进产业良好发展。

### (三) 形成城市群合理的城镇体系

城市群在发展过程中不仅呈现人口和产业的集中趋势,也涉及人口和产业的集中形态。我国的城镇化进程存在城镇体系不完善的问题,大城市发展速度快,效益低下,存在"大而全"问题,对周边城市的要素吸引力较大,导致周边城市的发展受到阻碍。同时,城市和城市之间的功能分工也不合理,大城市周围的小城市发展空间不足,城市群内不同城市之间的发展水平差异较大,导致城市群整体发展能力不足。要做好城市之间的功能定位,推进基础设施特别是交通基础设施建设,以形成城市群合理的城镇体系。

# 参考文献

安虎森. 产业空间分布、收入差异和政府的有效调控——三论区域协调发展 [J]. 广东社会科学, 2007 (4): 33 –41.

安虎森, 陈明. 工业化、城市化进程与我国城市化推进的路径选择 [J]. 南开经济研究, 2005 (1): 48 –54.

安虎森, 邹璇. 最优城市规模选择与农产品贸易成本 [J]. 财经研究, 2008 (7): 74 –86 +97.

白重恩, 杜颖娟, 陶志刚, 仝月婷. 地方保护主义及产业地区集中度的决定因素和变动趋势 [J]. 经济研究, 2004 (4): 29 –40.

蔡昉. 城市发展中的人口、政府和公共服务 [J]. 国外社会科学, 2020 (2): 15 –22.

蔡昉. 未来的人口红利——中国经济增长源泉的开拓 [J]. 中国人口科学, 2009 (1): 2 –10 +111.

蔡宏波, 戴俊怡, 李宏兵. 市场潜能与国内市场分割——基于中国省市数据的实证研究 [J]. 产业经济研究, 2015 (5): 83 –92.

蔡翼飞, 张车伟. 地区差距的新视角: 人口与产业分布不匹配研究 [J]. 中国工业经济, 2012 (5): 31 –43.

蔡玉胜. 地方政府竞争下中国区域经济协调发展的路径选择——基于中国区域经济协调发展战略的分析 [J]. 求实, 2006 (5): 35 –37.

曹钢. 中国城镇化模式举证及其本质差异 [J]. 改革, 2010 (4): 78 –83.

曹炜威, 杨斐, 官雨娴, 庞祯敬. 成渝经济圈城市群的经济联系网络结构 [J]. 技术经济, 2016, 35 (7): 52 –57 +128.

陈波翀, 郝寿义, 杨兴宪. 中国城市化快速发展的动力机制 [J]. 地理学报, 2004 (6): 1068 –1075.

陈昌兵. 新时代我国经济高质量发展动力转换研究 [J]. 上海经济研究,

2018 (5): 16 – 24 + 41.

陈栋生. 我国的工业布局和区域经济 [J]. 中国工业经济, 1989 (6): 46 – 54.

陈国亮, 陈建军. 产业关联、空间地理与二三产业共同集聚——来自中国 212 个城市的经验考察 [J]. 管理世界, 2012 (4): 82 – 100.

陈浩, 孙斌栋. 工资水平、就业机会与人口流动——基于分位数回归的实证分析 [J]. 产业经济评论, 2016 (5): 105 – 115.

陈建军. 长三角区域经济一体化的历史进程与动力结构 [J]. 学术月刊, 2008 (8): 79 – 85.

陈建军, 刘月, 陈怀锦. 市场潜能、协同集聚与地区工资收入——来自中国 151 个城市的经验考察 [J]. 南开学报 (哲学社会科学版), 2016 (1): 77 – 88.

陈良文, 杨开忠. 集聚与分散: 新经济地理学模型与城市内部空间结构、外部规模经济效应的整合研究 [J]. 经济学 (季刊), 2008 (1): 53 – 70.

陈明华, 刘华军, 孙亚男. 中国五大城市群金融发展的空间差异及分布动态: 2003 ~ 2013 年 [J]. 数量经济技术经济研究, 2016, 33 (7): 130 – 144.

陈明星, 叶超, 陆大道, 隋昱文, 郭莎莎. 中国特色新型城镇化理论内涵的认知与建构 [J]. 地理学报, 2019, 74 (4): 633 – 647.

陈强远, 江飞涛, 李晓萍. 服务业空间集聚的生产率溢价: 机制与分解 [J]. 经济学 (季刊), 2021, 21 (1): 23 – 50.

陈秀山, 徐瑛. 中国制造业空间结构变动及其对区域分工的影响 [J]. 经济研究, 2008, 43 (10): 104 – 116.

陈秀山, 张可云. 区域经济理论 [M]. 商务印书馆, 2003.

陈耀, 周洪霞. 中国城镇化对经济增长的影响机理及其区域差异——基于省际面板数据的实证分析 [J]. 当代经济管理, 2014, 36 (8): 59 – 66.

成定平. 投资结构调控与加快服务业发展研究 [J]. 经济学家, 2015 (2): 44 – 52.

成德宁. 各种发展思路视角下的城市化 [J]. 国外社会科学, 2004 (6): 15 – 20.

程文, 张建华. 收入水平、收入差距与自主创新——兼论"中等收入陷胖"的形成与跨越 [J].经济研究，2018，53（4）：47 – 62.

程玉鸿，李克桐."大珠三角"城市群协调发展实证测度及阶段划分 [J].
工业技术经济，2014，33（4）：59 – 70.

崔援民，刘金霞.中外城市化模式比较与我国城市化道路选择 [J].河北
学刊，1999（4）：25 – 29.

崔远淼.金融一体化与经济增长的中国实证研究 [J].上海金融，2007（2）：
9 – 13.

〔英〕大卫·李嘉图.政治经济学及赋税原理 [M].郭大力，王亚南译.
北京联合出版公司，2013.

邓明.中国地区间市场分割的策略互动研究 [J].中国工业经济，2014
（2）：18 – 30.

丁从明，黄雪洋，周敏.方言多样性、要素集聚与城市规模——基于卫星
灯光数据的实证检验 [J].财贸经济，2020，41（8）：80 – 94.

丁焕峰.区域创新理论的形成与发展 [J].科技管理研究，2007（9）：
18 – 21.

董小君，石涛.中原城市群绿色发展效率与影响要素 [J].区域经济评论，
2018（5）：116 – 122.

董昀.回到凯恩斯还是回到熊彼特？——基于主流宏观经济学发展历程的
理论反思 [J].金融评论，2012，4（1）：1 – 12 +123.

〔德〕杜能.孤立国同农业和国民经济的关系 [M].吴衡康译.商务印书
馆，1986.

樊越.可持续发展理念的历史演进及其当前困境探析 [J].四川大学学报
（哲学社会科学版），2022（1）：88 – 98.

范柏乃，吴晓彤，李旭桦.城市创新能力的空间分布及其影响因素研究
[J].科学学研究，2020，38（8）：1473 – 1480.

范剑勇.产业集聚与地区间劳动生产率差异 [J].经济研究，2006（11）：
72 – 81.

范剑勇，邵挺.房价水平、差异化产品区位分布与城市体系 [J].经济研
究，2011，46（2）：87 – 99.

范剑勇.市场一体化、地区专业化与产业集聚趋势——兼谈对地区差距的
影响 [J].中国社会科学，2004（6）：39 – 51 +204 – 205.

范剑勇，谢强强．地区间产业分布的本地市场效应及其对区域协调发展的启示 [J].经济研究，2010，45（4）：107 – 119 + 133.

范剑勇，张雁．经济地理与地区间工资差异 [J].经济研究，2009，44（8）：73 – 84.

方创琳，刘晓丽，蔺雪芹．中国城市化发展阶段的修正及规律性分析 [J].干旱区地理，2008（4）：512 – 523.

方创琳，宋吉涛，张蔷，李铭．中国城市群结构体系的组成与空间分异格局 [J].地理学报，2005（5）：827 – 840.

方创琳．中国城市发展方针的演变调整与城市规模新格局 [J].地理研究，2014，33（4）：674 – 686.

方创琳．中国新型城镇化高质量发展的规律性与重点方向 [J].地理研究，2019，38（1）：13 – 22.

方齐云，许文静．新型城镇化建设对绿色经济效率影响的时空效应分析 [J].经济问题探索，2017（10）：64 – 72.

冯云廷．两种城市化模式的对接与融合 [J].中国软科学，2005（6）：86 – 95.

付强．市场分割促进区域经济增长的实现机制与经验辨识 [J].经济研究，2017，52（3）：47 – 60.

干春晖，郑若谷．改革开放以来产业结构演进与生产率增长研究——对中国 1978 ~ 2007 年"结构红利假说"的检验 [J].中国工业经济，2009（2）：55 – 65.

高春亮，李善同．人口流动、人力资本与城市规模差距 [J].中国人口科学，2019（3）：40 – 52 + 127.

高春亮．人口红利贡献被高估了吗？——基于人力资本积累视角的研究 [J].南方经济，2020（5）：65 – 78.

高鸿鹰，武康平．我国城市规模分布 Pareto 指数测算及影响因素分析 [J].数量经济技术经济研究，2007（4）：43 – 52.

高杰英，游蕊．长三角和京津冀区域金融一体化分析：信贷的扩散与极化 [J].经济与管理研究，2015，36（7）：60 – 67.

高珮义．世界城市化的一般规律与中国的城市化 [J].中国社会科学，1990（5）：127 – 139.

高汝熹，阮红．论中国的圈域经济 [J]．科技导报，1990（4）：8-12．

高新才，殷颂葵．兰州西宁城市群经济效率测度 [J]．城市问题，2018（5）：46-52．

葛晶，张龙，王满仓．市场潜能、个人特征与地区工资差距——基于2012中国家庭追踪调查数据（CFPS）的研究 [J]．世界经济文汇，2016（4）：80-101．

葛鹏飞，韩永楠，武宵旭．中国创新与经济发展的耦合协调性测度与评价 [J]．数量经济技术经济研究，2020，37（10）：101-117．

辜胜阻，李正友．中国自下而上城镇化的制度分析 [J]．中国社会科学，1998（2）：60-70．

辜胜阻，刘江日．城镇化要从"要素驱动"走向"创新驱动"[J]．人口研究，2012，36（6）：3-12．

〔德〕奥古斯特·勒施．经济空间秩序 [M]．王守礼译．商务印书馆，2010．

桂琦寒，陈敏，陆铭，陈钊．中国国内商品市场趋于分割还是整合：基于相对价格法的分析 [J]．世界经济，2006（2）：20-30．

郭永弼．中原城市群金融一体化发展实证分析 [J]．金融理论与实践，2009（10）：116-118．

韩峰，李玉双．产业集聚、公共服务供给与城市规模扩张 [J]．经济研究，2019，54（11）：149-164．

洪世键，张京祥．城市蔓延的界定及其测度问题探讨——以长江三角洲为例 [J]．城市规划，2013，37（7）：42-45+80．

洪银兴．论创新驱动经济发展战略 [J]．经济学家，2013（1）：5-11．

侯力，秦熠群．日本工业化的特点及启示 [J]．现代日本经济，2005（4）：35-40．

胡鞍钢，郑京海，高宇宁等．考虑环境因素的省级技术效率排名（1999—2005）[J]．经济学（季刊），2008（3）：933-960．

胡文静．完善长三角区域污染防治协作机制 [J]．宏观经济管理，2021（12）：63-70．

胡志坚，苏靖．区域创新系统理论的提出与发展 [J]．中国科技论坛，1999（6）：20-23．

黄玲．"十四五"时期金融促进区域经济协调发展的路径研究 [J]．投资与创业, 2021, 32 (15): 32 - 34.

黄鲁成. 关于区域创新系统研究内容的探讨 [J]. 科研管理, 2000 (2): 43 - 48.

黄庆华, 周志波, 陈丽华. 新型城镇化发展模式研究: 基于国际比较 [J]. 宏观经济研究, 2016 (12): 59 - 66.

黄婷. 论城镇化是否一定能够促进经济增长——基于 19 国面板 VAR 模型的实证分析 [J]. 上海经济研究, 2014 (2): 32 - 40 + 50.

计小青, 乔越, 赵景艳. 劳动力市场分割、社会信任和资本积累效率 [J]. 财贸经济, 2020, 41 (11): 83 - 96.

简新华, 黄锟. 中国城镇化水平和速度的实证分析与前景预测 [J]. 经济研究, 2010, 45 (3): 28 - 39.

江曼琦, 席强敏. 中国主要城市化地区测度——基于人口聚集视角 [J]. 中国社会科学, 2015 (8): 26 - 46 + 204 - 205.

江世银. 简论区域经济宏观调控的几个关系 [J]. 国家行政学院学报, 2003 (5): 55 - 57.

蒋清海. 区域经济协调发展的若干理论问题 [J]. 财经问题研究, 1995 (6): 49 - 54.

蒋天颖, 华明浩, 许强, 王佳. 区域创新与城市化耦合发展机制及其空间分异——以浙江省为例 [J]. 经济地理, 2014, 34 (6): 25 - 32.

金相郁. 中国城市规模效率的实证分析: 1990 - 2001 [J]. 财贸经济, 2006 (6): 78 - 83.

金祥荣, 赵雪娇. 行政权分割、市场分割与城市经济效率——基于计划单列市视角的实证分析 [J]. 经济理论与经济管理, 2017 (3): 14 - 25.

柯善咨, 赵曜. 产业结构、城市规模与中国城市生产率 [J]. 经济研究, 2014, 49 (4): 76 - 88 + 115.

赖洁瑜. 粤港澳大湾区城市群经济增长空间联系及影响因素 [J]. 商业经济研究, 2021 (11): 156 - 159.

李成友, 孙涛, 焦勇. 要素禀赋、工资差距与人力资本形成 [J]. 经济研究, 2018, 53 (10): 113 - 126.

李光勤, 曹建华, 邵帅. 语言多样性与中国对外开放的地区差异 [J]. 世界经济, 2017, 40 (3): 144 - 168.

李恒. 区域创新能力的空间特征及其对经济增长的作用 [J]. 河南大学学报 (社会科学版), 2012, 52 (4): 73 - 79.

李洪涛, 王丽丽. 城市群协调发展的距离、分割与一体化 [J]. 财经科学, 2020 (10): 65 - 79.

李佳洺, 张文忠, 孙铁山, 张爱平. 中国城市群集聚特征与经济绩效 [J]. 地理学报, 2014, 69 (4): 474 - 484.

李建民, 周保民. 中国人口与发展关系的新格局和战略应对 [J]. 南开学报 (哲学社会科学版), 2013 (6): 25 - 31.

李健, 郭俊岑, 苑清敏. 两指数分解下京津冀经济非均衡发展的空间计量分析 [J]. 干旱区资源与环境, 2017, 31 (12): 20 - 26.

李金昌, 程开明. 中国城市化与经济增长的动态计量分析 [J]. 财经研究, 2006, 32 (9): 19 - 30.

李俊杰, 景一佳. 基于 SBM - GIS 的绿色发展效率评价及时空分异研究——以中原城市群为例 [J]. 生态经济, 2019, 35 (9): 94 - 101 + 107.

李俊强, 刘燕. 京津冀金融一体化、地方保护与经济发展 [J]. 经济体制改革, 2016 (2): 61 - 68.

李力行, 申广军. 金融发展与城市规模——理论和来自中国城市的证据 [J]. 经济学 (季刊), 2019, 18 (3): 855 - 876.

李平, 李颖. 中国城镇化发展效率和制度创新路径 [J]. 数量经济技术经济研究, 2016, 33 (5): 30 - 43.

李强, 陈宇琳, 刘精明. 中国城镇化 "推进模式" 研究 [J]. 中国社会科学, 2012 (7): 82 - 100.

李强. 可持续发展概念的演变及其内涵 [J]. 生态经济, 2011 (7): 87 - 90.

李荣彬, 喻贞. 禀赋特征、生活满意度与流动人口社会融合——基于不同地区、城市规模的比较分析 [J]. 城市规划, 2018, 42 (8): 21 - 28.

李松林, 刘修岩. 中国城市体系规模分布扁平化: 多维区域验证与经济解释 [J]. 世界经济, 2017, 40 (11): 144 - 169.

李通屏. 人口增长对经济增长的影响: 日本的经验 [J]. 人口研究, 2002 (6): 63 - 68.

李响, 严广乐. 长三角城市群网络化结构特征研究及实证分析 [J]. 华东经济管理, 2012, 26 (1): 42 - 46.

李小建，李国平，曾刚．经济地理学［J］．高等教育出版社，1999．

李小平，卢现祥．中国制造业的结构变动和生产率增长［J］．世界经济，2007（5）：52-64．

李晓蕙．中国区域经济协调发展研究［M］．知识产权出版社，2009．

李煜伟，倪鹏飞．外部性、运输网络与城市群经济增长［J］．中国社会科学，2013（3）：22-42+203-204．

李喆．基于储蓄—投资相关性的京津冀金融一体化的现状分析［J］．中国管理科学，2012，20（S2）：869-872．

梁婧，张庆华，龚六堂．城市规模与劳动生产率：中国城市规模是否过小？——基于中国城市数据的研究［J］．经济学（季刊），2015，14（3）：1053-1072．

梁琦，陈强远，王如玉．户籍改革、劳动力流动与城市层级体系优化［J］．中国社会科学，2013（12）：36-59+205．

梁琦，陈强远，王如玉．异质性企业区位选择研究评述［J］．经济学动态，2016（4）：126-139．

梁琦．空间经济学：过去、现在与未来——兼评《空间经济学：城市、区域与国际贸易》［J］．经济学（季刊），2005（3）：1067-1086．

梁文泉，陆铭．城市人力资本的分化：探索不同技能劳动者的互补和空间集聚［J］．经济社会体制比较，2015（3）：185-197．

梁文泉，陆铭．后工业化时代的城市：城市规模影响服务业人力资本外部性的微观证据［J］．经济研究，2016，51（12）：90-103．

廖卫东，刘淼．长江经济带土地城镇化、人口城镇化与城市生态效率提升——基于108个地级及以上城市面板数据的实证分析［J］．城市问题，2020（12）：57-68．

廖重斌．环境与经济协调发展的定量评判及其分类体系——以珠江三角洲城市群为例［J］．热带地理，1999（2）：76-82．

刘秉镰，朱俊丰，周玉龙．中国区域经济理论演进与未来展望［J］．管理世界，2020，36（2）：182-194+226．

刘冲，吴群锋，刘青．交通基础设施、市场可达性与企业生产率——基于竞争和资源配置的视角［J］．经济研究，2020，55（7）：140-158．

刘鹤．高新区在区域创新体系中的地位和作用［C］．中国地理学会2007年学术年会论文摘要集. 中国地理学会, 2007: 139.

刘华军, 李超. 中国绿色全要素生产率的地区差距及其结构分解 [J]. 上海经济研究, 2018 (6): 35 - 47.

刘纪远, 邓祥征, 刘卫东等. 中国西部绿色概念框架 [J]. 中国人口·资源与环境, 2013, 23 (10): 1 - 7.

刘建国, 张文忠. 中国区域全要素生产率的空间溢出关联效应研究 [J]. 地理科学, 2014, 34 (5): 522 - 530.

刘乃全, 吴友. 长三角扩容能促进区域经济共同增长吗 [J]. 中国工业经济, 2017 (6): 79 - 97.

刘德平. 大珠江三角洲城市群协调发展研究 [D]. 华中农业大学, 2006.

刘涛, 彭荣熙, 卓云霞, 曹广忠. 2000—2020 年中国人口分布格局演变及影响因素 [J]. 地理学报, 2022, 77 (2): 381 - 394.

刘涛, 齐元静, 曹广忠. 中国流动人口空间格局演变机制及城镇化效应——基于 2000 和 2010 年人口普查分县数据的分析 [J]. 地理学报, 2015, 70 (4): 567 - 581.

刘廷兰. 京津冀城市圈区域经济联系强度实证研究 [J]. 商业时代, 2014 (20): 134 - 136.

刘伟, 张辉. 中国经济增长中的产业结构变迁和技术进步 [J]. 经济研究, 2008, 43 (11): 4 - 15.

刘小勇. 市场分割对经济增长影响效应检验和分解——基于空间面板模型的实证研究 [J]. 经济评论, 2013 (1): 34 - 41.

刘幸, 姜星海, 钟秉林. 日本战后人口变迁与教育变革的关系研究 [J]. 教育科学研究, 2021 (12): 68 - 73.

刘修岩, 李松林, 陈子扬. 多中心空间发展模式与地区收入差距 [J]. 中国工业经济, 2017a (10): 25 - 43.

刘修岩, 李松林, 秦蒙. 城市空间结构与地区经济效率——兼论中国城镇化发展道路的模式选择 [J]. 管理世界, 2017b (1): 51 - 64.

刘修岩, 宋萍. 市场潜能与城市增长: 基于中国城市数据的实证研究 [J]. 东南大学学报 (哲学社会科学版), 2015, 17 (6): 74 - 83 + 147.

刘修岩, 殷醒民. 空间外部性与地区工资差异: 基于动态面板数据的实证研究 [J]. 经济学 (季刊), 2008, 8 (1): 78 - 99.

刘勇. 中国城镇化发展的历程、问题和趋势 [J]. 经济与管理研究, 2011 (3): 20-26.

鲁金萍, 刘玉, 杨振武, 孙久文. 基于 SNA 的京津冀城市群经济联系网络研究 [J]. 河南科学, 2014, 32 (8): 1633-1638.

鲁金萍, 杨振武, 刘玉. 京津冀城市群经济联系网络研究 [J]. 经济问题探索, 2015 (5): 117-122.

陆大道. 关于"点-轴"空间结构系统的形成机理分析 [J]. 地理科学, 2002, 22 (1): 1-6.

陆铭, 陈钊. 分割市场的经济增长——为什么经济开放可能加剧地方保护? [J]. 经济研究, 2009, 44 (3): 42-52.

陆铭. 城市、区域和国家发展——空间政治经济学的现在与未来 [J]. 经济学 (季刊), 2017, 16 (4): 1499-1532.

陆铭, 高虹, 佐藤宏. 城市规模与包容性就业 [J]. 中国社会科学, 2012 (10): 47-66+206.

陆铭. 教育、城市与大国发展——中国跨越中等收入陷阱的区域战略 [J]. 学术月刊, 2016, 48 (1): 75-86.

陆玉麒, 董平. 区域竞合论——区域关系分析的新视角 [J]. 经济地理, 2013, 33 (9): 1-5.

吕洪燕, 于翠华, 孙喜峰, 郭亮. 人力资本结构高级化对科技创新绩效的影响 [J]. 科技进步与对策, 2020, 37 (3): 133-141.

吕拉昌, 梁政骥, 黄茹. 中国主要城市间的创新联系研究 [J]. 地理科学, 2015, 35 (1): 30-37.

吕铁. 制造业结构变化对生产率增长的影响研究 [J]. 管理世界, 2002 (2): 87-94.

罗朋伟, 曹希广, 吉亚辉. 城市经济联系、空间网络与区域经济差距——基于中国西北地区五省份的经验证据分析 [J]. 地域研究与开发, 2021, 40 (3): 37-42+49.

马草原, 程茂勇, 侯晓辉. 城市劳动力跨部门流动的制约因素与机制分析——理论解释与经验证据 [J]. 经济研究, 2020, 55 (1): 99-114.

马桂兰. 试论区域经济发展的政策协调机制 [J]. 河南师范大学学报 (哲学社会科学版), 2012, 39 (2): 112-115.

马力，张连城．高等教育结构与产业结构、就业结构的关系 ［J］．人口与经济，2017（2）：77－89．

〔英〕马歇尔．经济学原理 ［M］．朱志泰，陈良璧译．商务印书馆，1991．

〔美〕迈克尔·波特．国家竞争优势 ［M］．李明轩，邱如美译．华夏出版社，2002．

〔美〕曼纽尔·卡斯特．网络社会的崛起 ［M］．夏铸九，王志弘等译．社会科学文献出版社，2006．

毛其智，龙瀛，吴康．中国人口密度时空演变与城镇化空间格局初探——从 2000 年到 2010 年 ［J］．城市规划，2015，39（2）：38－43．

苗洪亮，曾冰．呼包鄂榆城市群县域联系强度对其经济效率的影响——基于随机前沿模型的实证分析 ［J］．呼伦贝尔学院学报，2021，29（1）：65－72．

苗洪亮，周慧．城际联系强度对城市群经济效率的影响：对中国十大城市群的实证分析 ［J］．产经评论，2018，9（5）：139－152．

苗洪亮，周慧．中国三大城市群内部城市网络联系特征分析——比较与启示 ［J］．攀枝花学院学报，2019，36（1）：41－48．

倪鹏飞．新型城镇化的基本模式、具体路径与推进对策 ［J］．江海学刊，2013（1）：87－94．

倪鹏飞，颜银根，张安全．城市化滞后之谜：基于国际贸易的解释 ［J］．中国社会科学，2014（7）：107－124＋206－207．

宁光杰，雒蕾．劳动力市场分割与过度教育发生率 ［J］．劳动经济评论，2015，8（1）：13－33．

宁越敏．中国城市化特点、问题及治理 ［J］．南京社会科学，2012（10）：19－27．

潘士远，朱丹丹，徐恺．中国城市过大抑或过小？——基于劳动力配置效率的视角 ［J］．经济研究，2018，53（9）：68－82．

彭继增，邓千千，钟丽．中国对外直接投资与产业结构升级对绿色经济发展的影响——基于省际面板数据的空间溢出分析 ［J］．江西社会科学，2020，40（4）：48－60．

彭荣胜．区域经济协调发展内涵的新见解 ［J］．学术交流，2009（3）：101－105．

蒲艳萍，顾冉．劳动力工资扭曲如何影响企业创新［J］.中国工业经济，
　　2019（7）：137 - 154.

齐昕，郭薛南．中国十大城市群金融的辐射力及其一体化发展研究［J］.
　　武汉金融，2019（10）：74 - 79.

钱晓烨，迟巍，黎波．人力资本对我国区域创新及经济增长的影响——基
　　于空间计量的实证研究［J］.数量经济技术经济研究，2010，27（4）：
　　107 - 121.

钱争鸣，刘晓晨．中国绿色经济效率的区域差异与影响因素分析［J］.中
　　国人口·资源与环境，2013，23（7）：104 - 109.

秦蒙，刘修岩，李松林．中国的"城市蔓延之谜"——来自政府行为视角
　　的空间面板数据分析［J］.经济学动态，2016（7）：21 - 33.

仇保兴．中国特色的城镇化模式之辩——"C 模式"：超越"A 模式"的
　　诱惑和"B 模式"的泥淖［J］.城市规划，2008（11）：9 - 14.

曲玥，蔡昉，张晓波．"飞雁模式"发生了吗？——对 1998—2008 年中国
　　制造业的分析［J］.经济学（季刊），2013，12（3）：757 - 776.

饶会林．试论城市规模效益［J］.中国社会科学，1989（4）：3 - 18.

任阳军，汪传旭．中国城镇化对区域绿色经济效率影响的实证研究［J］.
　　技术经济，2017，36（12）：72 - 78 + 98.

〔日〕山田浩之．城市经济学［M］.魏浩光，崔培文，蔡纪良译．东北财
　　经大学出版社，1991.

单卓然，黄亚平．试论中国新型城镇化建设：战略调整、行动策略、绩效
　　评估［J］.规划师，2013，29（4）：10 - 14.

沈凌，田国强．贫富差别、城市化与经济增长［J］.经济研究，2009，44
　　（1）：17 - 29.

师萍，韩先锋，周凡磬，宋文飞．中国研发创新全要素生产率增长特征及空
　　间差异分析［J］.科学学与科学技术管理，2011，32（1）：35 - 39 + 72.

宋冬林，范欣，赵新宇．区域发展战略、市场分割与经济增长——基于相
　　对价格指数法的实证分析［J］.财贸经济，2014（8）：115 - 126.

宋芳秀，官颖．发展差异、格局演变与京津冀城市群银行业实态［J］.改
　　革，2017（11）：89 - 99.

宋家泰．城市 - 区域与城市区域调查研究——城市发展的区域经济基础调

查研究 [J]. 地理学报, 1980 (4): 277-287.

宋宗宏, 叶初升. 技术创新与经济发展关系研究新进展 [J]. 经济学动态, 2009 (4): 97-102.

苏丹妮, 盛斌, 邵朝对. 产业集聚与企业出口产品质量升级 [J]. 中国工业经济, 2018 (11): 117-135.

孙久文, 原倩. 京津冀协同发展战略的比较和演进重点 [J]. 经济社会体制比较, 2014 (5): 1-11.

覃成林. 区域经济空间组织原理 [M]. 湖北教育出版社, 1996.

覃成林, 张华, 毛超. 区域经济协调发展: 概念辨析、判断标准与评价方法 [J]. 经济体制改革, 2011 (4): 34-38.

覃成林, 郑云峰, 张华. 我国区域经济协调发展的趋势及特征分析 [J]. 经济地理, 2013, 33 (1): 9-14.

覃成林, 周姣. 城市群协调发展: 内涵、概念模型与实现路径 [J]. 城市发展研究, 2010, 17 (12): 7-12.

谭锐, 王珺. 住房投资性需求对城市规模的影响机制——基于中国城市的理论研究 [J]. 经济学动态, 2014 (5): 73-83.

汤长安, 邱佳炜, 张丽家, 李红燕. 要素流动、产业协同集聚对区域经济增长影响的空间计量分析——以制造业与生产性服务业为例 [J]. 经济地理, 2021, 41 (7): 146-154.

唐为. 分权、外部性与边界效应 [J]. 经济研究, 2019, 54 (3): 103-118.

唐为. 要素市场一体化与城市群经济的发展——基于微观企业数据的分析 [J]. 经济学 (季刊), 2021, 21 (1): 1-22.

田盛丹, 黄燕芬, 张超. 城市化进程中的人力资本与住房价格 [J]. 技术经济与管理研究, 2021 (7): 82-85.

田逸飘, 张卫国, 刘明月. 科技创新与新型城镇化包容性发展耦合协调度测度——基于省级数据的分析 [J]. 城市问题, 2017 (1): 12-18.

万广华. 城镇化与不均等: 分析方法和中国案例 [J]. 经济研究, 2013, 48 (5): 73-86.

万广华, 郑思齐, Anett Hofmann. 城市化水平的决定因素: 跨国回归模型及分析 [J]. 世界经济文汇, 2014 (4): 20-35.

万坤扬, 陆文聪. 中国技术创新区域变化及其成因分析——基于面板数据的空间计量经济学模型 [J]. 科学学研究, 2010, 28 (10): 1582 – 1591.

万陆, 翟少轩. 中心城市创新集聚与城市群协调发展 [J]. 学术研究, 2021 (7): 106 – 113.

汪锋, 解晋. 中国分省绿色全要素生产率增长率研究 [J]. 中国人口科学, 2015 (2): 53 – 62 + 127.

王艾青. 技术创新、制度创新与产业创新的关系分析 [J]. 当代经济研究, 2005 (8): 31 – 34.

王兵, 唐文狮, 吴延瑞, 张宁. 城镇化提高中国绿色发展效率了吗? [J]. 经济评论, 2014 (4): 38 – 49 + 107.

王春杨, 兰宗敏, 张超, 侯新烁. 高铁建设、人力资本迁移与区域创新 [J]. 中国工业经济, 2020 (12): 102 – 120.

王桂新. 城市化基本理论与中国城市化的问题及对策 [J]. 人口研究, 2013, 37 (6): 43 – 51.

王国才, 吴铭峰. 城镇化对经济效率的空间溢出效应分析 [J]. 商业经济研究, 2019 (23): 187 – 189.

王家庭, 贾晨蕊. 我国城市化与区域经济增长差异的空间计量研究 [J]. 经济科学, 2009 (3): 94 – 102.

王军, 付莎. 金融一体化与城市群经济协调发展 [J]. 财经科学, 2020 (10): 80 – 92.

王兰英, 杨帆. 创新驱动发展战略与中国的未来城镇化建设 [J]. 中国人口·资源与环境, 2014, 24 (9): 163 – 169.

王立平, 余小婷. 金融发展、基础设施与区域经济增长 [J]. 工业技术经济, 2020, 39 (5): 31 – 37.

王青, 金春. 中国城市群经济发展水平不平衡的定量测度 [J]. 数量经济技术经济研究, 2018, 35 (11): 77 – 94.

王文寅, 刘娇娇, 李永清. 科技创新能力对新型城镇化水平的影响——以山西省为例 [J]. 经济问题, 2016 (11): 121 – 124.

王小鲁, 夏小林. 优化城市规模 推动经济增长 [J]. 经济研究, 1999 (9): 22 – 29.

王小鲁. 中国城市化路径与城市规模的经济学分析 [J]. 经济研究, 2010, 45 (10): 20 – 32.

王许亮. 中国服务品市场分割、空间互动及影响因素 [J]. 数量经济技术
经济研究, 2020, 37 (2): 70 - 89.

王亚平, 程钰, 任建兰. 城镇化对绿色经济效率的影响 [J]. 城市问题,
2017 (8): 59 - 66.

王垚, 年猛, 王春华. 产业结构、最优规模与中国城市化路径选择 [J].
经济学 (季刊), 2017, 16 (2): 441 - 462.

王媛玉. 产业集聚与城市规模演进研究 [D]. 吉林大学, 2019.

王珍珍, 穆怀中. 高等教育人力资本与城镇化发展 [J]. 华中科技大学学
报 (社会科学版), 2018, 32 (1): 76 - 85.

王志军. 欧元区金融一体化发展与稳定性安排的困境 [J]. 国际金融研究,
2009 (3): 62 - 70.

〔德〕韦伯. 工业区位论 [M]. 李刚剑等译. 商务印书馆, 1997.

卫鹏鹏. 中国区域经济协调发展机制研究 [M]. 中国地质大学出版
社, 2009.

魏楚, 郑新业, 龚华燕. 能源效率提升的新视角——基于市场分割的检验
(英文) [J]. Social Sciences in China, 2020, 41 (1): 59 - 78.

魏后凯. 论区域经济利益及其协调机制 [J]. 经济纵横, 1993 (1): 39 - 43.

魏江, 郑小勇. 文化嵌入与集群企业创新网络演化的关联机制 [J]. 科研
管理, 2012, 33 (12): 10 - 22.

魏丽华. 我国三大城市群内部经济联系对比研究 [J]. 经济纵横, 2018
(1): 45 - 54.

魏清. 长三角金融一体化的现状——基于银行存贷款关系的分析 [J]. 工
业技术经济, 2010, 29 (1): 151 - 154.

魏守华, 吴贵生, 吕新雷. 区域创新能力的影响因素——兼评我国创新能
力的地区差距 [J]. 中国软科学, 2010 (9): 76 - 85.

魏守华, 周山人, 千慧雄. 中国城市规模偏差研究 [J]. 中国工业经济,
2015 (4): 5 - 17.

温忠麟, 叶宝娟. 中介效应分析: 方法和模型发展 [J]. 心理科学进展,
2014, 22 (5): 731 - 745.

温忠麟, 张雷, 侯杰泰, 刘红云. 中介效应检验程序及其应用 [J]. 心理
学报, 2004 (5): 614 - 620.

〔德〕沃尔特·克里斯塔勒.德国南部中心地理论原理 [M].常正文，王兴中等译.商务印书馆，1998.

〔德〕沃尔特·克里斯塔勒.德国南部中心地原理 [M].常正文，王兴中等译.商务印书馆，2010.

邬晓霞，李青.京津冀区域金融一体化进程的测度与评价 [J].广东社会科学，2015（5）：34－40.

吴洁，张云，韩露露.长三角城市群绿色发展效率评价研究 [J].上海经济研究，2020（11）：46－55.

吴敬琏.促进制造业的"服务化"[J].中国制造业信息化，2008（22）：16.

吴要武.70年来中国的劳动力市场 [J].中国经济史研究，2020（4）：30－48.

夏怡然，陆铭.跨越世纪的城市人力资本足迹——历史遗产、政策冲击和劳动力流动 [J].经济研究，2019，54（1）：132－149.

项本武，张鸿武，王珅.人力资本积累对城市规模扩张的影响——基于中国地级及以上城市面板数据的实证检验 [J].中南财经政法大学学报，2012（6）：15－20＋142－143.

肖华东，常青.我国城市群金融一体化测量方法探析 [J].统计与决策，2013（3）：34－37.

谢濛，魏如山.政府在区域协调中的作用 [J].发展论坛，1999（9）：24－25.

徐生霞，刘强，陆小莉.中国区域发展不平衡的四维模式分解及影响因素研究——基于门限回归模型的测度 [J].经济问题探索，2019（4）：13－26.

徐爽，闫亭豫，吴金希.日本科技基本法设立以后科技政策的演变研究 [J].科学学与科学技术管理，2022，43（2）：19－31.

徐现祥，刘毓芸，肖泽凯.方言与经济增长 [J].经济学报，2015，2（2）：1－32.

许抄军，罗能生，吕渭济.基于资源消耗的中国城市规模研究 [J].经济学家，2008（4）：56－64.

许露元，邬丽萍.北部湾城市群各城市的经济联系与地缘经济关系 [J].城市问题，2016（10）：59－64＋96.

许庆明，胡晨光，刘道学.城市群人口集聚梯度与产业结构优化升级——

中国长三角地区与日本、韩国的比较 [J].中国人口科学，2015（1）：29 - 37 + 126.

许学强，黄丹娜.近年来珠江三角洲城镇发展特征分析 [J].地理科学，1989（3）：197 - 203 + 291.

〔英〕亚当·斯密.国民财富的性质和原因的研究（上卷）[M].郭大力，王亚南译.商务印书馆，1972.

严立刚，曾小明.东部产业为何难以向中西部转移——基于人力资本空间差异的解释 [J].经济地理，2020，40（1）：125 - 131.

颜色，郭凯明，杭静.需求结构变迁、产业结构转型和生产率提高 [J].经济研究，2018，53（12）：83 - 96.

杨贵军，杨鸿海，张率.京津冀区域金融资本流动趋势分析 [J].统计与决策，2017（15）：153 - 157.

杨浩昌.中国城镇化对经济增长的影响及其区域差异——基于省级面板数据的分析 [J].城市问题，2016（1）：58 - 63 + 91.

杨龙，胡晓珍.基于 DEA 的中国绿色经济效率地区差异与收敛分析 [J].经济学家，2010（2）．46 - 54.

杨汝岱.中国制造业企业全要素生产率研究 [J].经济研究，2015，50（2）：61 - 74.

杨文举.中国城镇化与产业结构关系的实证分析 [J].经济经纬，2007（1）：78 - 81.

杨晓锋.产业升级、收入增长与城市规模——基于 2002～2015 年 50 个一二三线城市的实证分析 [J].经济体制改革，2017（3）：46 - 52.

杨宜勇，吴香雪，杨泽坤.绿色发展的国际先进经验及其对中国的启示 [J].新疆师范大学学报（哲学社会科学版），2017，38（2）：18 - 24 + 2.

杨宗月，张雪亚，刘阳，龚佃选.京津冀区域金融一体化进程研究 [J].中国市场，2017（6）：41 + 46.

姚士谋，陈爽，陈振光.关于城市群基本概念的新认识 [J].现代城市研究，1998（6）：15 - 17 + 61.

姚士谋，李青，武清华，陈振光.我国城市群总体发展趋势与方向初探 [J].地理研究，2010，29（8）：1345 - 1354.

姚士谋，王成新，解晓南 . 21 世纪中国城市化模式探讨 [J]. 科技导报，2004（7）：42 – 45.

姚一雯 . 科学把握新发展阶段深入推动京津冀协同发展 [J]. 金融发展研究，2022（1）：89 – 92.

叶静怡，赵奎，方敏 . 市场、社会行动与最低工资制度 [J]. 经济研究，2014，49（12）：113 – 125.

叶裕民，陈丙欣 . 中国城市群的发育现状及动态特征 [J]. 城市问题，2014（4）：9 – 16.

易定红，陈翔 . 人力资本外部性、劳动要素集聚与城市化形成机制研究 [J]. 经济问题，2020（5）：7 – 14.

殷戈，黄海，黄炜 . 人力资本的代际外溢性——来自"别人家的父母"的证据 [J]. 经济学（季刊），2020，19（4）：1491 – 1514.

尹靖华，韩峰 . 市场潜力、厚劳动力市场与城市就业 [J]. 财贸经济，2019，40（4）：146 – 160.

尹德挺，史毅 . 人口分布、增长极与世界级城市群孵化——基于美国东北部城市群和京津冀城市群的比较 [J]. 人口研究，2016，40（6）：87 – 98.

于斌斌，郭东 . 城市群空间结构的经济效率：理论与实证 [J]. 经济问题探索，2021（7）：148 – 164.

于洪俊，宁越敏 . 城市地理学概念 [M]. 安徽科学技术出版社，1983.

余江，叶林 . 中国新型城镇化发展水平的综合评价：构建、测度与比较 [J]. 武汉大学学报（哲学社会科学版），2018，71（2）：145 – 156.

俞宪忠 . 劳动就业转型与三大创新驱动 [J]. 河北学刊，2018，38（4）：126 – 132.

袁博，刘凤朝 . 技术创新、FDI 与城镇化的动态作用机制研究 [J]. 经济学家，2014（10）：60 – 66.

袁富华，张平 . 知识技术阶层再生产：效率和发展的一类等价命题 [J]. 经济与管理评论，2018，34（6）：15 – 24.

原倩 . 城市群是否能够促进城市发展 [J]. 世界经济，2016，39（9）：99 – 123.

原毅军，谢荣辉 . FDI、环境规制与中国工业绿色全要素生产率增长——基于 Luenberger 指数的实证研究 [J]. 国际贸易问题，2015（8）：84 – 93.

岳书敬，刘朝明．人力资本与区域全要素生产率分析 [J]．经济研究，
    2006 (4)：90 – 96.

翟爱梅，马芳原，罗伟卿．区域金融一体化的阶段水平与发展轨迹的测度
    方法 [J]．数理统计与管理，2013，32 (5)：883 – 895.

张东辉，张艳丽．我国地区间资本流动能力的实证研究 [J]．福建论坛
    (人文社会科学版)，2010 (12)：4 – 9.

张峰，肖文东．京津冀区域金融一体化测度与评价 [J]．求索，2016 (7)：
    95 – 99.

张凤超，黎欣．产业集聚、城市人口规模与区域经济协调发展——基于我
    国 12 个城市群的比较研究 [J]．华南师范大学学报 (社会科学版)，
    2021 (2)：156 – 166 + 207 – 208.

张国俊，黄婉玲，周春山，曹永旺．城市群视角下中国人口分布演变特征
    [J]．地理学报，2018，73 (8)：1513 – 1525.

张国俊，王运喆，王珏晗，曹永旺，周春山．中国城市群经济增长质量与
    数量协调关系的时空演化与机理 [J]．地理科学，2021，41 (12)：
    2075 – 2086.

张国强，温军，汤向俊．中国人力资本、人力资本结构与产业结构升级
    [J]．中国人口·资源与环境，2011，21 (10)：138 – 146.

张浩然，衣保中．基础设施、空间溢出与区域全要素生产率——基于中国
    266 个城市空间面板杜宾模型的经验研究 [J]．经济学家，2012 (2)：
    61 – 67.

张华，贺灿飞．区位通达性与在京外资企业的区位选择 [J]．地理研究，
    2007 (5)：984 – 994.

张慧慧，胡秋阳，张云．新型城镇化建设与工业化协调发展研究——基于
    城市化与镇化的二元视角 [J]．经济体制改革，2021 (4)：66 – 73.

张金伟，吴琼．绿色发展理念的哲学基础、实现路径及重大意义 [J]．生
    态经济，2017，33 (2)：172 – 175.

张军，张慧慧，徐力恒．劳动力市场分割的技能偏向如何影响家庭人力资
    本投资 [J]．中国工业经济，2018 (8)：5 – 23.

张来武．科技创新驱动经济发展方式转变 [J]．中国软科学，2011 (12)：
    1 – 5.

张弥. 城市体系的网络结构 [M]. 中国水利水电出版社, 2007.

张培刚, 刘建洲. 新贸易理论及其与发展中国家的关系 [J]. 经济学家, 1995 (2): 4 - 16 + 126.

张学良, 李培鑫. 城市群经济机理与中国城市群竞争格局 [J]. 探索与争鸣, 2014 (9): 59 - 63.

张学良, 李培鑫, 李丽霞. 政府合作、市场整合与城市群经济绩效——基于长三角城市经济协调会的实证检验 [J]. 经济学 (季刊), 2017, 16 (4): 1563 - 1582.

张学良. 中国区域经济转变与城市群经济发展 [J]. 学术月刊, 2013, 45 (7): 107 - 112.

张颖熙. 区域金融发展与金融一体化问题研究——基于中国的实证与分析 [J]. 中央财经大学学报, 2007 (5): 33 - 37.

张永凯. 区域创新体系开放性研究 [J]. 开发研究, 2014 (4): 34 - 36.

张雨. 长三角一体化中的制度障碍及其对策 [J]. 南京社会科学, 2010 (11): 44 - 50.

张云飞. 城市群内产业集聚与经济增长关系的实证研究——基于面板数据的分析 [J]. 经济地理, 2014, 34 (1): 108 - 113.

张韵, 钟书华. 国外 "区域创新政策有效性" 研究综述 [J]. 科学管理研究, 2019, 37 (2): 157 - 160.

张泽义, 何春丽. 空间相关、地区市场潜能与收入不平衡 [J]. 华东经济管理, 2017, 31 (10): 60 - 69.

张志强, 徐中民, 程国栋. 可持续发展下的生态经济学理论透视 [J]. 中国人口·资源与环境, 2003 (6): 4 - 10.

张治栋, 秦淑悦. 环境规制、产业结构调整对绿色发展的空间效应——基于长江经济带城市的实证研究 [J]. 现代经济探讨, 2018 (11): 79 - 86.

张自然, 张平, 刘霞辉. 中国城市化模式、演进机制和可持续发展研究 [J]. 经济学动态, 2014 (2): 58 - 73.

章元, 王驹飞. 城市规模、通勤成本与居民储蓄率: 来自中国的证据 [J]. 世界经济, 2019, 42 (8): 25 - 49.

赵广川, 郭俊峰, 陈颖. 我国 FDI 流入的经济效率分析——基于地级市动态面板数据模型 [J]. 南方经济, 2015 (9): 41 - 51.

赵晓雷. 城市经济与城市群 [M]. 上海人民出版社, 2009.

赵新平, 周一星. 改革以来中国城市化道路及城市化理论研究述评 [J]. 中国社会科学, 2002 (2): 132-138.

赵永亮. 市场获得、边界效应与经济集聚——基于"中心—外围"城市经济活动的考察 [J]. 中国工业经济, 2012 (3): 69-81.

赵勇, 魏后凯. 政府干预、城市群空间功能分工与地区差距——兼论中国区域政策的有效性 [J]. 管理世界, 2015 (8): 14-29+187.

赵增耀, 夏斌. 市场潜能、地理溢出与工业集聚——基于非线性空间门槛效应的经验分析 [J]. 中国工业经济, 2012 (11): 71-83.

甄峰, 徐海贤, 朱传耿. 创新地理学——一门新兴的地理学分支学科 [J]. 地域研究与开发, 2001 (1): 9-11+18.

郑德凤, 臧正, 孙才志. 绿色经济、绿色发展及绿色转型研究综述 [J]. 生态经济, 2015, 31 (2): 64-68.

郑江淮, 高彦彦, 胡小文. 企业"扎堆"、技术升级与经济绩效——开发区集聚效应的实证分析 [J]. 经济研究, 2008 (5): 33-46.

郑勒华, 赖德胜. 人力资本与中国城市化的地区差异研究 [J]. 中国人口科学, 2008 (1): 59-66.

郑腾飞, 柯善咨. 交通条件、城市规模和劳动技能匹配效应 [J]. 财经研究, 2019, 45 (11): 4-19.

郑享清, 朱慧君, 彭秋玲. 基于 DEA 的中部六省经济效率分析 [J]. 企业经济, 2014 (8): 131-135.

种照辉, 覃成林, 叶信岳. 城市群经济网络与经济增长——基于大数据与网络分析方法的研究 [J]. 统计研究, 2018, 35 (1): 13-21.

周慧, 周加来. 中部地区城镇化对经济效率的动态空间效应检验及收敛性分析 [J]. 经济问题探索, 2020 (6): 77-87.

周黎安. 晋升博弈中政府官员的激励与合作——兼论我国地方保护主义和重复建设问题长期存在的原因 [J]. 经济研究, 2004 (6): 33-40.

周伟林, 林琳, 郝前进. 市场潜能与我国制造业的空间集聚——以各省制造业（大类）工业总产值为例 [J]. 上海经济研究, 2011 (3): 45-55.

周一星. 城市体系规模结构分析的两个误区 [J]. 城市规划, 1995 (2): 13-16.

周一星. 中国城市工业产出水平与城市规模的关系 [J]. 经济研究, 1988 (5): 74 - 79.

周毅, 李京文. 城市化发展阶段、规律和模式及趋势 [J]. 经济与管理研究, 2009 (12): 89 - 94.

周玉龙, 孙久文. 产业发展从人口集聚中受益了吗——基于 2005 - 2011 年城市面板数据的经验研究 [J]. 中国经济问题, 2015 (2): 74 - 84.

周正柱, 李瑶瑶. 市场一体化与经济增长——基于长三角城市群面板数据的空间计量分析 [J]. 华东经济管理, 2022, 36 (4): 19 - 30.

朱东波. 习近平绿色发展理念: 思想基础、内涵体系与时代价值 [J]. 经济学家, 2020 (3): 5 - 15.

朱凯, 潘怡麟, 张舒怡, 陈信元. 管制下的市场分割与租值耗散——基于企业集团跨地区经营的视角 [J]. 财经研究, 2019, 45 (4): 4 - 16 + 29.

朱力. 群体性偏见与歧视——农民工与市民的磨擦性互动 [J]. 江海学刊, 2001 (6): 48 - 53.

朱农. 论农村非农业活动对收入分布的作用 [J]. 世界经济文汇, 2002 (2): 3 - 14.

庄亚明, 李晏墅, 李金生, 杨浩巍. 区域经济协调发展的 GAH - S 评价体系研究——基于江苏的数据 [J]. 中国工业经济, 2008 (6): 127 - 137.

踪家峰, 周亮. 大城市支付了更高的工资吗? [J]. 经济学 (季刊), 2015, 14 (4): 1467 - 1496.

Abramovitz, M. Resource and Output Trends in the United States Since 1870 [J]. The American Economic Review, 1956 (2): 5 - 23.

Ades, A., Glaeser, E. Trade and Circuses: Explaining Urban Giants [J]. Quarterly Journal of Economics, 1995, 110 (1): 195 - 227.

Ahlfeldt, G. M., Redding, S. J., Sturm, D. M., Wolf, N. The Economics of Density: Evidence from the Berlin Wall [J]. Econometrica, 2015, 83 (6): 2127 - 2189.

Alonso, W. Location and Land Use [M]. Harvard University Press, 1964.

Alonso, W. The Economics Urban Size [J]. Papers of The Regional Science Association, 1971 (26): 67 - 83.

Alves, D., Barreira, A. P., Guimaraes, M. H., et al. Historical Trajectories of Currently Shrinking Portuguese Cities [J]. Cities, 2016 (52): 20 – 29.

Anderson, G., Ge, Y. The Size Distribution of Chinese Cities [J]. Regional Science and Urban Economics, 2005, 35 (6): 756 – 776.

Arrow, K. J. The Economic Implication of Learning by Doing [J]. Review of Economics and Statistics, 1962, 29 (3): 155 – 173.

Au, C. C., Henderson, J. V. Are Chinese Cities Too Small? [J]. Review of Economic Studies, 2006, 73 (3): 549 – 576.

Audretsch, D. B., Feldman, M. P. Knowledge Spillovers and the Geography of Innovation [J]. Handbook of Regional and Urban Economics, 2004, 4: 2713 – 2723.

Auerbach, F. Das Gesetz der Bevölkerungskonzentration [J]. Petermann's Geographische Mitteilungen, 1913, 59: 74 – 76.

Awan, M. S., Malik, N., Sarwar, H., et al. Impact of Education on Poverty Reduction [J]. International Journal of Academic Research, 2011, 3 (3): 660 – 666.

Bagler, G. Analysis of the Airport Network of India as a Complex Weighted Network [J]. Physica A: Statistical Mechanics and Its Applications, 2008, 387 (12): 2972 – 2980.

Baron, R. M., Kenny, D. A. The Moderator-Mediator Variable Distinction in Social Psychological Research: Conceptual, Strategi, and Statistical Considerations [J]. Journal of Personality and Social Psychology, 1986, 51 (6): 1173 – 1182.

Barro, R. J., Sala-i-Martin, X. Convergence across States and Regions [J]. Brookings Papers on Economic Activity, 1991 (1): 107 – 158.

Baumol, W. J. Productivity Growth, Convergence, and Welfare: What the Long-Run Data Show [J]. American Economic Review, 1986, 76 (5): 1072 – 1085.

Baum-Snow, N., Pavan, R. Inequality and City Size [J]. Review of Economics and Statistics, 2013, 95 (5): 1535 – 1548.

Becker, G. S. Nobel Lecture: The Economic Way of Looking at Behavior [J]. Journal of Political Economy, 1993, 101 (3): 385 – 409.

Bhattacharya, A. K. India Inc's Global Expansion [J]. India Perspectives, 2011, 25 (6): 16.

Black, D., Henderson, J. V. A Theory of Urban Growth [J]. Journal of Political Economy, 1999, 107 (2): 252 – 284.

Bronzini, R., Piselli, P. Determinants of Long-Run Regional Productivity with Geographical Spillovers: The Role of R&D Human Capital and Public Infrastructure [J]. Regional Science and Urban Economics, 2009, 39 (2): 187 – 199.

Brown, L. R. Plan B 3.0: Mobilizing to Save Civilization (Substantially Revised) [R]. WW Norton & Company, 2008.

Brueckner, J. K. Urban Sprawl: Diagnosis and Remedies [J]. International Regional Science Review, 2000, 23 (2): 160 – 171.

Burger, M. J., Meijers, E. J. Agglomerations and the Rise of Urban Network Externalities [J]. Papers in Regional Science, 2016, 95 (1): 5 – 15.

Camagni, R., Salone, C. Network Urban Structures in Northern Italy: Elements for a Theoretical Framework [J]. Urban Studies, 1993, 30 (6): 1053 – 1064.

Capello, R. The City Network Paradigm: Measuring Urban Network Externalities [J]. Curs, 2000, 37 (11): 1925 – 1945.

Carson, R. Silent Spring [J]. Foreign Affairs (Council on Foreign Relations), 1962, 76 (5): 704.

Castells, M. The Rise of Network Society [M]. Blackwell Publishers, 2000.

Cerdà, I. General Theory of Urbanization 1867 [M]. Actar D, Inc., 2021.

Choy, L. H. T., Li, V. J. The Role of Higher Education in China's Inclusive Urbanization [J]. Cities, 2017, 60: 504 – 510.

Christaller, W. Die Zentralen Orte in Süddeutschland [M]. Jena: Verlag von Gustav Fischer, 1933.

Ciccne, A., Hall, R. E. Productivity and the Density of Economic Activity [J]. American Economic Review, 1996 (86): 54 – 70.

Coase, R. H. The Nature of the Firm [J]. Economica, 1937, 4 (16): 386 – 405.

Cobb, C. W., Douglas, P. H. A Theory of Production [J]. American Economic Review, 1928 (1): 139 – 165.

Combes, P. P. , Mayer, T. , Thisse, J. F. Economic Geography: The Integration of Regions and Nations [M]. Princeton University Press, 2008.

Curzo, A. Q. , Fortis, M. Complexity and Industrial Clusters: Dynamics and Models in Theory and Practice [M]. Physical-Verlag, Heidelberg, 2002.

Davis, D. R. , Weinstein, D. E. Bones, Bombs, and Break Points: The Geography of Economic Activity [J]. The American Economic Review, 2002, 92 (5): 1269 – 1289.

Davis, D. R. , Weistein, D. E. Does Economic Geography Matter for International Specialization [R]. NBER Working Paper No. 5706, 1997.

Davis, J. C. , Henderson, J. V. Evidence on the Political Economy of the Urbanization Process [J]. Journal of Urban Economics, 2003, 53 (1): 98 – 125.

Dekle, R. Saving-Investment Associations and Capital Mobility on the Evidence from Japanese Regional Data [J]. Journal of International Economics, 1996, 41 (1/2): 53 – 72.

De Long, J. Productivity, Growth, Convergence and Welfare: Comment [J]. American Economic Review, 1988, 78 (5): 1138 – 1154.

Dematteis, G. II sistema urbano [M]. In G. Fua. Orientamenti per la politica del territorio. Bologna: II Mulino, 1991, pp. 483 – 513.

Denison, E. F. Trends in Economic Growth, 1929 – 1982 [M]. Brookings, Washington DC, 1985.

Diamond, R. The Determinants and Welfare Implications of US Workers' Diverging Location Choices by Skill: 1980 – 2000 [J]. American Economic Review, 2016, 106 (3): 479 – 524.

Dieleman, F. M. , Faludi, A. Polynucleated Metropolitan Regions in Northwest Europe: Theme of the Special Issue [J]. European Planning Studies, 1998, 6 (4): 365 – 377.

Dobkins, L. H. , Ioannides, Y. M. Spatial Interactions among U. S. Cities: 1900 – 1990 [J]. Regional Science and Urban Economics, 2001, 31 (6): 701 – 731.

Eeckhout, J. , Pinheiro, R. , Schmidheiny, K. Spatial Sorting [J]. Journal of

Political Economy, 2014, 122 (3): 554 – 620.

Eijiffinger, S. C. , Lemmen, J. International Financial Integration [M]. UK: Edward Elgar, 2003.

Evans, A. W. The Pure Theory of City Size in an Industrial Economy [J]. Urban Studies, 1972, 9 (1): 49 – 77.

Fay, M. , Opal, C. Urbanization and Mortality Decline [R]. World Bank Policy Research Working Paper, 2000, No. 2412.

Feldstein, M. , Horioka, C. Domestic Saving and International Capital Flows [J]. The Economic Journal, 1980, 90: 314 – 329.

Fisher, I. The Nature of Capital and Income [M]. Macmillan, 1906.

Frenkel, J. A. A Monetary Approach to the Exchange Rate: Doctrinal Aspects and Empirical Evidence [J]. Scandinavian Journal of Economics, 1976, 78: 200 – 224.

Friedmann, J. Regional Development Policy: A Case Study of Venezuela [J]. Urban Studies, 1966, 4 (3): 309 – 311.

Friedmann, J. , Wolff, G. World City Formation: An Agenda for Research and Action [J]. International Journal of Urban and Regional Research, 1982, 6 (3): 309 – 344.

Fujita, M. , Krugman, P. , Venables, A. J. The Spatial Economy: Cities, Regions, and International Trade [M]. Cambridge, Massachusetts: The MIT Press, 1999.

Fujita, M. , Mori, T. , Henderson, J. V. , Kanemoto, Y. Spatial Distribution of Economic Activities in Japan and China [J]. Handbook of Regional and Urban Economics, 2004 (4): 2911 – 2977.

Gallup, J. L. , Sachs, J. D. , Mellinger, A. D. Geography and Economic Development [J]. International Regional Science Review, 1999, 22 (2): 179 – 232.

Geddes, P. S. Cities in Evolution: An Introduction to the Town Planning Movement and to the Study of Civics [J]. Social Theories of the City, 1915, 4 (3): 236 – 237.

Gersbach, H. , Schmutzler, A. External Spillovers, Internal Spillovers and the

Geography of Production and Innovation [J]. Regional Science and Urban Economics, 1999, 29 (6): 679 – 696.

Glaeser, E. L. , Kahn, M. E. Sprawl and Urban Growth [J]. Handbook of Regional & Urban Economics, 2004, 4: 2481 – 2527.

Glaeser, E. L. , Lu, M. Human-Capital Externalities in China [R]. NBER Working Papers, 2018.

Glaeser, E. L. , Ponzetto, G. A. M. , Tobio, K. Cities, Skills and Regional Change [J]. Regional Studies, 2014, 48 (1): 7 – 43.

Glaeser, E. L. , Resseger, M. G. The Complementarity between Cities and Skills [J]. Journal of Regional Science, 2010, 50 (1): 221 – 244.

Glaeser, E. L. , Scheinkman, J. A. , Shleifer, A. Economic Growth in a Cross Section of Cities [J]. Journal of Monetary Economics, 1995, 36: 117 – 143.

Goldsmith, R. W. Financial Structure and Development [M]. Yale University Press, New Haven, 1969.

González-Val, R. , Tirado-Fabregat, D. A. , Viladecans-Marsal, E. Market Potential and City Growth: Spain 1860 – 1960 [R]. Working Papers, 2013.

Gottmann, J. Megalopolis or the Urbanization of the Northeastern Seaboard [J]. Economic Geography, 1957, 33 (3): 189 – 200.

Guerra, F. , Gaigné, C. , Turolla, S. Product Quality and Export Volatility in International Trade: An Empirical Assessment [J]. Post-Print, 2019.

Gupta, S. P. , Hutton, J. P. Economies of Scale in local Government Services. R. C. on Local Government in England [J]. Research Studies, 1968 (3): 12 – 22.

Hanson, G. H. Market Potential, Increasing Returns and Geographic Concentration [J]. Journal of International Economics, 2005, 67 (1): 1 – 24.

Hanson, G. Localization Economies, Vertical Organization and Trade [J]. American Economic Review, 1996, 86 (5): 1266 – 1278.

Harris, C. D. , Ullman, E. L. The Nature of Cities [J]. The Annals of the American Academy of Political and Social Science, 1945, 242 (1): 7 – 17.

Harris, C. The Market as a Factor on the Localization of Industry in the United States [J]. Annals of the American Association of Geographers, 1954,

64: 315 - 348.

Harris, J. R. , Todaro, M. P. Migration, Unemployment & Development: A Two-Sector Analysis [J]. American Economic Review, 1970, 60 (1): 126 - 142.

Head, K. , Mayer, T. Regional Wage and Employment Responses to Market Potential in the EU [J]. Regional Science and Urban Economics, 2006, 36 (5): 573 - 594.

Henderson, J. V. , Becker, R. Political Economy of City Sizes and Formation [J]. Journal of Urban Economics, 2000, 48 (3): 453 - 484.

Henderson, J. V. Marshall's Scale Economic [J]. Journal of Urban Economics, 2003, 53 (1): 1 - 28.

Henderson, J. V. , Thisse, J. F. Handbook of Regional and Urban Economics Volume 4 [C]. Amsterdam: Elsevier, 2004.

Henderson, J. V. , Wang, H. G. Urbanization and City Growth: The Role of Institutions [J]. Regional Science and Urban Economics, 2007, 37 (3): 283 - 313.

Hodrick, R. J. , Prescott, E. C. Postwar US Business Cycles: An Empirical Investigation [J]. Journal of Money, Credit and Banking, 1997, 29 (1): 1 - 16.

Hoover, E. M. The Location of Economic Activity [M]. New York: McGraw-Hill, 1948.

Hummels, D. Toward a Geography of Trade Costs [R]. Gtap Working Papers, 1999.

Isard, W. Location and Space-economy [M]. New York, USA: The Technology Press of MIT and John Wiley & Sons, Inc, 1956.

Jorgenson, D. W. The Embodiment Hypothesis [J]. Journal of Political Economy, 1966, 74 (1): 1 - 17.

Kearney, C. , Lucey, B. M. International Equity Market Integration: Theory, Evidence and Implications [J]. International Review of Financial Analysis, 2004, 13 (5): 571 - 583.

Kindleberger, C. P. The Formation of Financial Centers: A Study in Comparative Economic History [M]. Princeton University Press, 1974.

Kiso, T. Does New Economic Geography Explain the Spatial Distribution of Wages in Japan [R]. Working Paper, University of Tokyo, 2005.

Krugman, P. Increasing Returns and Economic Geography [J]. Journal of Political Economy, 1991, 99 (3): 483 – 499.

Kuznets, S. Modern Economic Growth: Findings and Reflections [J]. The American Economic Review, 1973, 63 (3): 247 – 258.

Liu, D., Meissner, C. M. Market Potential and Economic Development with Non-homotheticity [J]. Journal of Development Economics, 2019, 139: 217 – 228.

Losch, A. The Economics of Location [M]. New Haven, CT: Yale University Press, 1954.

Lucas, R. E. On the Mechanics of Economic Development [J]. Journal of Monetary Economics, 1988, 22 (1): 3 – 42.

MacKinnon, D. P., Krull, J. L., Lockwood, C. M. Equivalence of the Mediation, Confounding and Suppression Effect [J]. Prevention Science, 2000, 1 (4): 173 – 181.

Marshall, A. Principles of Economics: An Introductory Volume [M]. Macmillan, 1920.

Marshall, A. Principles of Economics [M]. London: Macmillan and Co. Ltd., 1890.

Martin, P. Growth and Agglomeration [J]. International Economic Review, 2001, 42 (4): 947 – 968.

Mata, D., Deichmann, U., Henderson, J. V., Lall, S. V., Wang, H. G. Determinants of City Growth in Brazil [J]. Journal of Urban Economics, 2007, 62 (2): 252 – 272.

Matsumoto, H. International Urban Systems and Air Passenger and Cargo Flows: Some Calculations [J]. Journal of Air Transport Management, 2004, 10 (4): 239 – 247.

McGee, T. G. The Emergence of Desakota Regions in Asia: Expanding a Hypothesis [A]. In N. Ginsburg, B. Koppel, T. G. McGee. The Extended

Metropolis: Settlement Transition in Asia. Honolulu: University of Hawaii Press, 1991, pp. 299 – 325.

McGee, T. G. Urbanisasi or Kotadesasi? Evolving Patterns of Urbanization in Asia [A]. In Frank J. Costa, Ashok K. Dutt, Laurence J. C. Ma, Allen G. Noble. Urbanization in Asia: Spatial Dimensions and Policy Issues. Honolulu: University of Hawaii Press, 1989, pp. 93 – 108.

McKinnon, R. I. Money and Capital in Economic Development [M]. Brookings Institution, Washington DC, 1973.

Mill, J. S. Principles of Political Economy with Some of Their Applications to Social Philosophy [M]. Lee & Shepard, 1872.

Mills, E. S. An Aggregate Model of Resource Allocation in a Metropolitan Area [J]. American Economic Review, 1967, 57 (2): 197 – 210.

Mills, E. S. , Ferranti, D. M. Market Choices and Optimum City Size [J]. American Economic Review, 1971, 61 (2): 340 – 345.

Mills, E. Studies in the Structure of the Urban Economy [M]. Baltimore, USA: The Johns Hopkins Press, 1972.

Mion, G. , Naticchioni, P. Urbanization Externalities, Market Potential and Spatial Sorting of Skills and Firms [M]. Social Science Electronic Publishing, 2005.

Mirrlees, J. A. Population Policy and the Taxation of Family Size [J]. Journal of Public Economics, 1972, 1 (2): 169 – 198.

Miyao, T. A Note on Land Use in a Square City [J]. Regional Science & Urban Economics, 1978, 8 (4): 371 – 379.

Montgomery, M. R. How Large Is Too Large? Implications of the City Size Literature for Population Policy and Research [J]. Economic Development and Cultural Change, 1988, 36 (4): 691 – 720.

Moran, P. A. P. Notes on Continuous Stochastic Phenomena [J]. Biometrika, 1950, 37 (1/2): 1723.

Muth, R. F. Cities and Housing: The Spatial Pattern of Urban Residential Land Use [M]. Chicago, USA: University of Chicago Press, 1969.

Muth, R. F. Moving Costs and Housing Expenditure [J]. Journal of Urban Economics, 1974, 1 (1): 108 – 125.

Naughton, B. How Much Can Regional Integration Do to Unify China's Markets? [R]. Conference for Research Economic Development and Policy Research, Stanford University, 1999.

Nishimizu, M., Page, J. M. Total Factor Productivity Growth, Technological Progress and Technical Efficiency Change: Dimensions of Productivity Change in Yugoslavia, 1965 – 78 [J]. The Economic Journal, 1982 (12): 920 – 936.

Northam, R. M. Urban Geography [M]. New York: John Wiley & Sons, 1975.

Ostrom, E. Social Capital: A Fad or a Fundamental Concept [J]. Social Capital: A Multifaceted Perspective, 2000, 172 (173): 195 – 98.

Overman, H. G., Redding, S., Venables, A. J. The Economic Geography of Trade, Production, and Income: A Survey of Empirics [R]. CEP Discussion Papers, 2001.

Parsley, D. C., Wei, S. Convergence to the Law of One Price Without Trade Barriers or Currency Fluctuations [J]. Quarterly Journal of Economics, 1996 (4): 1211 – 1236.

Pearce, D. Blueprint for a Green Economy [M]. London: Earthscan Ltd, 1989.

Peng, G. Zipf's Law for Chinese Cities: Rolling Sample Regressions [J]. Physica A: Statistical Mechanics and its Applications, 2010, 389 (18): 3804 – 3813.

Perroux, F. Notes sur la notion de pole de croissance [J]. Économie Appliqué, 1955, VIII (1 – 2): 307 – 320.

Pflieger, G., Rozenblat, C. Introduction. Urban Networks and Network Theory: The City as the Connector of Multiple Networks [J]. Urban Studies, 2010, 47 (13): 2723 – 2735.

Porter, M. The Competitive Advantage of Nations [M]. New York: Free Press, 1990.

Puga, D. The Rise and Fall of Regional Inequalities [J]. European Economic Review, 1999, 43 (2): 303 – 334.

Redding, S., Venables, A. J. Economic Geography and International Inequality

[J]. Journal of International Economics, 2004, 62 (1): 53 – 82.

Reilly, W. J. Method for the Study of Retail Relationships [R]. University of Texas, 1929.

Romer, P. M. Increasing Returns and Long-Run Growth [J]. Journal of Political Economy, 1986, 94 (5): 1002 – 1037.

Rosen, K. T., Resnick, M. The Size Distribution of Cities: An Examination of the Pareto Law and Primacy [J]. Journal of Urban Economics, 1980, 8 (2): 165 – 186.

Rosenthal, S. S., Strange, W. C. The Attenuation of Human Capital Spillovers [J]. Journal of Urban Economics, 2008, 64 (2): 373389.

Rosenthal, S. S., Strange, W. C. The Determinants of Agglomeration [J]. Journal of Urban Economics, 2001, 50 (2): 191 – 229.

Rostow, W. W. The Process of Economic Growth [R]. 1960.

Sassen, S. The Global City: New York, London, Tokyo [J]. Political Science Quarterly, 2001, 107 (2): 370 – 371.

Say, J. B. A Treatise on Political Economy: Or the Production, Distribution, and Consumption of Wealth [M]. Grigg & Elliot, 1836.

Schmutzler, A. The New Economic Geography [J]. Journal of Economic Surveys, 1999, 13 (4): 355 – 379.

Schultz, T. W. Capital Formation by Education [J]. Journal of Political Economy, 1960, 68 (6): 571 – 583.

Schumpeter, J. A. The Theory of Economic Development [M]. Cambridge, MA: Harvard University Press, 1912.

Shaw, E. S. Financial Deepening in Economic Development [M]. Oxford University Press, New York, 1973.

Shen, G. Reverse-Fitting the Gravity Model to Inter-city Airline Passenger Flows by an Algebraic Simplification [J]. Journal of Transport Geography, 2004, 12 (3): 219 – 234.

Smith, A. An Inquiry into the Nature and Causes of the Wealth of Nations [M]. The Electric Book Company Ltd. , 1776.

Solow, R. M. A Contribution to the Theory of Economic Growth [J]. Quarterly

Journal of Economics, 1956 (1): 65 –94.

Solow, R. M. Congestion Cost and Use of Land for Streets [J]. Economics, 1972, 4 (2): 602 –618.

Solow, R. M. Technical Change and the Aggregate Production Function [J]. The Review of Song Economics and Statistics, 1957, 39 (3): 312 –320.

Song, S. F. , Zhang, K. H. Urbanisation and City Size Distribution in China [J]. Urban Studies, 2002, 39 (2): 2317 –2327.

Soo, K. T. Zipf, Gibrat and Geography: Evidence from China, India and Brazil [J]. Papers in Regional Science, 2014, 93 (1): 159 –181.

Stewart, J. Q. Empirical Mathematical Rules Concerning the Distribution and Equilibrium of Population [J]. Geographical Review, 1947, 37 (3): 461 –485.

Sveikauskas, L. The Productivity of Cities [J]. The Quarterly Journal of Economics, 1975, 89 (3): 393 –413.

Taaffe, E. J. The Urban Hierarchy: An Air Passenger Definition [J]. Economic Geography, 1962, 38 (1): 1  14.

Taylor, P. J. Specification of the World City Network [J]. Geographical Analysis, 2001, 32 (2): 181 –194.

Thomas, E. N. Areal Associations between Population Growth and Selected Factors in the Chicago Urbanized Area [J]. Economic Geography, 1960, 36 (2): 158 –170.

Trullén, J. , Boix, R. Economia della conoscenza e reti di città: Città creative nell'era della conoscenza [J]. Sviluppo Locale, 2001, 18 (8): 41 – 60.

United Nations Development Programme (UNDP) . Human Development Report 2005 [R]. http://hdr. undp. org/reports/global/2005. January 1, 2005.

Uzawa, H. Optimum Technical Change in an Aggregative Model of Economic Growth [J]. International Economic Review, 1965, 6 (1): 18 –31.

Valla, N. , Brand, T. , Doisy, S. A New Architecture for Public Investment in Europe [J]. CEPII Policy Brief, 2014 (4): 1 –20.

Van Oort, F. , Burger, M. , Raspe, O. On the Economic Foundation of the Urban Network Paradigm: Spatial Integration, Functional Integration and

Economic Complementarities within the Dutch Randstad [J]. Urban Studies, 2010, 47 (4): 725 – 748.

Verhoef, E. T. , Nijkamp, P. Externalities in Urban Sustainability: Environmental Versus Localization-Type Agglomeration Externalities in a General Spatial Equilibrium Model of a Single-Sector Monocentric Industrial City [J]. Ecological Economics, 2002, 40 (2): 157 – 159.

Virkanen, J. Effect of Urbanization on Metal Deposition in the Bay of Töölönlahti, Southern Finland [J]. Marine Pollution Bulletin, 1998, 36 (9): 729 – 738.

Walsh, J. R. Capital Concept Applied to Man [J]. The Quarterly Journal of Economics, 1935, 49 (2): 255 – 285.

Weber, A. Theory of the Location of Industries [M]. University of Chicago, Chicago, 1909.

Williamson, J. Regional Inequality and the Process of National Development [J]. Economic Development and Cultural Change, 1965, 13 (4): 3 – 47.

Williamson, O. E. The Economic Institutions of Capitalism [M]. New York: Free Press, 1985.

Wirth, L. Urbanism as a Way of Life [J]. American Journal of Sociology, 1938, 44 (1): 1 – 24.

World Commission on Environment and Development (WCED). Our Common Future [M]. Oxford: Oxford University Press, 1987.

Xu, X. Have the Chinese Provinces Become Integrated under Reform? [J]. China Economic Review, 2002, 13 (2): 116 – 133.

Yang, X. , Hogbin, G. The Optimum Hierarchy [J]. China Economic Review, 1990, 1 (2): 125 – 140.

Young, A. The Razor's Edge: Distortions and Incremental Reform in the People's Republic of China [J]. Quarterly Journal of Economics, 2000, 115 (4): 1091 – 1135.

Zipf, G. K. Human Behavior and the Principle of Least Effort [J]. American Journal of Sociology, 1949, 110 (9): 306.

# 后 记

城市群已经成为现阶段我国推进新型城镇化的主体形态。经验来看，世界上有很多典型地区，由于人口向大城市的集中而形成了具有世界规模的城市群，从而带动了整个区域的快速发展，有效地发挥了城市体系的经济效应。但当城市与区域间、城市群内部层级体系非均衡发展时，资源要素和产业向城市群的集中则会侵削落后地区的发展，从而扩大差距，这就需要进行深入的分析。

河南大学"城乡融合和区域协调发展"团队长期关注城乡和区域发展问题，承担了河南省高等学校哲学社会科学基础研究重大项目"经济社会结构转型与中国经济增长动力研究"（2020－JCZD－02）和国家社科基金项目"人口集中、城市群经济的增长及不平衡效应与区域协调发展研究"（20BJL110）等，本书就是上述研究的最终成果。张琳琳、李旭、李方、熊文轩分别参与撰写了第二章、第三章、第四章和第五章初稿的主要内容，总体结构、写作提纲和全书通稿工作则由李恒完成。本书的出版得到了河南大学经济学院出版基金的慷慨资助，谨致谢忱！社会科学文献出版社的编辑田康老师高效的工作和认真负责的态度令我们深受感动，感谢他在本书出版中的辛勤付出。希望本书能够为相关研究提供有价值的参考，由于资料、数据及自身研究能力的限制，本书难免存在不足，希望同行批评和指教。

李 恒

2023 年 8 月于开封

**图书在版编目（CIP）数据**

城市群与区域经济协调发展／李恒著. －－北京：
社会科学文献出版社，2023.8
ISBN 978 - 7 - 5228 - 2297 - 6

Ⅰ.①城… Ⅱ.①李… Ⅲ.①城市群－区域经济发展
－研究－中国 Ⅳ.①F299.21

中国国家版本馆CIP数据核字（2023）第152482号

城市群与区域经济协调发展

著　　者／李　恒

出 版 人／冀祥德
责任编辑／田　康
文稿编辑／陈丽丽
责任印制／王京美

出　　版／社会科学文献出版社·经济与管理分社（010）59367226
　　　　　地址：北京市北三环中路甲29号院华龙大厦　邮编：100029
　　　　　网址：www. ssap. com. cn
发　　行／社会科学文献出版社（010）59367028
印　　装／三河市龙林印务有限公司

规　　格／开　本：787mm×1092mm　1/16
　　　　　印　张：15　字　数：243千字
版　　次／2023年8月第1版　2023年8月第1次印刷
书　　号／ISBN 978 - 7 - 5228 - 2297 - 6
定　　价／98.00元

读者服务电话：4008918866